Elite
37

關於 資治通鑑 的100個故事
100 Stories of Zizhi Tongjian

歐陽文達◎著

【編輯序】

歷史就是講故事

《資治通鑑》是一部空前的編年史巨著，上起周威烈王二十三年，下止於後周世宗顯德六年，全書分為二百九十四卷，三百多萬字，記錄了一千三百六十二年的歷史。全書敘事有法，歷代興衰治亂本末畢具，宋神宗賜名「資治通鑑」，意為此書是一部有助於治國，能發揮借鑑作用的通史。

全書按朝代分為十六紀，即《周紀》五卷、《秦紀》三卷、《漢紀》六十卷、《魏紀》十卷、《晉紀》四十卷、《宋紀》十六卷、《齊紀》十卷、《梁紀》二十二卷、《陳紀》十卷、《隋紀》八卷、《唐紀》八十一卷、《後梁紀》六卷、《後唐紀》八卷、《後晉紀》六卷、《後漢紀》四卷、《後周紀》五卷。

內容以政治、軍事和民族關係為主，兼及經濟、文化和歷史人物評價，目的是透過對事關國家盛衰、民族興亡的統治階級政策的描述警示後人。

作者司馬光，字君實，陝州夏縣人，宋仁宗時進士，傾注畢生心血編撰《資治通鑑》。當時，國家內憂外患嚴重，朝廷內部鬥爭激烈，總結治國經驗以鞏固封建政權成為現實的迫切要求。在這種社會背景下，司馬光以史學家和政治家的視角系統闡述了如何以史為鑑治國用人。書

中的許多歷史事件、名言警句非常精闢，有著很好的啟發意義。

這部史書之所以從周威烈王二十三年寫起，是因為這一年中國歷史上發生了一件大事，或者說司馬光認為這一年中國歷史上發生了一件大事。這年，周天子命韓、趙、魏三家為諸侯，這一承認不得了，使原先不合法的三家分晉變成合法，司馬光認為這是周室衰落的關鍵。「非三晉之壞亂，乃天子自壞也。」選擇這一年，這件事為首篇，真是開宗明義，與《資治通鑑》的書名完全切題。下面做的不合法，上面還承認，看來，這個周天子已沒有原則，沒有是非，當然非亂不可。這叫上樑不正下樑歪。所以，司馬光才說：「禮義廉恥，國之四維；四維不張，國乃滅亡。」

司馬光採用了編年體的體例，相較於紀傳體更能讓人有一個時間上的概念。所熟悉的歷史人物、事件隨著時間的推移一個一個串聯起來，對於瞭解歷史事件前因後果，人物關係變化也有了更直觀的認識。而且跟紀傳體史書最大的一點不同就是，隨著書一頁一頁地翻過，歷史在你的手中不斷地推進。這個對讀者來說有時是非常震撼的，你會見證一大批神一樣的人是如何從一開始逐步到達事業的頂峰，會為他們的智慧、勇氣、魄力等一切人類所可能擁有的偉大力量所折服。但是，就在你還沒來得及細細回味他們這些偉大創舉的時候，隨著歷史車輪的飛轉，這些人又一個一個消失在塵埃之中。無論他之前如何偉大，如何睿智，如何勇猛，翻不了幾頁書，都無一例外地化作了雲煙。

還有一點印象比較深的就是，你會看到很多人做很多的錯事，犯這樣那樣很傻的錯誤。幾年以後、幾十年以後，甚至幾百年以後，另一批人，或許在另一個地方，或許在另一些事件裡，不斷地一次又一次地重

複前面已經重複過無數次的錯誤。

這也是讀史書可以明智的最直接作用。

我們之所以讀史書，就是希望我們在自己身臨其境的時候能更多一點洞察和智慧。

《資治通鑑》是一部值得讀的好書，政論洋洋灑灑，戰爭血脈賁張，尤其是講朝代興替，更是讓人覺得中國就是一個輪迴的帝國。它雖然是寫給皇帝看的教材，但不論是從國家治理的宏觀角度，還是從個人生存的微觀角度，我們遇到的問題和歷史上並無太大差別。

有人說，《資治通鑑》是最好的影視劇和最好的小說，不同的是，這一切都是真實發生過的。前人的血，依然埋藏在我們腳下的土地裡；我們自己，也終將歸於同一片土地。

如果說《資治通鑑》是一部濃縮了中國古代政治運作、權力遊戲的歷史巨著，那麼，《關於資治通鑑的 100 個故事》就是以另類視角切入，以故事的形式解讀這部偉大著作的好書。

一部《資治通鑑》濃縮成一百個故事，在這裡面，你總能找到自己的影子，無論是正面還是反面，也能找到別人的發展態勢。我們應該怎麼想、怎麼做，在這些故事裡，你都會找到答案，還能順便反思一下自己。

小故事，大道理。

歷史並不深奧，歷史其實就是故事。

夜裡讀書，翻到「情僧」蘇曼殊對劉半農說的一句話：「半農，這個時候，你還講什麼詩，求什麼學問！」便不由得一愣，自問道，讀書到底是為了什麼？

古人講讀書是為「修身，齊家，治國，平天下」，現在看早已不合時宜。曾國藩說：「剛日讀經，柔日讀史」，那是封疆大吏的文武之道，像我們平民百姓，也就賺點話題而已。然而，我偏偏喜歡讀書，並常常自詡「雪夜閉門讀禁書」是人生最大的樂事。

去年讀《資治通鑑》，厚厚四大本，整整三千七百多頁，若堅持每天都閱讀的話，也要一年半載。倒也是不愁讀，畢竟是好書，但這種文章篇幅眾多的書籍，真正考驗讀者的耐心。

「奇文共欣賞，疑義相與析。」讀書人最大的毛病就是獨樂樂不如眾樂樂。當我想要把《資治通鑑》介紹給愛讀書的朋友們時，不免會遇到這樣的問題：如果愛讀書的人是個大忙人怎麼辦？或者是，他對古文很感冒怎麼辦？有沒有一種方法讓讀者朋友在最短的時間裡，用最輕鬆愉悅的方式瞭解這部偉大的著作呢？

有，那就是用講故事的形式來讀《資治通鑑》！

大多數人都會覺得歷史是枯燥、難懂的，但是你換一個角度去看歷史，用一個個生動有趣的故事來解讀，感覺就不一樣了。

說到底，歷史就是講故事。正如陸游一首詩所說：「斜陽古柳趙家莊，負鼓盲翁正作場。身後是非誰管得？滿村聽說蔡中郎。」

《關於資治通鑑的 100 個故事》的宗旨就是：故事好看，歷史經典，讓歷史不再枯燥、艱澀。

書中所有的故事，都是從細節入手，用生動的語句將故事和歷史串聯起來。讀完這些有趣的故事後，再來看《資治通鑑》，一定會讓你眼前一亮：原來歷史可以這麼有趣、易懂！

《關於資治通鑑的 100 個故事》一共分為四篇：

第一篇講述的是帝王與權臣。

在這些「一把手」中，雄才大略者如漢高祖劉邦和曹操，混蛋白癡者如漢靈帝劉宏和晉惠帝司馬衷，野蠻血腥者如趙暴君石虎和大軍閥董卓。這樣的人，僅僅為了一己之私，他們會讓成千上萬的人一下子喪失生命而了然無愧。

權力能改變人性、扭曲人性、消滅人性，喝了不受制衡的權力毒酒，美女都會變成青面獠牙。遺憾的是，我們已經對這樣的歷史習以為常了，並沒對此做出太多有價值的反思，而是把這些慘劇淡化成了一個個狹隘的英雄主義的審美行為。

第二篇講述的是名將與名士。

他們或風流倜儻，或耿介自守，以神武英勇之力、凌雲萬丈之才，或拯救危亡，或放浪形骸。

歷史因為有了這些人，才有了真性情。

第三篇講述的是女人與政治。

政治意味著征服。一個女人透過征服一個男人征服世界是值得驕傲的；而一個男人透過一個女人征服世界則是可悲的。翻開《資治通鑑》，能留名青史的女人，大多與政治有關：中國歷史上第一個掌權治政的秦宣太后羋八子，女人中的最強者呂后，給天下女人訂規矩的史學大家班昭，北魏第一「辣妹」馮太后，唯一的女皇武則天，差點成了接班人的太平公主……這些「有幸」在政治舞臺上亮相的女人們，也因政治光輝的照耀而千古留名。

第四篇講的是陰謀和陽謀。

翻開《資治通鑑》，除了殺伐，就是謀略，怎樣排除異己，怎樣消滅敵人，用鮮血寫成的經驗教訓歷歷在目。

讀過此書，你會發現，制度、人事，還有人性自身的種種難以克服的弱點，都會形成一個時代的時勢和世運，在國祚已盡的蒼涼回聲中，便只有把這一切稱之為悠悠天意了。

歷史不會重演，但歷史卻常常驚人的相似。

目錄

第一章　帝王和權臣都不是一般人

第二章 戰國到五代時期的名將和名士

第三章　女人是天生的政治動物

第四章　說不完的陰謀和陽謀

催楊彪曰羣臣共鬪一人攻李
乎汜怒欲手刃之彪曰卿_{致賫音}劉可行
生郅中郎將楊密固諫汜乃止催君
以御物繪綵與之_{陵朝慈}許以宮人婦女欲令攻郭汜_{數千人先}
陰與催黨中郎將張苞等謀攻催丙申中汜將兵夜
催門矢又帝蘸帷中又貫催左耳苞等因將所領兵歸汜是
然楊奉於外拒汜汜兵退苞等燒屋火不
曰催俊移乘輿幸北塢_{安宣平門則此塢蓋在長安}
后以后父侍中宗

第一篇

帝王和權臣都不是一般人

一根木頭的功效

商鞅取信於民

如果硬要攀關係的話，秦國的發源也能和三皇五帝扯上關係，它的國姓「嬴」就是舜帝賜予的。但是自秦立國到秦獻公去世，秦國在諸國中的地位始終不高。

戰國初期，隨著鐵製農具的使用和牛耕的推廣，奴隸制度開始崩潰，封建制逐漸興起。為了順應這樣的歷史潮流，各諸侯國紛紛變法。在改革家多半選擇實力更強的楚、魏等國時，有一個年輕人將目光投向了遙遠的秦國。這個人就是商鞅。

商鞅，在當時還應該稱為衛鞅。他是衛國人，專門研究以法治國之道，有傳他受教於鬼谷子，也有的說他師從李悝、吳起等人。

起初，魏國宰相公叔座極力向魏惠王舉薦商鞅，卻始終沒有得到重用。後來，商鞅聽說秦孝公向天下求賢，打算變法自強，便前往秦國，希望能一展所長。

商鞅。

14

　　在景監的引薦下，商鞅見到了秦孝公。

　　第一次見面，商鞅摸不清秦孝公的想法，就試探著從三皇五帝講起，還沒說完，秦孝公就打起了瞌睡；第二次見面，他又從王道仁義講起，秦孝公依然沒有什麼興致。

　　經此兩次之後，商鞅見秦孝公變法之意堅決，而且贊成變法強國之說，便再次面見秦孝公，將自己的法家治國理論和盤托出。

　　這一次兩人心意相通，當即訂下變法大計，準備著手進行，沒想到遭到了秦國的一些貴族和大臣的竭力反對。秦孝公一看反對的人這麼多，就把改革的事暫時擱置了下來。

　　過了兩年，秦孝公見時機成熟，便任命商鞅為左庶長負責全面改革。

　　為了取信於民，商鞅命人在都城的南門豎了一根三丈高的木頭，下命令說：「誰能把這根木頭扛到北門去的，就賞十兩金子。」

　　很快，南門口圍了一大群人。

　　這些人議論紛紛，有的說：「這根木頭誰都扛得動，不值十兩賞金。」有的說：「這大概是左庶長存心開玩笑吧！」大家你瞧我，我瞧你，沒有一個敢上前扛木頭。

　　商鞅見狀，把賞金提到五十兩。

　　這時，人群中終於有一個人跑出來，說：「我來試試。」說完，扛著木頭，邁開大步朝北門走去。那人到達北門，立刻得到了五十兩金子。

　　這件事立即傳了出去，一下子轟動了秦國，老百姓都說左庶長的命令不含糊。

　　就這樣，變法很快開始推行起來。

主要內容有：

一、「廢井田、開阡陌」，廢除土地國有制，實行私有制，准許土地買賣，大力鼓勵開荒，促進農業生產。

二、廢除分封制，改推郡縣制，將原本領主的特權收歸中央，鞏固了中央集權。

三、實行軍功爵位制。這一舉措極大鼓勵了老百姓參軍的願望，也激發了士兵上陣殺敵的鬥志，在此基礎上，商鞅改良軍種，創新練兵方式，大大提高了軍隊戰力。

四、改革戶籍制度，實行連坐制。拆分家庭單位，把村民用「伍」「什」制牢固地拴在一起，互相監督，互相管理，一人犯法，其他人都要受到連坐。這一點改善了秦國好內鬥、打私戰的風氣，營造了良好的社會氛圍。

由於商鞅制訂的法律極其殘酷，稍有犯錯便用刑法，甚至輕罪重刑，就連「棄灰於道者」都要處以黥刑。所以在變法初期，秦國上上下下對新法的意見都很大。

恰巧這時，太子觸犯了法律。這下，所有反對變法的人都等著看商鞅的笑話。因為太子將來要繼承帝位，不能對他施刑，商鞅就對太子的兩個老師公子虔和公孫賈施以了刖刑（砍腳）和黥刑（在臉上刻字塗墨）。

這就叫殺雞儆猴，等於當眾耍了太子一個響亮的耳光。

原來那些反對新法的人，又跑過來誇獎新法好，誰知馬屁拍到了馬蹄上，商鞅將他們全都發配到邊疆。

這次事件之後，秦人都知道商鞅言出必行，從此人人遵守法令。

商鞅之所以採取嚴刑峻法，目的是為了實踐自己的法家理論，讓新法得以順利推行。但刑罰太過，「一日臨渭而論囚七百餘人，渭水盡赤，嚎哭之聲動於天地」，造成秦國國內怨聲載道，人人對他不滿。

秦孝公死後，商鞅被處以車裂之刑，族人也被誅殺。

小知識

西元前三三八年，秦孝公去世，太子駟即位，即秦惠王。公子虔等人告發商鞅「欲反」，秦惠王下令逮捕商鞅。商鞅逃亡至邊關，欲宿客舍，客舍主人見他未帶憑證，拒絕收留。商鞅想到魏國去，但魏國因他曾生擒公子卬，拒絕他入境。不得已，商鞅回到自己的封邑商，舉兵抵抗，結果失敗戰亡，後被下令車裂其屍。

向野蠻人學習

趙武靈王胡服騎射

西元前三四〇年，趙武靈王繼位。

他是一個雄才大略的君主，生平最大的願望就是想把當時被認為不可一世的秦國滅掉。

願望歸願望，最終還是得面對現實。

此時的趙國，四周強鄰環視，東北是燕國，東南是強大的齊國，西面是剛剛經歷「吳起變法」的魏國，曾經攻佔邯鄲達三年之久，南方則是「超級大國」楚國。

處於這種境地，趙國註定成了各諸侯國眼中的一塊「肥肉」。

讓人喪氣的是，在和這些大國的戰爭中，趙國不是城邑被佔，就是大將被擒，甚至連中山這樣的鄰界小國也時常來侵擾。

趙國地處北方，經常與林胡、樓煩、東胡等遊牧民族接觸。這些人身穿窄袖短襖，生活起居和狩獵作戰都十分方便。趙武靈王對這些遊牧民族的騎射本領深表嘆服，他不只一次對手下人說：「胡人來如飛鳥，去如絕弦，帶著這樣的部隊馳騁疆場哪有不取勝的道理！」

為了富國強兵，趙武靈王提出了「著胡服、習騎射」的主張，決心向這些「野蠻人」學習，取他人之長補己之短。而胡人，在當時則被中

原人普遍鄙視。

「那是一群未開化野蠻人，披著頭髮圍著獸皮，成何體統！」

「我們堂堂華夏，衣服飄逸而大器，怎麼能穿這些原始人的衣服呢？」

「我們一直就以步兵和戰車為主來進行作戰，改成騎兵有沒有效果還很難說！」

……

「胡服騎射」的命令還沒有下達，就遭到了許多皇親國戚的反對。

大臣肥義對趙武靈王說：「辦大事不能猶豫，只要對富國強兵有利，就不要拘泥古人的舊法。」

趙武靈王聽後堅定了改革的信心，他說：「譏笑我的都是些蠢人，明理的人一定會支持我。」

第二天上朝時，趙武靈王穿著胡人的服裝走進了王宮。大臣們一見，都吃了一驚。

趙武靈王把改穿胡服的好處向眾人耐心講了一遍，可是大臣們總覺得這件事太丟臉，不願意這樣做。

公子成是趙武靈王的叔叔，頭腦十分頑固。他聽到趙武靈王要改穿胡服，乾脆裝病不上朝。趙武靈王派人去請，傳話說：「我想改變傳統的教化，改穿胡服，您做為國家重臣卻不支持，我為此十分憂慮。古人說，普及教育要從平民開始，推行政令上層應該帶頭奉行。所以，我要仰仗您的聲望來完成胡服的變革。」

公子成對使者說：「中原之國是聖賢教化、行禮作樂的地方，邊陲

的少數民族無不景仰。如今大王捨棄這些傳統習俗，去因襲胡服，老臣恕難從命。」

聽了使者的回話，趙武靈王親自去公子成處拜訪。他說：「我國東面有齊國、中山國，北面有燕國、東胡國，西面有樓煩國，並且與秦國、韓國接壤，沒有騎兵，怎能守衛？中山國雖小，但它倚仗齊國強大，屢次前來侵犯，俘虜我國民眾，引水圍鄗地，若無土神、穀神保佑，鄗地幾乎守不住，先君為此感到羞恥。可是叔父您遷就中原國家的習俗，不穿胡服，忘了鄗地恥辱，這不是我期望的啊！」公子成最終被說服了。

趙武靈王趁熱打鐵，立即賞給他一套新式胡服。次日朝會上，文官武將一見公子成也穿起胡服來上朝了，都沒有話說，只好改穿胡服了。

緊接著，趙武靈王又號令士兵學習騎馬射箭，不到一年，就訓練出一支強大的騎兵隊伍。

次年春，他親自率領騎兵打敗了中山國，收服了林胡和西北方的幾個遊牧民族。到了實行「胡服騎射」後的第三年，中山、林胡、樓煩都被收納入了趙國的版圖。

從此，趙國興盛強大起來，終於可以與其他強國分庭抗禮了。

胡服騎射。

小知識

　　晚清梁啟超對趙武靈王尤為推崇，他說：「商周以來四千餘年，北方少數族世為中國患，華夏族與戎狄戰爭中勝者不及十分之一，其稍為歷史之光者，僅趙武靈王、秦始皇、漢武帝、宋武帝四人。」他甚至稱趙武靈王為黃帝以後的第一偉人。

千金買骨

燕昭王築「黃金臺」求賢

西元前三一六年，燕王姬噲突然間被儒家經典裡「堯舜禪讓」的童話深深感動，也想當一回「聖人」，就將王位讓給了國相子之，從而引發了內亂。

齊宣王趁火打劫，派大將匡章統領十萬遠征軍攻佔了燕國首都薊城，殺死了姬噲和子之，企圖滅亡燕國。

趁人家內亂去搶劫，實在不是光明正大的行徑，飽受內憂外患的燕國人，很快就覺醒起來，找到了第一位猛人。這位猛人在不久的將來，把齊國打得體無完膚，差點亡國。

要說這位猛人，還得從另一個人說起，這個人叫郭隗。

當時，齊國的侵略招致中原各諸侯國的干涉，被迫撤兵，在韓國做人質的燕公子姬職繼承了王位，史稱燕昭王。

燕昭王是一個有抱負的國君，他立志要讓國家強大起來，就下決心物色治國的人才，可是找了很久都沒有找到。

有人提醒說，老臣郭隗很有見識，不如去找他商量一下。燕昭王聽後，親自登門拜訪。

在弄清燕昭王的來意後，郭隗摸了摸鬍子，沒有直接回答，而是講

了一個故事。

這個故事的大意是：從前，有個人奉國王的命令拿著千兩黃金去買千里馬，在路上碰到了一匹，只可惜已經死了。於是，他花了五百金將馬的骨頭買了回來，交給國王。國王怒不可遏，斥責他花鉅資買馬骨沒有用。那人回答說，死馬都能值五百金，更何況活馬呢？這個消息一傳開，人們都認為國王真的愛惜千里馬，不到一年，國王就得到了三匹千里馬。

講完這個故事後，郭隗鄭重地對燕昭王說：「大王如果誠心想招攬人才，就請以我為『馬骨』，那些能力比我強的人，自然會慕名而來。」

這實在是雙贏的主意。

燕昭王當即拜郭隗為師，派人造了一座很精緻的房子給他住。不僅如此，燕昭王還在易水之濱修築了一座高臺，在上面放置了數千兩黃金，做為贈送給賢士的晉見禮。這座高臺便是著名的「黃金臺」。

鄒衍是齊國著名的陰陽五行家，燕昭王在迎接他到來的時候，親自用衣袖裹著掃把，邊後退邊掃，在前面清潔道路。入座時，以弟子之禮恭請鄒衍坐上座，並特意為鄒衍修建了一座碣石宮，供其居住講學。這種禮賢下士的做法發揮了極大的新聞效應，趙國的劇辛、周王國的蘇代、衛國的屈景、魏國的樂毅等名動天下的人物紛紛前來投奔。其中，樂毅就是前面所說的第一位猛人。

樂毅是魏國名將樂羊的孫子，自幼好讀兵書，熟諳兵法，由於在趙國得不到重用，就來到了燕國。

燕昭王拜樂毅為亞卿，請他整頓國政，訓練兵馬，燕國果然一天天

強大起來。

此時的齊國，正是齊湣王當政，此人驕橫自大，不得人心，四處樹敵。

燕昭王經過多年的休養生息，認為雪恥的時候到了，就打算傾舉國之力去攻打齊國。

樂毅建議說，齊國地廣人多，僅靠燕國恐怕不行，必須和別的國家聯合起來。燕昭王表示同意，派樂毅到趙國遊說趙惠文王，其他兩名使者，分別去了韓國和魏國。這三個國家，都被齊國欺負過，聽說要聯合起來復仇，一拍即合。秦國聽到消息後，認為有利可圖，也派來了一支軍隊。

樂毅。

西元前二八四年，燕昭王拜樂毅為上將軍，統率五國兵馬，浩浩蕩蕩殺奔齊國。雙方的軍隊一交手，齊軍就一潰千里。樂毅指揮聯軍乘勝前進，一舉攻克了包括齊國首都臨淄在內的七十多座城市，只剩下莒城和即墨沒有攻下來。

在伐齊戰爭取得決定性勝利的同時，燕昭王還

派兵攻打東胡，將國土向東北擴展到遼東一帶，並且向南進軍，攻佔了中山國許多地方。

燕昭王屈身禮士，用人不疑，最終實現了報仇雪恥和富國強兵的願望，使燕國迎接黃金時代的到來，他自己也躋身於戰國七雄重要國君的行列。

小知識

燕昭王　文／陳子昂

南登碣石館，遙望黃金臺。丘陵盡喬木，

昭王安在哉？霸圖今已矣，驅馬復歸來。

會管人不如會用人

漢高祖的領導藝術

漢高祖劉邦以一介布衣提三尺寶劍崛起於亂世，誅暴秦、抗強敵、定天下，創立了中國歷史上延續時間最長的統一王朝漢朝。他的成功，與其有高超的領導藝術是分不開的。

劉邦手下的人，來自各行各業，張良是貴族，陳平是遊士，蕭何是縣吏，樊噲是屠夫，灌嬰是布販，婁敬是車夫，彭越是強盜，周勃是吹鼓手，韓信是待業青年……可見，劉邦用人不拘一格，並且能將每個人的長處發揮到極致。

就是這樣的一支「雜牌軍」，硬生生把不可一世的西楚霸王打敗了。

這是一場不可思議的爭鬥，強大無比的項羽，到頭來美人、天下全丟盡，自己連個全屍也未保住；而原本勢單力薄、痞氣十足的劉邦卻獨攬乾坤，穩坐江山。

西元前二〇二年，劉邦在洛陽南宮內大擺慶功宴席，大臣們紛紛前來恭賀。席間劉邦一改平日的流氓習氣，顯出少有的莊重和儒雅，舉杯道：「諸位將軍，我想讓大家說說，為什麼我劉邦的勢力遠不如項羽，卻得了天下，而項羽那麼強大卻一敗塗地呢？大家盡可暢所欲言，我赦言者無罪。」

　　劉邦的話音剛落，大殿中一片譁然，群臣們眾說紛紜。議論過後，都武侯高起和信平侯王陵同時起身代表眾臣說道：「這都是因為陛下仁而愛人，領兵打仗攻城掠地，善待歸順的人，獎勵有功的人，勝利的成果與大家分享。而項羽傲慢自負嫉賢妒能，對有功者百般挑剔，對忠賢者無端猜疑，有了戰功也不與人分享，這樣的人怎能不失敗呢？」這席話得到大家的一致贊同。

　　劉邦認為他們的話很有道理，但並不完全贊同，他說：「你們只知其一，不知其二。論運籌帷幄，出謀劃策，我不如張良；治理國家，安撫民生，籌儲糧餉，我不如蕭何；帶兵打仗，橫掃千軍，我不如韓信。此三人都是傑出人才，我都用了，還能不奪取天下嗎？而項羽連范增都不用反對其生疑，哪有不敗之理呢？」

　　事必躬親的領導絕非好領導。做為一個領導，你只要掌握了一批人才，把他們放在適當的位置上，

本圖取材於「漢殿論功」的典故。漢高祖劉邦初立，功臣在殿上爭功邀賞，致拔劍砍殿柱。叔孫通乃說高祖召魯地諸生，規定朝儀，高祖大喜，以為如此始知皇帝之尊。

讓他們最大限度地發揮自己的積極性和作用，你的事業就成功了。這個根本道理劉邦懂，所以他成功了。

小知識

　　劉邦在臨死前，呂后問他死後人事的安排：「蕭相國死後，由誰來接替呢？」劉邦說曹參。呂后問曹參之後是誰，劉邦說：「王陵可以在曹參之後接任，但王陵智謀不足，可以由陳平輔佐。陳平雖然有智謀，但不能決斷大事。周勃雖然不善言談，但為人忠厚，日後安定劉氏江山肯定是他，用他做太尉吧！」呂后又追問以後怎麼辦，劉邦有氣無力地說：「以後的事妳也不會知道了。」

都是迷信惹的禍

漢武帝求仙屢遭欺騙

　　漢武帝劉徹即位之初，就下詔在全國尋訪有道的異人，希望能夠尋找到長生不老的秘方。在這一點上，他很像秦始皇。

　　不過，嬴政在二十歲左右的年紀，還沒想到長生不老，漢武帝從十七歲登基，便「尤敬鬼神之祀」。

　　上行下效，既然皇帝喜歡求仙，臣民們自然要投其所好。幾乎一夜之間，全國各地一下子冒出無數方士來，騙子、魔術師也混跡其中，把一潭清水給徹底攪渾了。

　　這一天，從齊地來了一個神仙般的人物，名字叫李少君，自稱已經活了上百歲，可是看起來還是個中年人的模樣。他來到長安之後，四處結交王公貴族，宣揚自己有長生不老的秘方。

　　有一次，李少君參加武安侯田蚡的宴會，他對酒席上一位九十多歲的老人說：「我曾經和你的祖父在某地一起打過獵，那時就見過你，不過你還是個孩子。」老人回憶了一下，確有此事。在座的賓客聽到後，全都目瞪口呆，看怪物似地盯著李少君。

　　隨後，田蚡把李少君介紹給了漢武帝。

　　李少君對漢武帝說：「臣下有一個妙方，名為『祠灶穀道卻老方』。

用祠灶煉製的丹砂，可以化成黃金丹藥。吃了這種黃金丹藥，可以長壽，只要長壽，就有機會到蓬萊山中面見仙人，求取長生不老的方法。臣下曾經在海上遊玩，見到了異人安期生，他經常吃一種大如瓜果的巨棗。安期生和蓬萊山上的仙人們關係都很好，經常往來，如果陛下虔誠，我可以引薦你和安期生見面。不過這個人行蹤不定，找他有點困難。」

可見，李少君不僅擅長說大話騙人，還很講究說話的技巧，最後一句「不過這個人行蹤不定，找他有點困難」給自己日後開脫埋下了伏筆。不過，李少君還是有些本事的，他看見王宮裡有一件舊銅器，就對漢武帝說：「我認識這件銅器，齊桓公曾經把它擺在了自己的床頭。」漢武帝聽李少君這麼一說，就細看銅器上刻的字，果然是春秋時齊國的銅器。

漢武帝十分信任李少君，給了他很多封賞，敕令他建造丹爐，煉製黃金丹藥，並派遣很多方士，駕船去尋找安期生。

沒想到丹藥沒有煉成，安期生也沒有找到，自稱不死神仙的李少君竟然一命嗚呼了。

漢武帝卻認為李少君沒有死，只是羽化成仙，他追求成仙的願望反而更強烈了。

還好，李少君後繼有人。這個人名叫少翁，也是齊國人，比起李少君來更能故弄玄虛。他自稱有一種「鬼神方」，能在夜裡將灶君和王夫人（漢武帝已故愛妃，一說是李夫人）的鬼魂召來和漢武帝見面。也不知道他用了什麼方法，總之是讓漢武帝透過帷帳，隱約見到了與王夫人容貌相同的鬼魂。漢武帝對少翁佩服得五體投地，拜他為文成將軍，賞賜的金銀珠寶不計其數。

少翁很快名利雙收，但是他的下場要比李少君悲慘得多。

一年多的時間過去了，他的「鬼神方」不見一點效果，長生不老藥也沒有絲毫蹤跡。漢武帝催逼的緊了，少翁就想出了一個辦法，將一塊寫著字的布帛讓牛吞下，然後裝模作樣地對漢武帝說：「這隻牛的肚子裡有奇怪的東西。」漢武帝命人牽來牛，殺了一看，肚子裡面果然有布帛，上面寫有非常古怪的文字。漢武帝認出這是少翁的筆跡，就逼問少翁，果然是偽造的，便一怒之下砍了他的腦袋。但是對外嚴加封鎖消息，免得被人笑話。

李少君「羽化」了，少翁被殺死了，又有一個名叫欒大的人毛遂自薦。他是少翁的師弟，長得高大英俊，說起大話來連眼睛都不眨，一見面就對漢武帝說：「不死之藥是可以找到的，但我怕自己也會像師兄文成將軍那樣死得不明不白。」漢武帝受了兩次騙並未覺醒，為了安撫欒大，他急忙掩飾自己殺少翁的事實，謊稱他是吃馬肝中毒死的。

欒大為了讓漢武帝信服自己的本事，當場表演了鬥棋，棋子在棋盤上互相撞擊，令人眼花撩亂。其實，這只不過是一個小魔術：欒大事先在棋子上塗上磁石，用帶磁的鋼棒在棋盤下牽引，棋子當然就互相撞擊了。

漢武帝哪裡明白這個原理，看後大喜，立刻拜欒大為五利將軍。一個月後，漢武帝又讓欒大佩戴天士將軍、地士將軍、大通將軍、天道將軍四顆金印，還將親生女兒衛長公主嫁給他。

欒大騙漢武帝說要到東海尋訪他的神仙老師，可是到了山東地界，卻沒敢下海，而是登上泰山祭祀。回來後，他向漢武帝彙報，說在海上

漢武帝劉徹的陵墓茂陵。

會見了神仙。其實，早在欒大出發時，漢武帝就派間諜尾隨在後，間諜報告說，欒大一路花天酒地，到處大吹法螺，卻連個神仙的影子都沒有見著。漢武帝知道上了欒大的當，命人將他腰斬了。

漢武帝在位幾十年，為了求仙，耗費了巨大的財力和物力，建造了無數神祠，信任了一些方士，也殺了一些方士，演了一幕又一幕鬧劇，卻始終沒有獲得長生不老的法術和丹藥。

小知識

自登基起，武帝的神仙夢一直做了五十多年，直到生命最後兩年才如夢初醒，趕走了身邊的方士。他坦言自己過去太愚惑，被方士所欺騙，天下哪裡有仙人，都是妖妄之言。

親民天子

節儉孝順的漢文帝

　　代王劉恆作夢也不會想到自己能夠成為皇帝。

　　這位年僅二十四歲的王子，在見到前來迎駕的使者那一刻，內心充滿驚慌和疑慮。他和他的臣屬們（除了宋昌）都認為這是一個陰謀，萬萬不能相信。

　　在漢高祖劉邦的諸多兒子中，劉恆是最不引人注目的一個，這與他的母親薄姬有很大的關係。

　　薄姬原是魏王豹的女人，後來被劉邦納入了宮中，春宵一度後生下了劉恆。在劉邦的後宮中，薄姬的姿色不如戚夫人，心機不如呂后，在兒子出生後，就遭到了冷落，地位一直是「姬」，沒有升到「夫人」。

　　由於不受寵，薄姬獨自撫養著兒子，謹小慎微，凡事忍讓，甚至連宮女都不敢得罪。在母親的影響和教育下，劉恆自小就做事小心，從不惹事生非。

　　時來運轉，在劉恆八歲這年，那個幾乎不曾多看他一眼的父親劉邦駕崩了，他們母子意外地得到了呂后的特別恩遇。

　　劉恆做了代王，有了自己的封地，母親薄姬有了「代王太后」的稱號，母子二人再也不用待在漢宮裡看別人臉色了。

漢文帝。

劉邦一共有八個兒子，呂后僅生了一個，即漢惠帝劉盈。惠帝去世後，呂后對劉邦其他的兒子們大開殺戒。劉恆是幸運的，他到了代國，遠離了政治漩渦，得以保全了性命。

呂后死後，陳平和周勃攜手剷除了呂氏家族，決定擁立代王劉恆為皇帝，於是派出使者去接劉恆赴長安繼承皇位。

這樣一來，皇帝的龍袍，就如同一塊大餡餅，向與世無爭的代王劉恆頭上砸來。劉恆拿不定主意，就與母親薄姬商量。

薄姬認為這是天意，但為了穩妥起見，決定用占卜來判斷吉凶，結果是上上大吉。

為了以防萬一，劉恆先讓舅舅薄昭到長安去見太尉周勃。周勃向薄昭講明大臣們立劉恆為皇帝的由來，劉恆這才啟程進京。在離長安城五十里的時候，他又派屬下宋昌先進城探路。一切都安全了，劉恆才住進了未央宮，繼承了大統，史稱漢文帝。

做為兒子，劉恆極為孝順。

有一次，母親薄太後患了重病，臥床不起，一病就是三年。劉恆日夜守護在母親的床前，親自煎藥，每次煎完，自己總先嚐一嚐，覺得差

不多了，才給母親喝。身為皇帝，照說只要發一道聖旨，不知有多少太監和宮女前來伺候，但劉恆沒有這樣做。

不僅如此，劉恆對普天之下的老人都心存關懷，他規定：「對八十歲以上的老人，每人每月可以賜給米一石，肉二十斤，酒五斗；九十歲以上的老人，每人再加賜帛二匹，絮三斤。賜給九十歲以上老人之物，必須由縣丞（縣令的屬官，職權僅次於縣令）或者縣尉（僅次於縣丞）送達；其他由嗇夫（鄉的官吏）來送達。」此外，他還為了成全孝道廢除了酷刑。

當時有個叫淳于意的醫生，在治病的時候發生了一起醫療事故，雖然對於患者的死因眾說紛紜，但按當時的法律，淳于意當判「肉刑」。這是一種非常殘酷的刑罰，或臉上刺字，或割去鼻子，或砍去左足或右足。淳于意的小女兒緹縈隨父來到長安，託人寫了一封奏章，送到漢文帝劉恆手中。緹縈在奏章中寫道：「我是太倉令淳于意的小女兒，請求皇帝免除父親的刑罰。如果父親的身體遭到了毀壞，以後就是想改過自新，也沒有辦法了。我情願給官府做奴婢，替父親贖罪。」劉恆被小姑娘的孝道所感動，下令廢除了殘忍的肉刑。

劉恆不僅是個仁德的皇帝，還是一個節儉的皇帝。在位二十三年裡，宮室、園林、狗馬、服飾、車駕等，什麼都沒有增加。當時的宴遊之所，地方不夠用，需要再建一個露臺，劉恆一看預算，需要用「百金」，眉頭就皺了起來，說：「這等於十戶中等人家的財產，太奢侈了，不建了。」對所寵愛的慎夫人，劉恆也不准她穿裙襦拖地的衣服，所用的幃帳不准繡彩色花紋，以此來表示儉樸，為天下人做出榜樣。劉恆還規定，建造他的陵墓霸陵，一律用瓦器，不准用金銀銅錫等金屬做裝飾，不修高大

漢文帝親嘗湯藥。

的墳，要節省，不要煩擾百姓。

　　薄姬（薄太后）信奉黃老之道，在母親的影響下，漢文帝劉恆大力實行「無為而治，與民休息」的治國方針，改變了惠帝和呂后時期民生凋敝的狀況。他與其子景帝的執政時代史稱「文景之治」，成就了中國歷史上的第一個盛世。

小知識

　　真正讓漢文帝流芳百世的故事是《二十四孝》中「湯藥親嘗」的動人典故。後來的史學家評價漢文帝時用一首詩來讚譽他：仁孝聞天下，巍巍冠百王，母后三載病，湯藥必先嘗。

背上有根刺

霍光的威嚴

　　霍光是西漢名將霍去病的弟弟，為人謹慎，深受漢武帝的器重。

　　漢武帝在臨死之前特意給霍光留了一幅周公輔成王的畫，希望他能夠像周公一樣輔佐漢昭帝。

　　做為輔政大臣，霍光執掌漢王朝最高權力近二十年，「帝年八歲，政事一決於光」。

　　從霍光日後的發展軌跡來看，他顯然超額完成了漢武帝的遺命。

　　當時，與霍光同時輔政的還有上官桀、桑弘羊和燕王劉旦。

　　上官桀為了謀取最高權力，依附於漢昭帝的姐姐蓋長公主，並且透過公主將

漢昭帝劉弗陵。

年幼的孫女送入宮中，封為婕妤。他想透過公主和孫女，來取代霍光與漢昭帝的地位。桑弘羊在漢武帝時期制訂了鹽鐵專營政策，使國家富強起來，因而不甘居於霍光之下。燕王劉旦是漢武帝的兒子，對沒能繼承皇位心懷不滿，與桑弘羊勾結圖謀不軌。

這樣一來，就形成以長公主和燕王劉旦為首的兩股政治勢力。

上官桀的計畫是，利用燕王劉旦的身分發動政變，成功之後，再除去燕王劉旦，由他來掌握朝政。於是，這兩股暫時聯合起來的政治勢力，首先將矛頭指向了霍光。

始元六年（西元前八〇年），長公主、上官桀、桑弘羊等人，襲用「清君側」的故技，指使人以燕王劉旦的名義上書昭帝，捏造說，霍光正在檢閱京都兵備，還將被匈奴扣留十九年的蘇武召還京都，任為典屬國，企圖內外勾結興兵造反，自立為帝。並聲稱燕王劉旦為了防止奸臣變亂，要進入宮廷來護衛。

書信送達後，被漢昭帝扣壓在那裡，不予理睬。

次日早朝，霍光沒來，上官桀對漢昭帝說：「霍光是因為燕王告發了他的罪狀，所以不敢來上朝了。」漢昭帝聽後十分平靜，隨即召霍光入朝，當面說：「那封信是在造謠誹謗，你是沒有罪的。如果你真的想取而代之，根本無須如此大動干戈。」上官桀等人的陰謀被漢昭帝一語揭穿。

上官桀等人依舊不甘心，準備發動武裝政變。他們計畫由長公主設宴請霍光，在飲酒時將他殺死，然後廢除漢昭帝。在這危急關頭，長公主門下一個管理稻田租稅的官員將上官桀等人的陰謀告發。漢昭帝、霍

光先發制人，將上官桀、桑弘羊等主謀政變的大臣統統逮捕，誅滅了他們的家族。長公主和燕王劉旦自知不得赦免，先後自殺身亡。

除掉了政治對手，霍光的輔政地位得到了穩固。

漢昭帝的壽命不長，二十一歲就死了，沒有留下子嗣。

霍光把漢武帝的孫子劉賀立為皇帝。

劉賀生活放蕩不堪，整天尋歡作樂，霍光把他廢掉，另立漢武帝的曾孫劉詢為帝，也就是漢宣帝。

有一次謁見祖廟，漢宣帝乘坐一輛裝飾華麗的馬車，霍光坐在身旁陪侍。漢宣帝見霍光身材高大，面容嚴峻，覺得惶恐不安，就像有芒刺在背上那樣難受。

此後，漢宣帝見到霍光，總是小心翼翼。

西元前六八年，霍光去世，漢宣帝親自前住拜祭，可謂尊榮無比。

遺憾的是，霍光自己雖然潔身自好，卻未能阻止他的族人結黨營私。霍光的妻子霍顯為了讓女兒成為皇后，不惜毒死了當時的皇后許平君。漢宣帝從一開始就懷疑，只不過在霍光當政時沒法調查而已，但仇恨的種子就此埋下，漸漸生根發芽。加之霍氏一家長期把持朝政，遭到很多人的厭惡。

霍光活著的時候無人敢問，但是他死後，漢宣帝立刻秋後算帳，霍氏一族最後落了個被滅族的下場。

小知識

甘露三年（西元前五一年），漢宣帝因匈奴歸降，回憶往昔輔佐有功之臣，命人畫十一名功臣圖像於麒麟閣以示紀念和表揚。十一人中霍光為第一，為了表示尊重，獨不寫出他的全名，只尊稱為「大司馬、大將軍、博陸侯，姓霍氏」。後世往往將他們和「雲臺二十八將」，「凌煙閣二十四功臣」並提，為人臣榮耀之最。

野心家都是「影帝」

王莽的政治秀

　　竟寧二年（西元前三三年），漢元帝病死，太子劉驁繼位，史稱漢成帝。

　　皇太后王政君當權，將自己的七個弟弟都封了侯。

　　王家一門七侯，成了西漢建國以來從未有過的顯赫家族。

　　王太后同父異母兄弟王曼，由於死得早，是眾多弟弟中唯一沒有封侯的，本篇故事的主角王莽就是王曼的次子。

　　王莽對母親十分孝順，對寡嫂孤姪盡心照料，對那些當權的伯伯和叔叔，也不忘曲意奉承，拼命巴結。大將軍、大司馬王鳳是王莽的大伯父，在生病的時候，王莽日夜守護，親嚐湯藥，連續幾個月都衣不解帶。王鳳深為感動，臨死前，他向王太后和漢成帝推薦了王莽。

　　很快，王莽被任命為黃門郎，接著被提拔為射聲校尉，開始了自己的政治生涯。

　　永始元年（西元前一六年），王莽被封為新都侯，歷任騎都尉和光祿大夫侍中。他身居高位，卻從不以自己為尊，總能禮賢下士、清廉儉樸，常把自己的俸祿分給門客和平民，甚至賣掉馬車接濟窮人，在民間深受愛戴。如此一來，王莽聲名鵲起，成了眾望所歸的人物。

　　綏和元年（西元前八年），三十八歲的王莽被提升為大司馬。掌管朝政後，王莽克己不倦，招聘賢良，所受賞賜和邑錢都用來款待名士，生活反倒更加儉約。有一次，百官公卿上門拜訪，見到王莽的夫人穿著十分簡樸，還以為是他家的婢女。此事傳揚出去，王莽的名聲更大了。

　　次年三月，漢成帝去世，漢哀帝即位。

　　一朝天子一朝臣。

　　漢哀帝上臺後，一邊將王家的人一個個趕下臺，一邊把自己祖母家傅氏、母家丁氏的人紛紛封侯。王莽只得卸職隱居新都，安分謹慎，閉門不出，嚴格管束自己的子弟。在此期間，他的二兒子王獲殺死家奴，王莽嚴厲地責罰他，並逼他自殺。這件事傳揚開來，人們交口稱讚王莽大義滅親，克己守法。

　　王莽在新都閒居三年，有百餘名官員上書，要求他復出。

　　元壽元年（西元前二年），漢哀帝將王莽召回長安。

　　不久，二十六歲的漢哀帝忽然死去。王太后再次主政，任命王莽為大司馬，統領禁軍。

　　漢哀帝之後是漢平帝。

　　此時的王太后年過七十，朝政大權實際上歸王莽掌握。

　　為了進一步把持朝政，王莽命人買通外夷人，讓他們冒充越裳氏（一個少數民族小國），向朝廷貢獻白雉（一種野雞）。

　　相傳，周公輔佐周成王的時候，越裳氏也曾向朝廷貢獻過一隻白雉。這次越裳氏又送來白雉，暗示王莽就是漢朝的周公。於是，群臣紛紛稱頌王莽，說其功德可比周公，應賜號為「安漢公」。

元始四年（西元四年）夏，王莽的叔伯兄弟太保王舜帶領官民八千人上書，說安漢公謙恭下士，輔佐幼帝，其功德只有古代的伊尹和周公才可相比，應兼採伊尹、周公稱號，加封安漢公為「宰衡」（伊尹官阿衡，周公官塚宰）。王莽上書請詞，百官一再堅持，他不得已，接受了封號，但堅持不接受新增加的封地。

見王莽拒不接受封賞的土地，官民紛紛上書，上書的人竟達四十八萬七千五百七十二人。

元始五年（西元五年）秋，王莽派出的八名觀覽風俗的使者陸續還京。他們偽造了郡國歌謠三萬餘首，歌頌王莽功德。

隨著地位和榮譽的不斷提高，王莽已不滿足自己已經實際控制的全部國家權力以及宰衡的稱號，他決心要做皇帝。

一次，君臣在宮中宴飲。

王莽向漢平帝獻上一杯椒酒，漢平帝不知酒中有毒，接過便飲，數日後死於未央宮。

漢平帝無子，王莽從漢宣帝玄孫中選擇了只有兩歲的劉嬰做為漢平帝的後嗣，歷史上稱為孺子嬰。

皇位繼承人剛一確定，就出現了請求王莽做皇帝的輿論。當時但凡識字的人都曾上書，力請王莽當皇帝，就連文壇領袖楊雄也說出了「配五帝、冠三王」的話。

始初元年（西元八年）春，王莽終於撕下了偽裝，改穿上天子的冠服，來到未央宮前殿，神聖莊嚴地登上了皇帝的寶座。

小知識

　　兩千年來，王莽身上的罵名史不絕書，尤其是白居易詩《放言（其三）》「贈君一法決狐疑，不用鑽龜與祝蓍。試玉要燒三日滿，辨材須待七年期。　周公恐懼流言日，王莽謙恭未篡時。向使當年身便死，一生真偽有誰知。」一語道盡了後人對他的評語。

膽小鬼正名

光武帝昆陽之戰

　　西漢哀帝駕崩後，一個兩千年來難以蓋棺定論的人物王莽，登上了歷史舞臺。

　　他歷經「安漢公」、「攝皇帝」，最後正式登基稱帝，建立了新朝。

　　當政後，王莽開始進行改革，沒想到改來改去，改的天下分崩離析，身為一介布衣的劉秀在家鄉乘勢起兵。

　　劉秀，是皇族的後裔，說他是布衣，是因為他這一支屬於遠支旁庶的一脈，到了他這一代，完全成了普通百姓。

　　一開始，劉秀和他的哥哥劉縯在劉玄的手下任職。

　　西元二三年，劉玄稱帝，改年號為更始元年。王莽聽到這個消息後，立刻命令大司徒王尋、大司空王邑調遣四十萬精銳部隊向南陽進軍，妄圖一舉消滅更始政權。

　　擔任先鋒的是個怪人，名字叫巨毋霸，身長一丈，腰圓十圍，來自東海蓬萊。史

光武帝劉秀。

書上記載，一般的車子容不下他，三匹馬也拉不動他，他睡覺要用大鼓來做枕頭，吃飯必須用鐵筷子。他所帶領的部隊除了士兵之外，還有一支由老虎、獅子、豹子、大象、犀牛這些猛獸組成的特種部隊，簡直是駭人至極。

五月中旬，王尋下令主力部隊向昆陽挺進，想一舉拿下這座彈丸之城。

漢偏將軍劉秀聽到消息後，立刻騎馬到昆陽城報信。

情勢危急，昆陽守將王鳳和王常緊急召開軍事會議，商議對策。可是商量來商量去，也無非就是棄城逃跑，守在這裡只有死路一條。

劉秀主張死守昆陽，並慷慨請命，願意帶幾個人冒死突圍去搬救兵，裡應外合，大破敵軍。

當天夜裡，劉秀和驃騎大將軍宗佻、五威將軍李軼等十三人以及隨從騎兵，騎著快馬衝出昆陽南門，趁敵人先頭部隊立足未穩之際，突圍而出。王尋聽說有人逃走，立刻下令軍隊將昆陽城團團圍住，即便天上的飛鳥也不許放過。

為了攻城，新軍在大營的空地上豎起十餘丈高的樓車來俯瞰城中，用強弩向下攢射。箭如飛蝗，城中守兵傷亡慘重，居民取水做飯，都得頂著門板出來打水。王尋又下令士兵挖掘地道攻城，用衝輣撞城。此時的昆陽城猶如驚濤駭浪裡的一葉扁舟，隨時都有可能被巨浪吞沒。

王鳳、王常見援兵遲遲不到，糧草斷絕，就派出使者乞降。沒想到，迎來的卻是更加猛烈的攻擊。

「守是死，降也是死，還不如堅守下去，說不定還有一絲生還的希

望。」王鳳和王常一咬牙，帶著士兵和百姓在城上頑強死守。

六月下旬，劉秀率領援軍終於趕到了。交戰時，劉秀親手斬殺了幾十個敵兵。見劉秀如此英勇，同行的將領無不交口稱讚：「我們以前總認為劉將軍膽小，沒想到你居然還有這等本事，真是讓人心服口服！」

王邑仗著人多勢眾，下令諸營不得妄動，他和王尋等人在城西依水列陣。劉秀派出三千敢死隊，不顧生死，衝進敵陣。敵軍雖然兵多，卻沒有鬥志，被殺得七零八落。王尋試圖上前攔截，被劉秀大喝一聲，嚇得連連後退。劉秀手下的士兵趁機一擁而上，把王尋砍落馬下，剁成了肉泥。王邑見王尋被殺，無心戀戰，只好退走。昆陽城內的守軍看見救兵來了，立刻打開城門殺了出來。

前鋒巨毋霸聽說王尋陣亡，王邑已經敗走，不由得咆哮起來，當即驅出猛獸，掩殺過來。更始兵哪見過這樣的陣勢，一個個嚇得手忙腳亂，紛紛敗退。這時，突然雷聲大震，大雨傾盆而下，滍川河水暴漲，搖搖欲洩，又颳起一陣怪風，將豺狼虎豹捲進巨毋霸的隊伍。巨毋霸沒有辦法，也只好向後退走，一不小心墜入水中。他身體又笨重，哪裡還爬得上來，一眨眼就無影無蹤了。巨毋霸一死，各營士兵開始棄營亂跑，猛獸們也四散逃竄。王邑等人知道這回全完了，保命要緊，騎著快馬踩著己方士兵的屍體勉強渡河逃去，奔還洛陽。

在昆陽之戰中立下首功的劉秀，馬不停蹄的繼續南下攻城掠地。

這時候，一個噩耗傳來，他的哥哥劉縯被更始帝殺掉了。

報仇還是屈從？實力不濟的劉秀最終選擇了隱忍，暗暗積蓄反擊的力量。

西元二五年，劉秀與更始政權公開決裂，在河北登基稱帝，為表劉氏重興之意，仍以「漢」為其國號，史稱「東漢」。隨後，經過長達十二年之久征戰，他先後平滅了關東、隴右、西蜀等地的割據政權，最終統一了中國。

小知識

　　光武帝劉秀以謹慎聞名，與哥哥劉縯熱血性格不同。王莽篡漢後，劉縯身為皇族之後一直忿忿不平，準備找時機起義，後赤眉軍起，劉縯號召鄉里對抗王莽，鄉里青年紛紛走避，直呼劉縯害人，但看到劉秀拋棄平民服飾，改穿軍服後，才更改志向起兵。

豺狼當道

梁冀的專橫跋扈

　　梁冀出身於世家大族，他的先祖曾經輔佐光武帝劉秀建立東漢王朝，到了他父親梁商這一代，家族開始飛黃騰達。

　　梁商的女兒是漢順帝的皇后，他以外戚的身分擔任大將軍，掌管朝政。總的來說，梁商還是很稱職的，不僅在工作上兢兢業業，還十分注意約束自己的家人，不允許他們憑藉權勢去做違法亂紀的事情。

　　永和六年（西元一四一年）梁商病死，還沒等下葬，漢順帝就命令梁冀接替父職，當了大將軍。

　　說到梁冀這個人，史書描述他的外貌醜陋，雙肩像鷂鷹一樣高聳，眼裡散發著豺狼一樣的兇光。他自幼過慣了紈絝子弟的生活，吃喝玩樂、鬥雞走狗無所不通，並且深諳權術。可以說，梁冀將紈絝子弟的驕橫放肆，流氓的兇蠻無理，政客的狡詐陰刁全都集於了一身。這樣的人來執掌權柄，對當時搖搖欲墜的東漢王朝來說，是一個巨大的災難。

　　梁冀繼任大將軍不久，而立之年的漢順帝就突然駕崩了，這無疑給了他一個獨攬朝綱的大好機會。

　　梁皇后沒有兒子，她選了順帝的美人虞氏兩歲的兒子劉炳繼位，稱沖帝，自己以太后的身分臨朝聽政。

　　尚在襁褓中的劉炳只做了五個月的皇帝就死了，以李固為首的一些大臣主張立年長有德的清河王劉蒜為皇帝。梁冀為了掌握朝政大權，強行把年僅八歲的劉纘立為皇帝，這就是漢質帝。

　　質帝是個聰明的孩子，對梁冀的驕橫十分看不慣。

　　有一次召見群臣時，質帝在背後指著梁冀說：「這位是跋扈將軍！」

　　「跋扈」，是霸道、不講理的意思。

　　梁冀聽到質帝的辱罵，立刻萌起殺機，密令爪牙用毒餅害死了質帝。小皇帝在臨死前哀求道：「我吃了餅，肚子很痛，喝點水或許還能活命！」梁冀在一旁冷眼注視，陰狠地說：「喝水恐怕會吐。」這樣一說，左右誰還敢去拿水，只能眼睜睜地看著質帝氣絕身亡。

　　一年之間，接連死了三位皇帝。

　　在第三次決定立新君的時候，李固、胡廣、趙戒等一干大臣聯名上書，要求立劉蒜為帝。這個建議恰恰是梁冀與太后所不中意的，他們心目中的帝位繼承人是蠡吾侯劉志。當時，蠡吾侯劉志正在和梁冀的小妹議婚，如果劉志當了皇帝，自然會封他的小妹為皇后。這樣一來，擺在梁冀面前的有兩個選擇：立劉志，實際上是立梁家王朝；立劉蒜，梁氏家族命運不可捉摸。孰輕孰重，梁冀十分清楚，為此，他不顧大臣們的反對，當眾宣佈立劉志為皇帝，還將力主立劉蒜為帝的兩位大臣李固、杜喬害死。

　　桓帝劉志自知他之所以能登上皇帝寶座，是因為有梁冀的支持，為了感謝梁冀的「援立之功」，他對梁冀及其家人大加封賞。梁冀一門，前後封侯的有七人，當上皇后的有三人，當上貴妃的有六人，做大將軍

的有二十人，其餘的卿、將、尹、校達五十七人。

梁冀做了二十多年的大將軍，朝廷內外的官吏無不畏懼，無不俯首聽命，甚至連皇帝都要看他的眼色行事。

然而，盛極轉衰，在梁氏家族「鼎盛」的背後也隱藏著覆滅的危機。

桓帝劉志早就對梁冀心生不滿，暗地裡與宦官唐衡、單超、左悺、徐璜、具瑗等人日夜謀劃如何除掉這位跋扈將軍。

恰恰在這時發生了梁冀派人殺梁貴人母親宣氏的事件。

梁貴人本名鄧猛，父親早死，母親宣氏改嫁梁紀。梁冀的妻子孫壽見鄧猛長得很漂亮，就認做乾女兒，改姓梁，送進宮中，結果受寵。梁冀擔心鄧猛的家族得勢，會與梁氏分庭抗禮，就派人暗殺鄧猛的母親宣氏。宣氏僥倖逃脫，並向桓帝告發。

桓帝劉志派宦官唐衡、單超、左悺、徐璜、具瑗五人帶一千多武士包圍了梁冀的府第。梁冀和他的妻子孫壽知道自己罪孽深重，當天自殺身死。接著，梁家及其妻孫家，無論長幼皆棄市。

小知識

漢安元年（西元一四一年），漢順帝為了裝裝樣子，詔遣八位使臣行巡天下，罰懲奸佞，獎掖清忠。

這八位時稱「八俊」的使臣大多是天下聞名的宿儒，只有張綱年紀最輕，官位最低。其餘七人受命上路，唯獨張綱埋其車輪於洛陽都亭，慨然說：「豺狼當道，安問狐狸！」於是上奏皇帝，揭發大將軍梁冀「肆無忌憚、貪污受賄、多樹諂諛、陷害忠良」等十五項大罪。書奏，「京師震竦」，百官悚悚。

滿腦子都是生意經

漢靈帝賣官斂財

從東漢章帝算起，此後的皇帝大多是少年甚至幼兒天子，超過三十歲的少之又少。

西元一六七年，漢桓帝劉志以三十六歲「高齡」駕崩，沒有留下子嗣。他的皇后不得不大費周章，從宗室中選擇繼承人。

選來選去，落到劉宏頭上。這位生在河間（古稱瀛州，地處冀中平原腹地，位於今河北省內，屬滄州市管轄），長在河間，至今沒有任何封號的男孩子，乃是章帝玄孫，父親與桓帝是堂兄弟，也就是說，他是已故皇帝的堂姪。

從此，漢靈帝劉宏被動地捲入政治潮流中，上演了一幕幕讓人啼笑皆非的鬧劇。

如果你想知道東漢後期最吃香的職業是什麼，翻開史書你會得到答案：宦官。漢靈帝曾經說過一句名言：「張常侍是我父，趙常侍是我母。」張趙二人是歷史上有名的大宦官，連皇帝都對他們呼爹叫娘，這樣的職業還不吃香嗎？

漢靈帝在宦官們威逼利誘下，職業生涯陷入一片黑暗之中，最終花光了國庫裡的銀子。

沒有錢花了，這位來自民間的天子倒有些經濟頭腦，決定做買賣賺錢。

漢靈帝首先想到的是貨物來源以及消費群族。他環視左右，立刻高興地笑起來：「皇宮之中，珠寶美玉到處都是，何愁沒得賣？」於是乎，大漢後宮中出現一條繁榮的商業街，街道上店舖林立，來往顧客和商人川流不息，一派興旺熱鬧景象。漢靈帝更是親力親為，不僅是策劃者還是實踐者，他脫下龍袍，穿上商人服飾，飲酒取樂和選購貨物，與「老闆」、「夥計」或者其他「客人」打鬧說笑，全然沒有了天子的派頭。

為了讓情緒高漲起來，他每每走進店舖內，都會高聲叫嚷著，與「老闆」討價還價。雙方爭爭吵吵，直到面紅耳赤，也不退讓。看到無法以自己心目中的價格成交，漢靈帝就將「老闆」趕出店舖，自己親自披掛上陣。

儘管漢靈帝花大力氣進行商業活動，效果卻十分一般，沒有如他所願地增加收入。因為皇家市場的貨物都是搜刮來的珍奇異寶，被貪心的嬪妃、宮女和宦官們陸續偷竊而去，甚至為了你偷的多我偷的少而暗地裡爭鬥不休，很少有收益。

這時，漢靈帝的宦官父母張讓、趙忠為他獻上一計：有一種東西非常值錢，可以出售。

漢靈帝一聽，兩眼放光，急忙問道：「什麼東西如此值錢？」

「此物確實值錢，而且只有陛下可以正大光明地出售。」

漢靈帝驚喜有加，連連追問：「快說快說，這到底是什麼東西？」

「官位！」

漢靈帝恍然大悟，對宦官父母感激不盡，立即在西園開闢出專門場所，成立官員交易機構。

此機構開辦後，熱門場景自與先前的商業街模式大大不同。商業街除了熱鬧，沒有給漢靈帝帶來什麼實際利潤，現在的官位交易機構可不一樣，看起來更加風光和氣派。前來買官的人一個個肥頭大耳，一眼就看出是些有錢人物，最起碼也是大地主打扮。他們懷揣萬貫，在交易所內挑挑選選，尋找合適的「貨物」。

漢靈帝對交易所生意非常關注，視之為重要經濟來源。在出售官位之前，他與宦官們對當前官員交易行情做了深入調查，認為地方官雖然級別不高，但是搜刮民脂民膏比較方便；與之相比，京官雖然看起來十分榮光高貴，實際上很難撈到多少油水。經過研究，漢靈帝決定，地方官的價格比京官高一倍，至於到了縣級小官，視具體情況而定。所在縣經濟富裕的，官價高一些；窮鄉僻壤，價格自然低一些。

那麼，漢靈帝給出的具體價格是多少呢？

史書明確記載：一般來說，兩千石的官價格為兩千萬錢，四百石的官價格為四百萬錢。為了讓生意持續發展下去，既可以現金交易，也可以賒欠，不過要追加利息。而且，為了便於競爭，漢靈帝還做出明確規定，根據客戶的身分和財產多少，官位價格可以隨時增減。也就是說，官位價格靈活多樣，只要能夠多賣錢，就是合算的生意。

漢靈帝賣官還推行了競標法，買官的人可以估價投標，出價最高的人就可以中標上任。從光和元年（西元一七八年）一直持續到中平六年（西元一八四年），漢靈帝不亦樂乎地做了七年的賣官生意。他將官場

搞得烏煙瘴氣，使原本就風雨飄搖的漢王朝更是雪上加霜。

小知識

　　漢靈帝與前任漢桓帝的統治時期是東漢最黑暗的時期，諸葛亮的《出師表》中就有蜀漢開國皇帝劉備每次「嘆息痛恨於桓靈」的陳述。

殺豬的請來了殺人的

董卓的「魔獸世界」

漢朝到了漢獻帝當國家元首時，國家大權落到了一個叫董卓的軍閥的手裡。漢靈帝死後，十常侍，也就是十個太監，開始把持政權，玩弄太后和皇后於手掌之上，把朝廷弄得烏煙瘴氣。為了對付十常侍，皇后的哥哥、大將軍何進命西北邊防軍司令董卓率兵來首都勤王。

何進原來是一個殺豬的，因妹妹何皇后生了皇子劉辯，才掌了大權。面對宦官專權的局面，他主張調外地兵入京剿除宦官。主簿陳琳認為這樣做會弄出亂子來，竭力勸阻。何進不聽，就這樣為了趕狼迎來了虎。

董卓這個人，腦袋不笨，可惜眼光短淺了點，自以為大權在握，便飛揚跋扈起來，對待皇帝連個做人臣的樣子都不裝裝，看著小皇帝不順眼，一聲令下就想廢掉。他對群臣說：「少帝愚昧懦弱，不能敬奉宗廟，沒有資格擔任天下的君主。為了漢室江山，我想效法伊尹放太甲，霍光廢昌邑的故事，廢掉少帝，改立陳留王劉協為天子。」在場官員懾於董卓的淫威，誰也不敢提出反對的意見。於是，董卓廢掉少帝，將他貶為弘農王；另立陳留王劉協，即為漢獻帝。

獻帝是一個九歲的孩子，當然做不成什麼事，只能聽任董卓擺佈。

董卓出入皇宮，肆意凌辱嬪妃，就連皇帝的龍床他也隨便睡在上面。

出門遊玩，看到老百姓在市集上做買賣，就下令殺死所有的男人，搶奪女人和財物，分發給部下將士。

一次，朝中許多官員被董卓邀請去赴宴。酒過三巡，董卓突然起身，神秘地對在場的人說：「為了給大家助酒興，我將為各位獻上一個精彩的節目，請欣賞！」士兵們把幾百名北方反叛者押到會場正中央，先剪掉他們的舌頭，接著斬斷手腳，挖掉眼睛，手段之殘忍，令在場官員冷汗直流，手中的筷子都被嚇得抖落在地。董卓卻若無其事，仍然狂飲自如，臉上還流露出洋洋得意的神色。

改立獻帝之後，董卓將自己升為太尉，成為三公之一，後又自封郡侯，拜國相，躍居三公之首，掌宰相權。同時，他還利用手中的特權，大肆加封董氏家族成員，就連還在吃奶的娃娃都被封了侯。

為了更有效地控制皇帝，董卓不顧朝臣反對，脅迫獻帝將都城從洛陽西遷至長安。遷都之後，董卓命人將整個洛陽城以及附近兩百里內的宮殿、宗廟、府庫等大批建築物全部焚火燒毀。昔日興盛繁華的洛陽城，頃刻間變成了一片廢墟。董卓還派部將呂布洗劫皇家陵墓和公卿墳塚，盡收珍寶。

多行不義必自斃，董卓的倒行逆施終於激起了官員和民眾的憤怒與反抗。司徒王允設反間計，挑撥呂布將其殺死。

就這樣，殺人狂董卓在內訌中結束了自己的「魔獸世界」。

┌───┐
│　　　　　　　　　　小 知 識　　　　　　　　　　│
└───┘

　　董卓身軀肥胖，死後被陳屍示眾時，守屍的士兵在他的肚臍眼中插上燈芯，點燃照明，持續了數天。蘇軾以此事寫了《郿塢》一詩來嘲笑董卓的下場：「衣中甲厚行何懼，塢裡金多退足憑。畢竟英雄誰得似，臍脂自照不須燈。」

躲在幕後指手畫腳

曹操挾天子以令諸侯

曹操，字孟德，小名阿瞞，沛國譙郡（今安徽亳州）人。

說起此人，實在是大大的有名，從《三國演義》問世以來，他就被人以各種形式（評書、戲曲、影視劇等等）不停地罵，反覆地罵，最終獲得了一個「榮譽」稱號史上最大的奸賊。

在《資治通鑑》裡，曹操卻是棟樑之才，一個治理國家的能臣。

如同許多面目全非的歷史人物一樣，曹操的故事也有一個清晰完整的開篇。

應該說曹操的運氣是不錯的，東漢末年宦官專權，他的父親曹嵩是大宦官曹騰的養子，曹操就成了官宦子弟。

他從小就十分聰穎，懂謀略，好權術，經常行俠仗義，但畢竟是個紈絝子弟，整日裡養尊處優，不免行為放蕩，不受約束。太尉橋玄和南陽何顒對曹操十分欣賞，都認為他是一個可以安定社稷、扭轉乾坤的人才。橋玄建議曹操：「你現在還默默無聞，應該去結交許劭。」許劭可不是一般的人物，他跟堂兄許靖在社會上的知名度極高，兩個人評論當世的人物，每個月都會列出一個榜單，被稱為「月旦評」，如果得到一個好的評語，立刻就能飛黃騰達。

　　曹操前去拜見，詢問說：「我是一個什麼樣的人？」許劭看不起這個宦官之後，拒絕回答。軟的不吃，便來硬的。許劭一見曹操要動粗，就回答說：「在太平時，你是個能臣；在亂世，你是奸雄。」聽到這個評語，曹操大喜過望，告辭而歸。

　　綜觀曹操的一生，許劭的評價是十分精準的。

　　熹平三年（西元一七四年），二十歲的曹操被任命為洛陽北部尉。洛陽是皇親貴戚聚居之地，一向很難治理，曹操一到職，就處死了違禁夜行的蹇圖。蹇圖是當紅宦官蹇碩的叔父，拿此人開刀，發揮了強烈的震懾效果，洛陽的治安一夜變好。

　　中平元年（西元一八四年），曹操率兵平定潁川黃巾變亂，一舉嶄露頭角，被封為西園八校尉之一，參與了天下諸侯討伐董卓的戰爭。董卓死後，曹操獨自發展自身勢力，「挾天子以令諸侯」，以漢朝大將軍、丞相的名義縱橫亂世，南征北戰，先後戰勝了關中李傕、徐州呂布、淮南袁術，接受了張繡的投降。

曹操。

　　建安五年（西元二○○年），曹操在官渡迎來了他一生中最強大的對手袁紹。

　　袁家祖輩都在朝廷做大官，他的高祖父袁安是司徒、祖父袁湯是太尉、父親袁逢是司空，門生故吏遍佈天下，加之袁紹取得

冀、并、幽、青四州，實力大增，有軍隊數十萬人。無論是從哪個角度上來看，袁紹都是幾乎不可戰勝的。

最堅固的堡壘往往最容易從內部攻破，在曹操一籌莫展的時候，上天給他送來了許攸。許攸是袁紹的謀士，由於不得志前來投奔。

曹操見許攸來了大喜過望，光著腳親自出迎。

他聽了許攸的建議，親自率領精銳步騎五千人偷襲烏巢。

烏巢是袁紹的後勤基地，人馬沒有了糧草，還打什麼仗？袁軍立刻潰敗。

官渡一戰，曹操成為了當時最強大的人。

雖然在日後的赤壁之戰中曹操吃了虧，差一點被周瑜一把火燒死，但絲毫不影響他做為老大的地位。

能取得如此成就，是上下共同努力的結果。而下面的人之所以肯幹事，是因為曹操是個好領導。

曹操用人不重虛名，只要你有本事，是人才，便不分親疏，不論貴賤，一概委以重用。那位護駕華容道、裸衣鬥馬超的許褚，原本是一個鄉民村夫，只是力大無比，勇猛過人，曾「雙手挈二牛尾，倒行百餘步」，便被拜之為都尉。在兗州時，曹操唯才是舉，一下子就網羅到荀彧、荀攸、程昱、郭嘉、劉曄、呂虔等諸多謀士。不僅如此，曹操選人用人不計前嫌舊恨，哪怕是與自己結過怨仇的人，無論何時何地投奔於他，他都真誠地表示歡迎，照樣用之不疑。

手下有了一大批能辦事的人，無論是行軍打仗，還是推行屯田、興修水利，實行鹽鐵官賣制度，都得到了很好的執行。

　　如果你僅僅把曹操當成是政治家和軍事家，還真是小看他了。曹操還是文學家和書法家，他所寫的詩開啟並繁榮了建安文學，所寫的字筆墨雄渾，雄逸絕倫。

　　建安二十五年正月（西元二二〇年），曹操病死在洛陽，終年六十六歲。同年，他的兒子曹丕代漢稱帝，國號魏，追尊曹操為太祖武皇帝。

　　一代英雄就這樣化為了塵土，留下了功過讓後人評說。

小知識

　　曹操在《讓縣自明本志令》中說：「設使天下無有孤，不知當幾人稱帝，幾人稱王。」這可以說是權力者的內心話，在躊躇滿志之中，不無自信、自負之意。同時也表達了自己年少的志願：在天下太平後隱居故里，夏天打獵、冬天讀書，只是身居高位，夙願難遂。

酒香不怕巷子深

諸葛亮的明星效應

諸葛亮，字孔明，號臥龍，出生在一個官吏之家。

他三歲時母親病逝，八歲時又失去了父親，在叔父的撫養下長大。從十六歲開始，諸葛亮隱居南陽，晴耕雨讀，平日好唸《梁父吟》，常以管仲、樂毅自比。

諸葛亮身材高大，長得十分英俊瀟灑，甚至帥到讓世人都驚異的程度了。如此美男，竟娶了一個醜到相當程度的女人黃氏，使得鄉間盛傳「莫學孔明擇婦，止得阿承醜女」。

事實上，這正是諸葛亮的聰明之處，因為黃家門第顯赫，在荊州的地位舉足輕重。

最早把諸葛亮推薦給劉備的是司馬徽，說他比管仲和樂毅厲害多了，水準起碼應該與姜子牙和張良不相上下。後來，徐庶也向劉備推薦諸葛亮，說他是一條臥龍。司馬徽和徐庶都是了不起的人物，這樣一說，劉備就坐不住了，非要請來諸葛亮不可。

在一個冬日，劉備和關羽、張飛帶著禮物，到隆中去拜訪諸葛亮。

劉備親自敲開了柴門，滿臉和藹地對開門的書僮說：「漢左將軍宜城亭侯領豫州牧皇叔劉備，特來拜見先生。」把自己官職、出身報了個

遍，臨了也沒忘記自己皇叔的身分。

誰知書僮不吃這一套，仰頭看著「大耳叔叔」說：「我記不得這麼多字。」

劉備一愣，只好說道：「我是劉備，來拜見先生。」

書僮告訴劉備，先生外出，回來時間不確定。

過了幾天，劉備又冒著大雪前去拜訪諸葛亮。臨行前，莽撞的張飛對此極度不滿，對劉備直言道：「不過一介村夫，哥哥何必親自去，我去把他給你綁來就是了。」

劉備怒喝：「臥龍先生是當代的大學者，哪輪得到你造次！」

這次諸葛亮被朋友邀走了。劉備非常失望，只好留下一封信，說渴望得到諸葛亮的幫助，平定天下。

明宣宗朱瞻基的繪畫作品《武侯高臥圖》。此圖繪諸葛亮敞胸露懷，頭枕書匣，仰面躺在竹叢下，舉止疏狂。當是他出茅廬輔助劉備之前，隱居南陽躬耕自樂的形象。

轉眼過了新年，劉備選了個好日子，第三次來到隆中。這次，諸葛亮正好在睡覺。劉備讓關羽、張飛在門外等候，自己在臺階下靜靜地站著。過了很長時間，諸葛亮才醒來，劉備便向他請教平定天下的辦法。

兩人的第一次對話被稱為《隆中對》，核心思路就是如今漢王朝已經進入一個不問皇帝死活、紛紛搶佔地盤的時代了。這個時候，當務之急是給自己也弄一塊地盤。如果將劉表的荊州和劉璋的益州搶過來，就有了立足之地，這樣才能和曹操、孫權一決高下。

政治就像投資，風險時時刻刻存在。

蝸居在新野縣城的劉備用他的堅持和誠意感動了諸葛亮出山相助，從而使自己的事業出現了轉機。

建安十三年（西元二○八年），諸葛亮說服孫權與劉備結盟，參與赤壁之戰獲勝。在此之後，戰場上就很少看見諸葛亮的身影了，他留守巴蜀，籌集軍糧，供應在漢中作戰的劉備。

蜀國建立後，諸葛亮擔任丞相一職。

蜀建興元年（西元二二三年），劉備病重，在白帝城托孤諸葛亮。劉備托孤時發出的遺詔上面寫著「內事問諸葛亮，外事問李嚴」，也就是將政治權力交付諸葛亮，將軍事權力交與李嚴掌管。時值亂世，軍權的重要性不言自明。可見，劉備還是有意想制約諸葛亮，防止他個人專權。

諸葛亮是弄玩政治的高手，在其後的北伐中，他找了個藉口，說李嚴運糧不濟，將他貶為庶民。

從此之後，蜀漢只知諸葛亮，而不知後主劉禪。

蜀建興三年（西元二二五年），諸葛亮率軍南征，七擒孟獲，穩定南部四郡，隨後，便開始了五出祁山的北伐。第一次出祁山，收服姜維、痛失街亭、揮淚斬馬謖……好戲連續上演；第二次是圍陳倉，二十多天沒有打下來，只好撤兵；第三次大雨幫諸葛亮守住漢中；第四次，司馬懿堅守不出，想拖垮諸葛亮，結果李嚴沒有及時運來糧草，就假傳聖旨，諸葛亮只好撤兵回國；第五次，諸葛亮聯合東吳一起討伐魏國，並裝神弄鬼，偷偷割了隴上的小麥，造木牛流馬運送糧食，準備長期與司馬懿周旋。後來，東吳撤兵，諸葛亮只好孤身奮戰，累死在五丈原，死後還用自己的桃木像嚇退了司馬懿。

平心而論，諸葛亮是一個忠臣，也是一個能做事的人，但不是一個合格的領導者。他治國治軍有個最大的特點，就是用人死板教條，剛愎自用，大事也管，小事也管，該管的也管，不該管的也管，從不捨得放權。史書記載，他「躬自校簿書，流汗竟日」。「校簿書」這樣的活明明應該是「校對員」、「文書」、「助理」做的事，他都親自去做，鞠躬盡瘁死而後已。自然，這是勤勤懇懇、對工作極端負責的表現，可是有這個必要嗎？

做為一國丞相，統領百官，日理萬機，責任在抓軍國大事。諸葛亮卻是大事小事一齊抓，精神可佳，但是效果不佳。事實證明，諸葛亮死後，就連平庸的廖化都被委以重任。蜀中無大將，就是因為他過於事事親力親為而不善用人，自己太能幹了，下屬沒有機會去鍛鍊提升、施展才華。以致於諸葛亮一死，人才就青黃不接了。

西元二三四年，諸葛亮率軍進行最後一次北伐。在與司馬懿在五丈原對峙時，魏兵堅守不戰，時間長了，蜀兵有些鬆懈，違犯軍紀的人越

來越多。整頓紀律這種事，管理者只要發號施令，下屬層層部署，逐級負責，再派人檢查落實就可以了。可是諸葛亮卻「夙興夜寐，罰二十以上，皆親覽焉」，連打軍棍的事他都要親自處理，以致累得他「夜不安寢」、「食不甘味」。司馬懿在軍營中聽到這個消息，判斷他活不長了，每天工作二十個小時，忙的都是雞毛蒜皮，不顧休息，飯量又極小，怎能活得長久？

果然，蜀建興十二年（西元二三四年），諸葛亮在五丈原病故，年五十四歲。

小知識

諸葛亮是中國歷史上傑出的政治家，集忠、義、智、勇於一身，是中國歷史上的智慧神的最傑出化身。

歷代朝野對諸葛亮都有很高的評價，「鞠躬盡瘁、死而後已」也成為了無數仁人志士的座右銘。

樂不思蜀

後主劉禪明哲保身

蜀漢後主劉禪，一直以來都被人們看成是沒有出息的典型。

相傳，甘夫人曾經夢到自己口吞北斗星而懷孕，所以劉禪有了「阿斗」這個小名。後人常用「阿斗」或「扶不起的阿斗」來形容庸碌無能的人。

可是換個角度來看，阿斗還是一個了不起的人物。

當初，劉備準備率領大軍討伐東吳，為關羽報仇，臨行問劉禪有什麼話說，劉禪笑嘻嘻地說：「聽說東吳的一種魚很好玩，希望父親能帶回幾條。」可見，劉禪是一個與世無爭的和平主義者。後來，諸葛亮屢次出兵伐魏，劉禪勸告說：「如今三國鼎立，正是和平的好時候，相父你為什麼不好好享福，還要興兵打仗呢？」

劉禪之所以在沒有父親的庇護下，做了四十多年的皇帝，最重要一點是他有著異於常人的容人之量。他容忍了諸葛亮專權十一年，容忍蔣琬、費禕、姜維等人把持朝政三十年。他的人生信條是：只要能維持自己的幸福生活，你們愛怎麼折騰就怎麼折騰。而且非常仁義，對待那些犯了錯的大臣，也是建議盡量不要使用死刑。魏延造反被殺，令他感到惋惜，賜了口棺材，讓人好好埋葬。

　　當然，劉禪也並非是昏庸無能的糊塗蟲，他的頭腦非常清醒，在假裝糊塗中，知人善用。西元二三四年，劉禪素衣戴孝迎回了亦父亦師的諸葛丞相。也就從這時起，劉禪才真正做了蜀國的皇帝。他做了兩件大事：廢除丞相職位，設立尚書令、大將軍和大司馬，把軍、政、務徹底分離開；下令停止北伐，讓一直處於征戰狀態的國家休養生息。

　　就這兩件事來看，劉禪不應該是「扶不起的阿斗」，只是他在諸葛亮的庇蔭下，很少有作為，再加上後人的以訛傳訛，劉禪成了一個昏庸無用的人。

　　談到劉禪，人們最不齒的，莫過於樂不思蜀了。

　　西元二六三年，蜀國就被魏所滅，劉禪被封為食俸祿無實權的「安樂公」，遷居魏國都城洛陽居住。

　　一天，司馬昭設宴，席間演奏蜀國的音樂，隨劉禪一同被擄到魏國的大臣們聽了之後，紛紛落淚。只有劉禪樂在其中，手指隨著音樂在酒桌上打著節拍。

　　司馬昭問他：「你想念蜀國嗎？」

　　劉禪答：「不想，這裡比蜀國生活舒服，還沒人管我。」司

閻立本《歷代帝王圖》劉備像。

馬昭哈哈大笑，但對他的試探卻沒有結束。

酒席結束，劉禪的大臣郤正告訴他說：「下次司馬昭再問你，你就說『祖先的墳墓都在蜀國，我很想念。』說不定他就放我們回去了。」

不久，司馬昭再次設宴請劉禪飲酒，再次問他同樣的問題，劉禪把郤正教他的話一字不差地背給司馬昭聽。

司馬昭狐疑：「你說話的語氣怎麼那麼像郤正？」

劉禪的臉上一副驚訝加崇拜的樣子：「你怎麼會知道是郤正教的？」

司馬昭樂不可支，從此對劉禪不再抱有戒心，劉禪在洛陽安穩度過了餘生。

小知識

「樂不思蜀」正是劉禪的大智慧。做為階下囚的亡國之君，稍有不慎便是滅頂之災，想要保全性命，就必須給人一個「此人不足為慮，我無憂矣」的印象。

劉禪不愧是天才的演員，其精湛的演技不僅騙過了奸詐的司馬昭，還騙了後世的人們。

皇帝是個笨小孩

晉惠帝的荒誕人生

晉武帝司馬炎和他祖父司馬懿、伯父司馬師、父親司馬昭都是善於玩弄權術的人，可是他的兒子太子司馬衷偏偏是一個低能兒。

在立司馬衷為太子後，司馬炎也曾有過猶豫，但孫子司馬遹的一個舉動讓他堅定了自己的選擇。

有一天深夜，宮中起了大火，司馬炎想登樓觀看。年僅五歲的司馬遹卻拉著爺爺司馬炎的手，躲在了暗處。

司馬炎很不解，問他為什麼這樣做。

司馬遹回答說：「深夜昏暗不清，應該防備異常情況發生，不宜讓亮光照見陛下。」司馬炎非常驚奇自己的孫子小小年紀就說出這番道理。

愛屋及烏，司馬炎雖知太子不

晉武帝司馬炎。

才，但認為孫子還不錯，自此之後，就沒有再想廢太子另立。

但朝臣們都很擔心，要是讓這個白癡繼承了皇位，不知道會鬧出什麼亂子來。

大將軍衛瓘屢次想陳述奏請廢掉太子司馬衷，都沒敢說出口。後來在陵雲臺聚會宴飲，他假裝醉了，跪在司馬炎的床前說：「我想上奏。」

司馬炎說：「你要說什麼？」

衛瓘欲言又止，只是用手撫摸著床說：「這個座位可惜了！」

司馬炎心裡明白，故意裝作不懂：「你真大醉了嗎？」吩咐侍從把他扶起來送回家中。

從這以後，誰也不敢向司馬炎再提這件事。

司馬炎也想試試自己的兒子到底糊塗到什麼程度，就命人送給太子一個試卷，在裡面提出幾個問題，要太子作答。

司馬衷接到試卷，立刻傻了眼，他平日裡不讀書不看經，大字不識幾個，試卷的內容都看不懂，如何作答？

俗話說，一個成功的男人背後，都有一個偉大的女人。司馬衷這位不是太成功的男人背後，也站著一個強悍無比的老婆賈南風。

賈南風聰明果斷，是當世出了名的醋罈子，而且狠毒無比。她悄悄找了幾位有學識的人，答好了試題，逼著司馬衷一字一句抄寫完整。試卷交上去後，司馬炎樂得眉開眼笑：「誰說我的兒子是傻子？你們瞧瞧，他很有才華。」

就這樣，司馬衷糊裡糊塗地被老爹和老婆逼上了皇位。

司馬衷即位以後，國家政事一件也管不了，倒是鬧出一些笑話來。

初夏的一天，司馬衷帶了一群太監在御花園裡玩。這時，在池塘邊的草叢間，響起一片青蛙的叫聲。

司馬衷呆頭呆腦地問身邊的太監：「青蛙叫，是為公還是為私啊？」

一個機靈的太監回答說：「稟告皇上，公家的青蛙叫是為公，私家的青蛙叫是為私。」

「哦，原來如此。」司馬衷點點頭，一副恍然大悟狀。

如果讀者認為這件事足以說明司馬衷腦子有問題，還為時過早。

一天，司馬衷端坐朝堂之上，忽然從外面跌跌撞撞跑進來幾位大臣，他們舉止失措，神色慌張。本來司馬衷就不怎麼喜歡這些大臣，不過今天見他們與往常有異，倒覺得好玩，就探著身子等他們說話。

為首的大臣帶著哭腔開了口：「萬歲，連年災荒，老百姓連飯都吃不上了，請盡早想辦法救濟災民。」

司馬衷一聽這話，好不開心。在他當皇帝這段時間，也許這是聽得最明白的一句話了。平日裡大臣們之乎者也，咬文嚼字，好像故意跟自己過不去一樣，根本沒有他插語的機會。今天聽到這句簡單明瞭的話，司馬衷自然很開心。更讓他興奮的是，問題如此簡單，大臣們竟然慌成這個樣子，看來關鍵時刻還得皇帝親自出馬。

他想都沒想，就說出一句流傳青史的「名言」：「為何不吃肉糜？」意思是老百姓沒有飯吃了，為什麼不喝肉粥呢？嗚呼，皇帝大人一言既出，滿堂驚愕，有些人的眼珠子差點砸到腳趾頭上。

司馬衷不明白為什麼大臣們驚愕如此，不過以他的智慧，到死也沒

有弄清楚自己的提議有何錯誤。

皇帝大人沒弄清楚，皇后大人卻瞭若指掌。

賈南風對自己老公的智商一清二楚，對她來說，皇帝就是傀儡。可是不遂她願的是，她沒有生育孩子，太子是司馬衷小老婆生的。一不做二不休，狠毒的賈南風索性害死了太子。不僅如此，在母儀天下之後，賈南風以謀反罪廢了婆婆楊太后，誅殺楊太后的母親龐氏。

賈南風自己是醋罈子，不能容忍司馬衷寵愛其他妃子，但她自己卻淫亂後宮，給司馬衷戴了不知多少頂綠帽子。

晉朝的各路藩王，都是司馬宗親，眼看著傻子當天子，被婦人玩弄於股掌，慾望之心怦然大動。於是乎，八王之亂上演，大家紛紛搶著當皇帝。

在這八王之亂中，先是汝南王司馬亮、楚王司馬瑋被賈南風設計殺死，隨後司馬倫處死了賈南風。

這場叛亂中笑到最後的是東海王司馬越，他總覺得司馬衷礙事，直接用毒藥毒死了這個白癡皇帝。

小知識

八王之亂削弱了西晉政權在地方上的影響。各地方勢力逐漸稱王獨立，中國進入長期戰亂的五胡十六國時期，北方胡虜第一次踏入中原。

虎毒也食子

後趙暴君石虎骨肉相殘

　　石虎是後趙開國皇帝、殺人不眨眼的上黨羯人石勒的養子，後趙的
第二任皇帝，堪稱是中國歷史上最荒淫殘暴的君主。

　　石虎是天生的殺人狂，年少時手握彈弓，瞄準人就射，打死打傷的
人很多，人見人怕。長大後，與將軍郭榮的妹妹結婚不久，就殺掉了這
個結髮妻子；接著，娶了崔氏姑娘，很快也將她殺掉。而且，凡是軍中
諸將有勇略氣力的，自己看不慣的，石虎總是找藉口殺掉對方。

　　在亂世之中，石虎率軍四處攻城掠地，每每攻下城池，都將城中男
女老少一律殺光，從不留活口。有一次，石虎攻下青州後，照例趕盡殺
絕，有幸逃脫了七百人，還為史學家們大書特書。更令人恐懼的是，石
虎專門掠奪漢族女子為食，稱其為「雙腳羊」，夜裡姦淫，白天殺掉吃肉。

　　雖然石虎殺人虐眾，卻為石勒衝鋒陷陣，功勞卓著，被委以重任。

　　在石勒病亡後，石虎殺掉太子石弘，隨後殺掉兄弟石宏、石恢和程
太后，篡奪君位，先自號「大趙天王」，繼而遷都稱帝。

　　所謂虎父無犬子，石虎的長子石邃比他更殘暴和變態，最大的愛好
就是喜歡收藏女人的腦袋。他命人將人頭擦拭乾淨，在上面撲粉抹油，
打扮一番，然後冰鎮起來，放到黃金盤子上供人觀賞，彷彿一件精心製

作的工藝品。

除此之外，石太子還喜歡與尼姑交媾，完事後不是砍下腦袋這麼簡單了，而是將她們身上的肉一片片割下，與牛羊肉混合煮熟，與部下們分享。

然而，石太子不滿足這些玩法，他想早一天接班，便把屠刀對準了自己的老爹。

石虎發覺後，怒從心起，派兵士衝入東宮，殺掉石邃、太子妃妾以及石邃的兒女共二十六人，把屍體統統裝在一個大木棺材裡找個骯髒的地方埋掉，廢石邃的母親為東海太妃。

石邃死後，石宣做了太子。他繼承乃父乃兄風範，也是荒淫殘暴的人，並且殺掉自己的兄弟石韜。

石虎知道後異常憤怒，下令把石宣捉住囚禁在貯藏坐具的倉庫中，用鐵環穿透他的下頜骨，鎖在鐵柱上，還叫人拿來殺害石韜的刀箭讓他舔上面的血。石宣的哀鳴嚎叫聲震撼宮殿。

僧人佛圖澄規勸石虎說：「石宣、石韜都是陛下的兒子，如果為了給石韜報仇而殺了石宣，這便是禍上加禍了。陛下如果能對他施以仁慈寬恕，福祚的氣運尚可延長；如果一定要殺了石宣，他會化為彗星橫掃鄴宮。」

石虎沒有聽從勸說。

他命令在鄴城的北面堆上柴堆，上面架設橫杆，橫杆的末端安置轆轤，繞上繩子，把梯子倚靠在柴堆上。石宣被押解到柴堆下，石韜所寵愛的宦官郝稚、劉霸揪著他的頭髮和舌頭，登上梯子。來到柴堆之上，

郝稚把繩索套在石宣的脖子上，用轆轤絞上去；劉霸砍斷石宣手腳，挖出他的眼睛，刺穿他的腸子，使他被傷害的程度和石韜一樣。然後點燃柴堆，火焰沖天而起。

給石宣行刑的人是石韜的親信，如今擔負為主人報仇雪恨的重任，操作起來自然更為細心，更為用力，也就更為殘忍。無法想像觀看殺人直播的觀眾都是何種感覺和心情，反正做為石宣最親近的人老爹石虎一直面不改色。

石宣的小兒子抱著爺爺石虎哭泣，希望得到赦免，可是石虎手下的大臣們卻不同意，抱過來殺掉了。當時，孫子拽著石虎的衣服大叫大鬧，把他的腰帶都拽斷了。

石虎也因此得了一場大病。

經過兩次打擊，石虎痛哭流涕地對臣僚們說：「我恨不能灌下三斛生石灰，洗洗我的腸了。我的肚子怎麼這麼污穢，生下這麼多逆子敗類啊！」嗚呼，石虎居然自責？不過話說回來，似乎石虎的老爹更該自責，為什麼生下石虎貽害人間？

殺完了兒子，石虎還要接著立太子。皇帝的女人多，兒子也多，可供選擇的對象也多。選來

高僧佛圖澄。

選去，石虎最後決定立石世做太子，並對臣僚們說出了自己的用意：「石世才十歲，等他二十歲時，大概我已經死了，也用不著他來殺我了。」

石虎最終也沒有給兒子石世留下弒父的機會，因為半年後他就死了。

小知識

石勒崇拜大和尚佛圖澄，因信佛圖澄之言而減少了很多殺虐。有一次，石虎向佛圖澄問什麼是佛法，佛圖澄說了四個字：「佛法不殺。」

後來，石虎聽了一個叫吳進的假和尚說胡人的氣數已衰，一定要苦役晉人才能壓著他們的氣數。結果石虎下令強徵鄴城附近各郡的男女百姓十六萬多人、車十萬乘在鄴城東修華林苑，並圍苑建數十里的長牆。

「全盤漢化」的不歸路

北魏孝文帝改革

　　北魏王朝第六位國君孝文帝拓跋宏在歷史上是一個很有作為的君主，從小就十分聰慧的他由祖母馮太后撫養長大。

　　馮太后長期大權在握，不願放權，孝文帝他老爸，就是被馮太后暗中毒死的，死時才二十三歲。馮太后忌憚孝文帝聰明機敏，打算廢掉他，幸虧大臣穆泰、李沖堅持，才沒有被廢掉。

孝文帝禮佛圖。

西元四九〇年，二十四歲的孝文帝開始親政。

他十分仰慕中原文化，甚至有點「崇洋媚外」。

一次，南齊使者前來友好訪問，孝文帝親自接見。在談話之餘，他轉過頭來對自己的大臣們說：「南方的臣子多麼出色啊！」

侍臣李元凱反駁說：「是啊，南方的大臣都是很出色的，所以一年換一次皇帝；我們北魏大臣都很爛，一百年才能更替一次君主。」從東晉末年到劉宋，再到南齊，甚至到後來的南梁，權臣作亂，政權交替頻繁，而這段時間北魏卻平穩發展。這話當場就把孝文帝弄得沒臺階下了。

但話又說回來了，北魏在很多制度方面還是很落後的，比如官員無俸祿、帝王臣子都不穿朝服。

其實，孝文帝並不是盲目追崇中原文化，而是有著自己明確的目的提高北魏文化、制度水準，才能讓北魏的政權更穩固，代代相傳。

西元四九四年，孝文帝為了擺脫鮮卑保守勢力的影響，加強對中原地區的控制，決定遷都洛陽。

以前北魏歷代王朝，也曾多次議論過遷都的問題，都因遭到反對而被放棄了。

這一次，孝文帝想了個計策，他在開始時並沒有把遷都的實情告訴百官，而是告訴他們說要進行南征，讓各位大臣做好心理準備。百官接到了這個消息之後都十分恐慌，因為之前北魏南征時，在淮河岸邊屢遭慘敗，屍體堆積如山，這段不堪回首的經歷讓人談之色變。後來，孝文帝又裝作退一步的樣子告訴百官說，還有另外一個選擇就是遷都洛陽。官員們雖然有的也不願意遷都，但是比起南征，還是一個比較好的選擇。

最後，在絕大多數官員同意的情況下，北魏的首都遷到了洛陽。

遷都到洛陽之後，孝文帝決心進行更大規模的改革，其中最有名的一個舉措就是改鮮卑姓為漢姓，提倡鮮卑貴族與漢人士族通婚。孝文帝以身作則娶了崔、盧、鄭、王四姓的女子做後妃，還為五個弟弟娶了漢族大姓的女子做正妻，並把幾個公主嫁給漢族大姓，僅範陽盧氏一家就娶了三位公主。

孝文帝所實施的一系列改漢姓的措施使鮮卑族與漢族進一步融合，同時也推動了歷史發展。

小知識

孝文帝姓氏改革中，皇室原姓拓跋改姓元，其丘穆陵氏改姓穆，步六孤氏改姓陸，賀賴氏改姓賀，獨孤氏改姓劉，賀樓氏改姓樓，忽忸于氏改姓于，紇奚氏改姓嵇，尉遲氏改姓尉，合稱「八姓」。

皇帝也造反

東魏孝靜帝挖地道殺權臣

東魏孝靜帝元善見的曾祖父是孝文帝拓跋宏，祖父是清河王元懌，父親是清河王元亶。

北魏末年，權臣高歡操控了朝政，他另立元亶的世子元善見為帝，改元天平。這樣以來，北魏就出現了元善見和元修兩個皇帝，從而分裂為東魏和西魏。

東魏初期，時局動盪，烽煙四起。

年僅十一歲的孝靜帝根本無力應付這種局面，只好處處隱忍，一切唯高歡之命是從。

不久，東魏都城從洛陽遷到了鄴城。

高歡雖然野心很大，卻不敢輕易篡位稱帝，但他兒子高澄接班後就不一樣了。

高澄的目的很明確，就是要取而代之。

為了駕馭孝靜帝，最好的辦法就是不把他當成皇帝，時時處處刁難他，讓他看自己的臉色行事。

一次，高澄邀請孝靜帝外出打獵。孝靜帝十分高興，如同臣僚趕赴皇帝的約會一樣，立即騎馬前往。

在狩獵的時候，孝靜帝一時興起，打馬飛奔。

這時，監衛都督烏那羅受工伐喊道：「不要騎得那麼快，大將軍會生氣的。」

孝靜帝眉頭都不敢皺一下，只好讓馬放慢腳步。

還有一次，高澄與孝靜帝一起喝酒。喝著喝著，孝靜帝有些把持不住了，竟然對著高澄自稱為朕。自秦始皇開始，「朕」成為了皇帝的專用詞，究其深意，似乎表明皇帝貴為天子，與眾不同。實際上，「朕」這個詞在以前是通用詞，「我」的意思，什麼人都可以用，比較隨便。

高澄聽後滿面怒色，張口罵道：「朕，朕，朕，狗腳朕！」罵完還不解氣，揮手招呼黃門侍郎崔季舒，讓他狠狠地教訓孝靜帝。

崔季舒上前就是三拳，打得孝靜帝鼻青臉腫，叫苦不迭。

馬騎快了，會受到警告；酒喝多了，會挨罵遭打。拓跋珪當年的雄姿，拓跋宏昔日的風采，隨著皇權的旁落，如今已是蕩然無存。

孝靜帝也絕不是懦夫，他曾經說過一句話：「寧為高貴死，不為獻

北魏壁畫獵獸圖。

南北朝時期的壁畫《樂妓與百戲圖》。

帝生。」意思就是，寧願像魏高貴鄉公（魏平帝）曹髦那樣血腥的死去，也不像漢獻帝那樣屈辱的活著。

　　大臣荀濟與元瑾、劉思逸等人密謀討伐高澄，以解皇帝之危。由於朝中全是高澄的耳目，他們就挖掘了一條通往城外的秘密通道，計畫與孝靜帝逃出皇宮後，組織天下兵馬討伐高澄。當地道挖到城門附近時，被守門的士兵發現，荀濟等人被抓。

　　高澄帶兵入宮，逼問孝靜帝：「陛下為什麼要謀反？我們父子有什麼對不起陛下的地方？」

　　孝靜帝義正詞嚴地說：「自古以來，只聽說臣子反叛君王，沒聽說

君王反叛臣子。你自己要謀反，又何必指責我呢？殺了你，社稷就會安定！不殺，國家就會滅亡！」

高澄被孝靜帝駁斥得啞口無言，只好磕頭謝罪，暫時放過了孝靜帝。

後來，高澄被廚師蘭京刺死，他的弟弟高洋掌握了大權。比起高澄，高洋更加兇殘，更難對付。

天保二年（西元五五一年）十二月，高洋設宴款待孝靜帝，命人偷偷在杯中下了毒。孝靜帝沒有防備，結果中毒而死。隨後，他的三個兒子也被高洋殺害。

小知識

當時，鄴城流傳著一首童謠：「可憐青雀子，飛來鄴城裡。羽翮垂欲成，化作鸚鵡子。」青雀，暗指孝靜帝；鸚鵡，暗指高歡。這首童謠道出了孝靜帝皇權的旁落和高歡的跋扈。

殺戮是最開心的娛樂

「無愁天子」的血腥遊戲

北齊後主高緯是一個昏庸好色的皇帝。

如果生活在今天，他至多只是一個紈絝子弟，或者是花花公子，說不定還會成為作曲家。他作了一首名為《無愁》的曲子，親自彈奏琵琶演唱，讓左右數百人唱歌跳舞來應和，並因此得名「無愁天子」。

只可惜高緯生錯了時代，選錯了職業，血腥的遊戲也就因此拉開了序幕。

「無愁天子」高緯很有當今「行為藝術家」的喜好。他專門在宮中的華林園旁，設立一個貧兒村，自己穿上破衣爛衫，向人行乞，又仿照民間開設市場，自己一會兒當老闆一會兒當顧客，忙得不亦樂乎。他還喜歡玩「殺人遊戲」，下令仿建敵國的城池，讓侍衛們穿上黑色衣服，模仿羌人攻城。高緯站立城頭，挽弓搭箭，射向那些「攻城」的倒楣蛋。每當射死了「敵人」，高緯就會手舞足蹈，大呼過癮。玩得興起時，身邊的嬪妃們也為他叫好：「陛下神勇，射死了那麼多人！」高緯聽到後更加興奮，射出去的箭更多，死的「敵人」也會更多。

殺人遊戲不僅於此，還有更好玩的。

有人向高緯告狀，說他弟弟高綽暴虐殘忍，在大街上強搶嬰兒餵狗

吃。嬰兒的母親嚎啕大哭，惹得高綽大怒，將嬰兒的鮮血塗抹到婦人身上，放出一群狗去撕咬婦人。

高緯聽了這段訴訟，立即兩眼放光，親自趕往弟弟的管轄地定州。

人們滿心以為皇帝要去收拾高綽，哪料到兄弟相見，高緯劈頭就問：「這麼好玩的事，你怎麼不早告訴我一聲！快說，還有什麼好玩的嗎？」

高綽拍拍胸脯：「有！」

三天後，最令高氏兄弟開心的遊戲上演了：

一個大浴缸裡放滿了蠍子和蛆，這是三天以來高綽的成就，他下令把一位隨從的衣服剝光，扔進浴缸中。這人被蠍子螫得亂叫，在裡面翻滾哀嚎，高氏兄弟看得不亦樂乎。自此之後，高緯對這個兄弟喜歡得不得了，封他為大將軍，讓他日夜陪自己在宮中尋歡取樂。

高緯視高綽為知音，可是他的另一位弟弟高儼就沒有這麼幸運了。和士開是胡太后的情人，也是高緯的謀臣，多年來調教高緯及時行樂、不理國政，做得都很出色。高儼聽說自己的母親胡太后與奸臣和士開私通，就殺了和士開。如此一來，直接受到損失的就是胡太后和高緯，兩人哭著喊著要嚴懲高儼。

高儼沒有辦法，只好為母親獻上另一名男寵，請求母親保護自己。畢竟骨肉情深，胡太后出面要求高緯寬恕高儼。高緯表面答應放弟弟回去，等高儼走出宮殿，立刻命人將其勒死。

要說高儼之死，還有點自食其果的味道，誰叫他殺了和士開呢？而另外兩位人物的死，真是死的比竇娥還冤。

斛律光，高緯原配皇后的老爹，北齊開國功臣。一天，高緯懷疑斛

律光謀反，就將他召入宮中，命人用弓弦套住脖子，將其勒死。與斛律光死得同樣冤枉的是蘭陵王高長恭。此人是高緯的叔叔，驍勇善戰，《蘭陵王入陣曲》就是極力推崇他作戰勇敢的，而且他還是中國古代著名美男之一。

高緯是位作曲家，聽了《蘭陵王入陣曲》後，就對高長恭表達了仰慕之情：「叔父不愧為國之棟樑，可是你打仗時深入敵陣，如果失利的話後悔也來不及了。」言外之意，你想逃也逃不掉。

誰都喜歡讓人戴高帽子，高長恭也不例外，被誇了幾句，不免有些忘乎所以：「都是自己的家事，不能不奮勇向前啊！」很明顯，為我們高家打天下，理所當然要衝在最前面。然而，高緯的腦袋裡卻立刻浮現這樣的情景：高長恭竟然把天下當作自己家的事，這不是明擺著與我搶天下嗎？此番思索之後，立刻賜給了高長恭一瓶毒酒。

高緯瘋狂殺虐族人、功臣，更不放過普通百姓。

有一次，他讓人背著來到大街上，看到有位女子走過去，立刻派人抓住她問：「妳說說，我治理的天下如何？」

那女子倒也剛烈，呸了一聲：「這樣的昏君，早晚會亡國！」

「什麼？」高緯氣得鼻子都歪了，立即讓人將其肢解。

在高緯整日玩「殺人遊戲」時，北周軍隊已攻下北齊的都城。

小知識

北周大舉進攻北齊時，高緯仍與愛妃馮小憐打獵玩樂，終因貪獵而貽誤軍機。李商隱的詩《北齊二首》中曾寫道：「小憐玉體橫陳夜，已報周師入晉陽。」

信佛也救不了自己

「菩薩皇帝」餓死臺城

梁武帝蕭衍在位時間達四十八年，在南朝的皇帝中列第一位。

起初，他勤於政務，不分春夏秋冬，總是五更天起床批閱奏章，冬天把手都凍裂了。到了晚年，他崇尚佛教，不理政事，非要到廟裡做和尚。

崇尚佛法的皇帝有很多，與蕭衍比起來，都是自愧不如的。

當他聽說達摩祖師從印度遠道而來時，立即派人將其接到都城建康，親自求教佛法。在達摩祖師的指導下，蕭衍佛法精進，修行大增，創作出大量的佛學著作，其中《制旨大涅經講疏》竟有一百卷之多。身為一國天子，擔負治國重任，還要進行佛學研究，這讓擔任書寫佛經工作的和

達摩面壁圖。

尚們吃驚：這不是要讓我們失業嗎？

蕭衍對佛學的貢獻遠不只這些，他還積極推行佛門各種戒律，比如我們都知道出家人不能飲酒吃肉，就是蕭衍的傑作之一；所撰寫的《斷酒肉文》推行全國，讓僧侶們遵守。

做為提倡者，蕭衍身體力行，每天吃一頓飯，只吃糧食蔬菜和豆製品，穿著也十分節儉，據說他一頂帽子戴了三年，一床被子蓋了兩年。

蕭衍對自己節儉，對佛卻極為大方。他命人大肆修建廟宇，在梁國境內，先後建立兩千八百四十六座寺廟，什麼智度寺、解脫寺、同泰寺，琳瑯滿目，遍地皆是。在風燭殘年之際，蕭衍更加癡迷佛教，他已經不滿足於兼職做佛務工作，而是要成為真正的佛門弟子。於是人們看到，皇帝脫下龍袍到了同泰寺，穿起和尚職業裝，尋求正果。

皇帝罷工了，手下人慌了，急忙跑到同泰寺，千呼萬喚地祈求蕭衍回去主政。這一次，蕭衍僅僅做了四天和尚，就被熱情地請了回去。

梁武帝半身像。

短暫的出家之旅，激發了蕭衍的獻身佛教的精神，不久他再次以身相捨到了同泰寺。

多年來，人們都習慣稱呼蕭衍為「菩薩皇帝」，不管奏章還是日常談話。如今，「菩薩皇帝」做了和尚，又讓手下人為難了，他們再次祈求「菩薩皇帝」回宮主持正常工作。

但是這次蕭衍老兄不聽他們擺佈

了，他身穿普通和尚服，手持掃帚，正在打掃廟宇，一副道道地地的和尚模樣。看到大臣們跪拜眼前，他理也不理，最後被逼急了，搬出自己的理論：「我已經捨身佛門，成為佛門弟子，怎麼可以隨便回去呢？」

大臣們再三祈求無果，只好求助同泰寺住持，請他幫忙勸說皇帝。住持很有頭腦，對大臣們說：「捨身佛門的人，是不可以隨便回去的。如果你們真想讓皇帝回去，就要拿錢來『贖身』。」

「贖身？」大臣們眼睛瞪得比網球還大，其中有人不服氣地說，「皇帝還要贖什麼身？你們也太大膽了吧！」

住持不言不語，再也不理他。

看來佛門聖地，天子與庶民沒什麼區別。大臣們無奈，回去後經過商量，從國庫裡提取一萬萬錢為蕭衍「贖身」。

可是好景不常，也不知是同泰寺和尚太貪婪，還是蕭衍佛迷心竅，總之他第三次脫下龍袍，悄無聲息地捨身到同泰寺，繼續當起了和尚。這下子，大臣們有了經驗，不用人指點，就開始到處籌錢，經過一個月時間，湊足了兩萬萬錢，把蕭衍贖了出來。

事情到此還沒有結束，又過了一年，蕭衍第四次遁入空門。皇帝前腳出家，手下人後腳籌集錢財，再次將其贖回。

如此毫無新意折騰的結果，就是梁朝國庫虛空，蕭衍的人氣直線下降。特別是在最後一次離開同泰寺時，當天夜裡電閃雷鳴，擊毀了一座寶塔。有人認為這是不祥徵兆，蕭衍也不願意自己追隨畢生的佛法蒙上陰影，就親自向天下人解釋：「道越高魔也越高，行善積德一定會遇到障礙。」下令重新修建寶塔，比原來的高出三倍。

　　令蕭衍萬分困惑的是，他終生向善，虔誠求佛，可是在八十六歲高齡時，卻迎來了生命的惡報。

　　有一位叫侯景的將軍發動了叛亂，圍困都城一百多天後，俘獲了這位著名的和尚皇帝，將他活活餓死。

小知識

　　梁武帝蕭衍，字叔達，小名「練兒」。

　　「練兒」出自佛經，是梵語音譯，全稱「阿練若」或「阿蘭若」，譯成漢語，就是樹林、寂靜處、無諍地，指能遠離喧噪，安心修習的禪定之所。

槍桿子裡面出政權

隋文帝北擊突厥

楊堅的父親楊忠是西魏十二大將軍之一，被封為隋國公。

父親死後，楊堅繼承了爵位，加之女兒是周宣帝的皇后，享有很高的地位。

周宣帝死後，年僅八歲的周靜帝宇文闡即位，身為外祖父的楊堅便以「入宮輔政」為由，總攬軍政大權，號稱「假黃鉞左大丞相」，都督內外軍事。

西元五八一年，楊堅逼宇文闡讓出帝位，建立了隋朝。

建國初年，惡敵環伺：北有突厥、南有陳朝、西有吐谷渾、東有高寶寧，威脅著隋朝的統治。楊堅審時度勢，冷靜地制訂了應對策略：陳朝偏安南方，國力微弱，加之內部矛盾重重，不足為慮；吐谷渾文明程度較低，沒有先進的軍事作戰經驗，也非強敵；唯獨突厥驍勇善戰，野心勃勃，雙方必有一場惡戰。

西元五八三年三月，楊堅派兵攻打陳朝，陳後主割地求和。與此同時，楊堅派兵西征吐谷渾，雙方惡戰數日，最後將吐谷渾打得一路潰敗，舉國震驚。

除去南方和西方的大患，楊堅開始集中精力對付突厥。

　　突厥在滅掉柔然後，成為北方唯一強國。北齊和北周對峙時，為了尋求突厥的援助，都向其納貢，這讓突厥越發驕橫。隋朝立國之後，不再給突厥送禮，突厥怨恨，起兵入寇。將軍長孫晟上書獻計說：「現在對突厥用兵，還不是時候，可是不用兵，突厥將大肆侵擾，應該用遠交近攻、離間強部、扶助弱部的方法分裂他們。」楊堅採納了這一建議，並收到了一定的成效，但是依然會不時遭受突厥的侵擾。

　　西元五八二年春天，突厥遭受了歷史上最大的自然災害，經濟受到

隋文帝楊堅。

了極大摧毀，民不聊生。突厥首領沙缽略決定南侵隋朝，以期緩解國內的經濟危機。他調集兵馬四十萬，大舉南下，一舉進入長城。東北部的高寶寧也蠢蠢欲動，配合突厥發難。到了十月，西北長城沿線諸多重要城鎮州府紛紛落入突厥人手中。突厥乘勝前進，越過六盤山，到達渭水河畔，大有一舉拿下長安之意。

　　面對這樣的威脅，楊堅派虞慶為大元帥，前往現在的甘肅慶陽縣阻擋突厥的進攻。虞慶命令行軍總管達溪

長儒率領兩千騎兵迎敵，但很快被突厥兵包圍。達溪長儒激勵士兵們要捨生忘死，馬革裹屍，並將軍隊排列成陣，且戰且退，堅守了三晝夜。士兵們在達溪長儒的激勵下，拼死相搏，刀劍折斷，就赤手空拳，打得手腳露出了白骨，也毫不退縮。

達溪長儒更是身先士卒，身上五處受傷，身體前後被長槍刀劍貫穿兩處。正是隋軍的這種頑強抵抗，區區兩千騎兵殺死突厥兵萬餘人，最後生還的僅一百多人。

面對隋軍的殊死反擊，突厥人銳氣盡失，放棄了南侵計畫，自動撤兵而去。但楊堅心裡明白，突厥人絕對不會善罷甘休的。果然，西元五八三年春天，突厥人又開始對隋朝邊境進行騷擾。楊堅決定主動北出突厥，給其毀滅性的打擊。

四月，楊堅發兵數萬，討伐突厥。中路軍在今內蒙古呼和浩特市西北部，和突厥軍隊短兵相接。數以萬計的重型騎兵，在廣闊的大草原上馳騁廝殺。這次戰鬥，突厥兵大敗，沙缽略身受重傷，勉強撿回一條性命。突厥人喪失了大量的牛、羊、馬匹和糧草輜重，全軍只能以草根和獸骨充飢，境遇悽慘萬分。

楊堅派出的西路軍，同樣戰果纍纍。西路軍由大將竇榮帶領，步兵、騎兵各三萬，出兵涼州，在高越原和突厥可汗阿波帶領的突厥兵相遇，在戈壁灘上對峙。隋軍遠道而來，準備不足，所帶的水很快喝光了，只好殺馬飲血，不斷有人渴死。沒想到天無絕人之路，正當竇榮心生退意之時，下起了一場及時雨，全軍士氣大振。隋軍大將史萬歲出陣，刀斬突厥勇士，隋軍趁機掩殺，突厥大敗而逃。

　　至此，隋朝取得了戰勝突厥的輝煌勝利，完全扭轉了四面受敵的被動局面，徹底改變了東亞世界的格局。

小知識

　　隋文帝楊堅是漢族人，鮮卑小名為那羅延（金剛不壞），鮮卑姓氏為普六茹，普六茹是其父楊忠受西魏恭帝所賜的。後來，楊堅掌權後恢復漢姓「楊」，並讓宇文泰鮮卑化政策中改姓的漢人恢復漢姓。

本是同根生

唐太宗相煎太急

武德九年六月初四，也就是西元六二六年七月二日，在大唐帝國首都長安城大內皇宮的北宮門玄武門附近，發生了一場流血政變。

從此，中國歷史上少了一位寬厚的太子，多了一位冷血明君，迎來了二十多年的盛世。

在李淵的二十二個兒子中，長子李建成、次子李世民、三子李玄霸和四子李元吉是竇皇后所生。儘管竇氏去世的時候李淵還沒有當上皇帝，但她的正妻地位是不可動搖的。不管立嫡立長，李建成都會是李唐王朝的第一繼承人。如果將選擇的範圍放寬一點，下一任皇帝也只能是在這四兄弟之中產生。李玄霸死的早，李元吉因為長得醜陋，從小就不得父母的歡心，因此這兩兄弟早早退出了競爭的行列。最後，爭鬥的焦點聚集在兩個

唐太宗李世民。

97

人的身上政治上佔優勢的太子李建成和擁有兵權的秦王李世民。

其實，兩兄弟之間的矛盾由來已久。

太子李建成在齊王李元吉的支持下，拉攏後宮的嬪妃日夜不停地在父親面前說秦王李世民的壞話，甚至在酒中下毒，想毒死他。多虧李世民福大命大，吐血數升保住了性命。當然，這都是一面之詞，歷史從來就是勝利者書寫的，將李建成和李元吉描繪成十惡不赦之徒，將李世民刻劃成處處忍讓、宅心仁厚的好兄弟，都是極有可能的。當雙方的矛盾激化到你死我活的程度時，秦王府裡的幕僚屬官們也開始憂慮恐懼起來，一個個不知所措。

行臺考功郎中房玄齡對比部郎中長孫無忌說：「秦王的安危關係到社稷的存亡，不如先下手為強。」言外之意是除掉李建成和李元吉。長孫無忌深表贊同，就把這個想法傳達給了李世民。不僅如此，雍州治中高士廉、右候車騎將軍侯君集以及大將尉遲恭等人，也日以繼夜地勸說李世民早做打算。

該發生的，終於發生了。

武德九年六月三日，李世民完成了政變的所有部署後，再次進宮，向父親密奏建成與元吉「淫亂」後宮也就是膽敢給父皇戴綠帽子的意思。李淵聽後驚愕萬分，憤怒中下令明天傳三位皇子當庭對質。

第二天，李淵召集手下大臣裴寂、蕭瑀、陳叔達、封德彝等人商量解決的辦法。這些人有的偏向太子，有的偏向秦王，最後也沒有商量出個所以然來。在等三個兒子到來之前，李淵還頗有雅興地與臣子們一起在太極宮中「泛舟海池」。他們誰也沒有料到，這時的玄武門已經發生

了兄弟相殘的悲劇。

這一天的清晨，一切看起來都跟平常一樣，李建成和李元吉策馬從東邊走近玄武門。讓李建成比較放心的是，當天在玄武門當值的常何是自己人。可是他作夢也沒有想到，常何已經被李世民收買了。到達臨湖殿的時候，李建成發現情況有變，立刻撥馬回撤，但是已經來不及了。這時，李世民率領眾將士衝了出來，他一邊高聲呼喊：「站住，別走！」一邊騎馬趕了過來。李建成哪裡肯聽，只是沒命地跑，李世民眼明手快，一箭就射死了李建成。

李元吉見狀，也想拉弓搭箭射李世民，但心裡慌張，拉了好幾次弓都沒拉開。這時尉遲恭帶了七十名騎兵趕到，一陣亂箭把李元吉射落馬下。

李世民在長安城設文學館，邀大行臺司勳郎中杜如晦、記室考功郎中房玄齡、太學博士陸德明及孔穎達、虞世南等十八人常討論政事、典籍，當時稱之為「十八學士」。

恰巧這時，李世民的坐騎突然受驚，將他掀翻在地。李世民受困的地點，距離李元吉很近。李元吉立刻奔來，取過李世民的弓箭，準備用弓弦勒死他。在這千鈞一髮之際，尉遲恭飛馬趕到，從背後射死了李元吉，並割下了他的人頭。

李淵在宮中等著三個兒子，卻聽到外面亂成一片。正在疑惑之間，

尉遲恭已經手持長矛帶著人馬衝了進來。他向李淵稟報說：「李建成、李元吉陰謀作亂，已被誅殺，秦王怕亂兵驚動皇上，特派我來護駕！」同時，他又要求李淵下令，讓太子宮和齊王府的護衛停止抵抗。

面對這樣的形勢，李淵只好順勢應變，立李世民為太子。兩個月後，傳位給李世民，自己做「太上皇」去了。

小知識

據《資治通鑑》記載：太子建成性情鬆緩惰慢，喜歡飲酒，貪戀女色，愛打獵；高祖第四子、齊王李元吉，常有過錯；二人均不受高祖李淵寵愛。司馬光在編寫《資治通鑑》時，曾懷疑關於建成、元吉的史料真實性。他認為，建成、元吉雖然是頑愚之人，既然被世民所殺，關於他們的記載，也很可能被史官渲染、污蔑。

不光榮的「革命」

仇士良欺君弄權

　　一個太監在短短的一生中，竟然先後殺了兩位王爺、四位宰相、一位妃子，其他臣民則不計其數，聽起來讓人咋舌。

　　這人就是仇士良。

　　他最初進宮當太監是在唐順宗時期，在太子李純手下做事。

　　李純即位後，將仇士良提拔為內給事，接著又任命他為監軍。從這個時候開始，仇士良就顯露出驕橫野蠻的本性來了。

　　有一次，他投宿官方的驛站，正巧監察院長元稹也在這裡過夜，先一步住在上房。仇士良蠻橫地要求元稹搬出來，元稹不同意，兩人便動起手來。結果必然是書生敵不過流氓，元稹被打得流鼻血。

　　元稹的監察院同事王播上書彈劾仇士良，要求依法懲治。沒想到唐憲宗李純不但沒有給仇士良處分，反而將監察院長元稹貶官降職。

　　仇士良第一次與同事爭鬥就贏得了傲人的「勝利」，讓他更加有恃無恐，做壞事就像吃飯一樣隨便。此後，他多次被授命為內外五坊使，這五坊指的是雕坊、鶻坊、鷂坊、鷹坊和狗坊，專職為皇帝提供狩獵等各類運動和娛樂項目。趁此機會，仇士良帶人在民間四處放鷹走狗，破壞莊稼，擾亂社會公共秩序，史書上稱他比強盜還要野蠻殘暴。

　　唐憲宗死後，他的兒子李恆接班，是為唐穆宗。這時被仇士良打過的元稹被提拔為宰相，仇士良自知元稹不跟他算帳就已經很便宜自己了，開始夾著尾巴做人。

　　四年後，唐穆宗病逝，繼承人是唐敬宗。不到四年，荒淫無度的唐敬宗在更衣室裡被太監劉克明謀殺，太監王守澄殺死劉克明，擁立唐文宗即位。在這一系列的政變期間，仇士良站對了陣營。

吐魯番阿斯塔那古墓出土的唐朝宦官俑。

　　唐文宗繼位後，利用仇士良剷除了王守澄，隨後又對仇士良起了殺心。這樣一來，就發生了「甘露之變」。

　　西元八三五年，二十七歲唐文宗不甘心受太監控制，和大臣李訓、鄭注等人策劃誅殺太監，奪回權力。十一月二十一日，他以觀露為名，將太監頭目仇士良騙到禁衛軍的後院準備殺掉。不巧事先埋伏好的兵士因一陣風颳起，被仇士良發現。他及時退回，將唐文宗挾持起來，以皇帝名義頒佈詔命，進行血腥屠殺。

　　很快京城一片腥風血雨，李訓在出逃時，腿腳不麻利被抓，當即被砍頭，鄭注不久也被殺掉。兩位

宰相先後也都被捕入獄，遭到強行逼供，接著全家被殺。

新任的兩個宰相鄭覃與李石沒有任何權力，升官降職和生殺獎懲都由仇士良決策。

李石很有骨氣，常常當面頂撞仇士良，仇士良開始反感李石。

西元八三八年，李石騎馬上朝時，途中一支冷箭射過來，不過沒中目標，他趕緊打道回府。不料仇士良早就在他家門口埋伏了一批殺手，等他自投羅網。幸虧李石腿腳麻利，只砍斷了馬尾巴，最終倖免於難，嚇得立刻向皇帝辭職。

唐文宗在位期間幾乎沒有自主權，完全被仇士良架空，形同虛設。唐文宗死後，仇士良將李炎推上皇位，即唐武宗。

在仇士良眼裡，這個皇帝是他一手「提拔」的，自然要聽命於自己。不過唐武宗可不是軟弱無能之輩，他喜怒不形於色，表面上恭敬，暗地裡提拔李德裕為宰相，來制衡仇士良。

仇士良這隻老狐狸有先見之明，察覺自己作惡多端，權力在逐步下降，不知哪天就被剷除，便向皇帝辭職，告老還鄉。

當那些太監同事為他送行時，仇士良還向他們傳授駕馭主子的「狐狸經」：「不要讓皇帝閒著，應該盡力用奢靡的聲色遮蔽他的耳目，讓其沉迷於享樂之中，這樣皇帝就沒有時間操心別的事，我輩才會出人頭地……」他還指導太監同事們千萬不要讓皇帝讀書，否則皇帝明白前朝興亡道理，對太監就會產生排斥之心。

仇士良離開京城不久，就死掉了。

小知識

　　宦官專權幾乎貫穿了唐朝的中後期，自號稱「欺壓皇上的老奴」李輔國始，繼而有逼宮弒帝的俱文珍與王守澄、經歷六代皇帝的仇士良、人稱皇帝之「父」的田令孜以及唐昭宗時的權閹楊複恭、劉季述等人。這些人個個都是生前顯赫無比，死後臭名昭彰的大太監。

戲裡戲外

後唐莊宗先智後昏

　　後唐莊宗李存勗是唐末河東節度使、晉王李克用的長子，沙陀人，本姓朱邪氏，小名「亞子」，是一員猛將。

　　西元九〇八年，李克用病死，臨終前交給李存勗三支箭，囑咐他要完成三件大事：一是消滅仇敵朱全忠，二是討伐劉仁恭，攻克幽州（今北京一帶）；三是征討契丹，解除北方邊境的威脅。李存勗將三支箭供奉在家廟裡，每次出征就派人把箭拿出來放在絲套裡，帶著上戰場，打了勝仗，又送回家廟供奉。

　　西元九一一年，李存勗在高邑擊敗了朱全忠親自統領的五十萬大軍，讓朱全忠無不感慨地說：「生子當如李亞子，我的兒子比起來只是豬狗而已！」

　　西元九一三年，李存勗率軍攻破了幽州，命人將劉仁恭押到代州，處死在父親李克用墓前。

　　四年後，李存勗率領以步兵為主力的十萬晉軍，大破號稱三十萬的契丹騎兵。此後，李存勗又親率騎兵在定州再次大敗契丹，將耶律阿保機趕回北方。

　　經過十多年的征戰，李存勗基本上完成了父親的遺命。

西元九二三年，李存勖滅掉了後梁，統一北方。這年四月，他在魏州（河北大名縣西）稱帝，國號為唐，不久遷都洛陽，年號「同光」，史稱後唐。

李存勖平時愛好音聲、歌舞、俳優之戲，還給自己取了一個藝名，叫「李天下」。

有一次演出，李存勖演到高興處，在戲中大呼：「李天下！李天下！」就見一個伶人上來就給了他一記耳光，說道：「李天下只有一人，你連喊兩聲，第二聲喊的是誰？」

李存勖聽了這話，不僅沒有懲罰打人者，還賞給他一些銀兩。

再說那位打人者，是戲曲界小有名氣的敬新磨。他打了皇帝一耳光，本意是要提醒他注意自己的皇帝身分，不要太癡迷於戲劇，沒想到李存勖依舊我行我素。

敬新磨打不醒李存勖的藝術夢，僅僅過了三年的光景，軍隊就嘩變了。亂兵擁立李克用的養子李嗣源為皇帝，與現政府作對。

同光四年（西元九二六年）三月，李存勖率軍來到萬勝鎮（今河南中牟西北）時，聽說李嗣源軍已經攻下汴梁，距自己不過百餘里，心中一陣悽惶，決定返回洛陽再圖進取。

在回洛陽的途中，李存勖手下的士兵們說：「朕知道你們很不容易，家裡老小都要奉養，魏王繼岌帶著成都的金帛就要回來了，等回京

後唐莊宗李存勖。

後朕一文不要，全都給你們！」本以為士兵們會高呼萬歲，沒想到他們不冷不熱地說：「陛下的賞賜太晚了，即使給了，我們也不會領陛下的情！」李存勖混到如此淒涼的地步，不禁放聲痛哭。

回到洛陽後，李存勖將步騎兵佈於城外，準備殊死抵抗。此時，如果這些士兵足夠忠誠，李存勖還是有機會翻盤的。但李存勖沒有想到，他輝煌的人生並不是結束於李嗣源，而是結束於一個叫郭從謙的人。

郭從謙原是一個伶人，藝名叫郭門高，因為「演而優而仕」，當上了從馬直指揮使。

郭從謙見李存勖大勢已去，就在城中縱火，製造混亂。李存勖帶領人去救火，慌亂中被流箭射中，當場喪命。一個叫善友的伶人不顧危險把他的屍首放在樂器堆裡燒成灰燼，算是保全了他最後的尊嚴。

當初李存勖攻入洛陽城時，天下人都把他比做漢光武帝劉秀，覺得唐朝中興指日可待。卻未曾料到，僅僅三年，所謂「大唐中興」的神話便在沖天火光中徹底破滅了。

小知識

北宋歐陽修寫《新五代史·伶官傳序》便是討論李存勖沉溺逸樂、寵信樂官而致亡國的史實，說明「憂勞可以興國，逸豫可以亡身」的歷史規律。《舊五代史》則稱讚李存勖是中興之主，是唐朝的合法繼承者。

牧毅讓不⋯⋯汪毅

衆以不⋯⋯两子⋯⋯之弟⋯⋯

謝林音⋯⋯駐守軍卓曰且⋯⋯櫻當遂

毅空箭⋯⋯尚書令⋯⋯王廙⋯⋯毅勤勤⋯⋯見

毅不從意不⋯⋯昌。魏又夜長沙日逼城⋯⋯沙

家等又一將殺虜⋯⋯武昌王廙方道中殺之表

并弄⋯⋯復還廣州。

第二篇　戰國到五代時期的名將和名士

名人的另一面

吳起殺妻求將

吳起，衛國人，年輕時愛好交遊，喜談功名，自詡為姜太公、管仲一類的「王霸之才」，不惜花費重金求取功名。

在數次碰壁之後，他來到了魯國。

魯相國公儀休認為吳起滿腹謀略，是難得的人才，就將他推薦給了國君魯穆公。魯穆公素來對公儀休言聽計從，便拜吳起為下大夫。

當時，齊國的田氏急於奪取君位，又恐魯國從中作梗，就發兵前來攻打魯國，想在奪取君位之前，先將魯國征服。

齊國是當時最強大的諸侯國，魯國想與之抗衡無疑是以卵擊石。但是，涉及到國家利益，打不過也要打。公儀休急忙請魯穆公拜吳起為大將，魯穆公遲疑

吳起。

不決地說：「吳起熟知兵法，是大將之才，可是他的妻子是齊國貴族的女兒，如果他臨陣投敵，後果將不堪設想。」吳起得知魯穆公的疑慮後，立刻將妻子殺掉，提著她的人頭到魯穆公面前表忠心。

做人做到如此狠毒的程度，沒有理由不讓吳起領兵出征了。

吳起還真是有本事，當上了大將，立刻將齊軍打得落花流水。

一戰成名，吳起飛黃騰達了起來。

可是別忘了，出頭鳥可是要挨槍打的，一個人在志得意滿的時候，危機也就到來了。

有人在魯穆公面前讒毀吳起，說他過去在曾參的門下學習，母親去世不奔喪服孝，曾參為此和他斷絕了關係；如今，為了求取功名，他居然殺了自己的結髮妻子，真是個殘忍的小人啊！

魯穆公聽後不以為然。

此人見這些話還不足以說服魯穆公，便話鋒一轉，拿出了殺手鐧：「魯國向來熱愛和平，如今有了好戰的吳起，如果別的諸侯國認為我們有稱霸的野心，就會一起來對付魯國。弱國戰勝了強鄰，未必是好事。」

魯穆公想想也有道理，就漸漸地疏遠了吳起。

此處不留人自有留人處，憑藉自己戰勝齊國的威名，吳起離開魯國後很快就找到了下一任主人魏文侯。

看完吳起的簡歷，魏文侯向臣子李克徵求意見，李克說：「吳起這個人貪婪好色，但用兵打仗卻極為厲害，就連齊國名將司馬穰苴也不如他。」

魏文侯要的是人才不是道德模範，再說了，不管黑貓、白貓，能捉

住老鼠的才是好貓。既然吳起能打仗，就讓他帶兵攻秦。

吳起的確能打，與秦軍剛一交戰，就奪取了五座城池。

魏國的軍隊之所以戰鬥力這麼強，就在於吳起治軍有一個突出的特點：愛兵如子。他與最下等的士兵吃同樣的飯食，穿同樣的衣服，甚至是士兵長了毒瘡，也為其吮毒。如此一來，將士們打起仗來能不拼命嗎？

魏文侯死後，魏武侯即位。

一次，魏武侯與吳起乘船順黃河而下，看到兩岸的風光不由得感慨道：「如此險固的河山真是我們魏國的至寶！」

吳起回答說：「一國之寶，應該是國君的德政而不是山河的險要，如果國君不施德政，恐怕船上這些人也要成為您的敵人。」

魏武侯聽後，深表讚許：「你說得太對了！」

魏國設置國相時，任命田文為相。

吳起很不滿，找到田文比功勞：「統率三軍，整治百官，使秦兵不敢向東侵犯，韓國、趙國俯首貼耳，你能比得上我嗎？」

田文說：「這些我都不如你。」

「既然不如我，為什麼你的官位在我之上？」吳起質問道。

田文不動聲色地旁敲側擊：「如今國君年幼，大臣們不能齊心歸附，老百姓也不能信服，在這樣的情況下，國家是託付給你好呢？還是託付給我好呢？」

吳起想了想，回答說：「應該託付給你。」

過了很久，公叔擔任魏國的國相，他可不像田文那樣溫文爾雅，使

用離間計將吳起趕到了楚國。

　　楚悼王一向欣賞吳起，將他封為國相。吳起在楚國立下了不朽功勳，向南平定了百越，向北抵擋住了韓、魏、趙三國的擴張，向西征討秦國。可是他的改革，得罪了楚國許多王親貴戚，最終葬送了自己的性命。

　　西元前三八一年，楚悼王去世，楚國的貴族和大臣作亂，追殺吳起，吳起伏在悼王的屍體上面依然沒有逃過亂箭穿身的厄運。

小知識

　　吳起對魏、楚兩國的軍事和內政起到了深遠的影響，後任魏國國相的公叔痤在澮北之戰獲勝後主動將戰功讓給吳起的後人，稱獲勝的原因是受「吳起的餘教」。與吳起同為衛國人的商鞅，受吳起的影響也很大，比如在商鞅變法中的徙木立信和什伍連坐法都是仿效吳起的舉措。

超級屠夫

嗜殺成性的西楚霸王

如果沒有秦末的農民起義，項羽這一輩子也就是個破落的貴族子弟，除了力能扛鼎、理想遠大（一次，秦始皇出巡，項羽見其車馬儀仗威風凜凜，便對項梁說，我可以取代他）之外，學什麼都半途而廢。

項羽。

年少時，項羽讀書不成，學習劍術又不成，叔父項梁為此十分惱怒，項羽辯解說：「讀書能夠用來記姓名就行了，學武不過能敵得過一人，我要學萬人敵！」項梁便教授他兵法，但項羽只是看了個大略，就不肯深入研究

了。

陳勝和吳廣在大澤鄉揭竿而起後，各地紛紛響應，項羽隨叔父項梁刺殺了郡守殷通，佔領了會稽。在這次戰鬥中，項羽一個人斬殺了殷通的衛兵近百人，簡直是魔王在世。

隨後，項羽獨自率部攻打襄城。

襄城很堅固，一時打不下來。項羽很氣憤，命人死攻，終於攻破了。接下來，凡是襄城內的人，全部活埋。

這是項羽第一次大規模的屠殺行動，此後他好像殺人上了癮，一次比一次殘暴：在城陽，殺光了輔助秦軍抵抗的全城平民；在新安，坑殺秦軍降卒二十萬；進入了咸陽，殺戮關中平民無數，並且大燒、大劫掠、大掘墓；破齊之後，坑殺田榮手下的降卒。以上這些殺戮，全部都是戰勝之後駭人聽聞的屠城和殺降。

如此嗜血好殺之人，簡直是人擋殺人，鬼擋殺鬼。而項羽真正讓天下人聞風喪膽的一場戰鬥，是鉅鹿之戰。

西元前二〇七年，秦軍大將章邯和王離各率二十萬秦軍攻打趙國，將趙王歇圍困在鉅鹿（今河北平鄉）。危急之下，趙王派使者向楚懷王以及各國諸侯求援。

當時的秦軍十分強大，沒有人敢去迎戰，項羽為報章邯殺叔父項梁之仇主動請纓。楚懷王認為，項羽彪悍、兇殘，全無憐憫之心，所到之處，不僅人畜不留，還毀壞城池、燒掉房屋，不適合擔任主將。基於此，他任命宋義為上將軍，項羽為次將，范增為末將，率領六萬楚軍北上解鉅鹿之困。

大軍行至安陽（今山東曹陽東南），宋義被秦軍的氣焰嚇到，逗留四十六天不敢前進。項羽著急，催促宋義發兵，宋義不聽，反倒認為項羽有勇無謀，傳下命令，凡是不聽號令的人，格殺勿論。項羽忍無可忍，在一天清晨闖入宋義帳中，一劍將其刺死。

這年的十二月，項羽親自率軍渡過漳水。渡河後，他下令將炊具打破，將船隻鑿沉，每人只帶三天的乾糧，以表明拼死一戰的決心（這也就是成語「破釜沉舟」的由來）。

在項羽到達鉅鹿之前，已經有十幾路諸侯軍前來救援，他們在精神上絕對支持趙軍，但在行動上都成了縮頭烏龜，這讓趙王又氣又急。楚軍來到後，以一當十，奮勇死戰，在作戰的過程，各路諸侯軍仍閉門不出，將領們只是從營壘上觀望，當看到楚軍九戰九捷，大敗秦軍的時候才衝出營壘助戰。

最後，項羽俘獲了秦軍統帥王離，殺了他的副將，鉅鹿之困此得解。

這一仗，項羽鹹魚大翻身，一舉成為了抗秦的總司令。

章邯在王離兵敗後，日子也不好過，最後也投降了項羽。項羽擔心秦朝的降軍生變，就在新安城南（今河南義馬）坑殺了二十萬降兵。

秦朝的最後一支主力部隊宣告覆滅後，項羽成了全天下最大的王西楚霸王。

就在項羽志得意滿的時候，一個地痞出身的人也沒有閒著，四處網羅人才，不斷攻城掠地，最後成為了項羽最大的對手。

這個人，就是劉邦。

西元前二〇六年～西元前二〇二年，是項羽和劉邦爭奪天下的時期。

最終，強大無比的項羽敗在了痞氣十足的劉邦手裡。

誰也不能否認，項羽是中國古代第一位猛將，但他的致命傷是殘暴、不懂政治。殘暴，讓他失去民心；不懂政治，讓他失去了人才。這樣的一個悲劇英雄，也可以說是殺人的魔王，註定要付出代價，並連累千萬無辜的人，跟著付出代價。

小知識

項羽的勇武可稱天下無敵，古人對其有「羽之神勇，千古無二」的評價，被稱為中國數千年來最為勇猛的將領。「霸王」一詞，專指項羽。

司馬遷在《史記》中把項羽的傳記列為本紀，與歷代中國最高統治者平級，是唯一一個享此殊榮而無皇帝稱號的人。

胯下之辱

大丈夫韓信能屈能伸

韓信，江蘇淮陰人。他自幼家境貧寒，又常常遊手好閒，過著吃上一頓沒下一頓的日子，親戚、朋友都把他看作是沒有出息的典型，非常討厭他。

韓信既不會讀書上進，又不會經商做買賣，很長一段時間連生計都成了問題。有一位漂洗絲棉的老婦人見他可憐，就把自己帶來的飯分給他吃，一連數十日。韓信十分感激地說：「我將來一定會重重報答您老人家的恩情！」

《韓信胯下之辱》，歌川國芳繪。

老婦人聽了非常生氣：「男子漢大丈夫，自己都不能養活自己，還有臉說報答？」韓信聽了，深感慚愧。

一天，韓信路過城中的市場，遇到了一群無賴，其中有個屠夫侮辱他說：「你雖然長得又高又大，喜歡帶刀配劍，其實你是個膽小鬼。有本事的話，就用劍來刺我；如果不敢，就從我的褲襠下鑽過去！」韓信注視了對方良久，慢慢低下身來，從他的褲襠下爬了過去。街上的人都恥笑韓信，認為他是個怯懦的人。

在項梁起兵反秦渡過淮河北上的時候，韓信前去投奔，不過一直默默無聞。項梁死後，韓信又投奔了項羽。

在西楚霸王項羽的眼裡，韓信不過是一個窮困潦倒的人，不僅如此，還是一個膽小懦弱的人，因為他鑽了別人的褲襠。這種小角色，自然難入英雄的法眼。

然而，韓信終將成為一個撼動天下的人。

根據影視劇的規律，最厲害的人往往最後才出場，這次也不例外，而發現這位天下奇才的人，正是蕭何。

當初，韓信在項羽的手下當了一個小小的郎中，多次進言獻計都得不到採納，便逃離了楚軍，歸附了劉邦。

韓信滿心歡喜去投劉邦，又因為沒有名氣且無人保舉只做了個接待賓客的連敖。時運不但沒有轉好而且越變越壞，因軍中的犯法事件受牽連差點被砍了腦袋，多虧夏侯嬰相救才保全了性命。夏侯嬰見韓信氣宇非凡，就向劉邦推薦他，提升為治粟部尉。

雖說是個管糧草的小官，但韓信還是時來運轉了。他在任職期間認

識了一位對他一生榮辱有莫大關係的人物蕭何。經過多次交往，蕭何發現韓信很了不起，竟然懂得軍事，一談軍事，更是不得了。最後蕭何認定，韓信的能力被嚴重低估，被安錯了崗位。

蕭何向劉邦多次舉薦韓信，可惜劉邦沒有重視這件事。沒辦法，蕭何只好一方面做劉邦的工作，一方面又要安撫懷才不遇的韓信。

蕭何答應韓信，韓信卻不信。

西元前二〇六年，劉邦率軍進攻南鄭。由於遠離故鄉，水土不服，許多人思鄉心切而逃跑。久久得不到重用的韓信，也選擇了一個月夜，偷偷離開了軍營。蕭何聽說韓信逃跑了，來不及把此事報告劉邦，立刻策馬去追趕。軍中不明底細的人報告劉邦說：「大事不好了，丞相蕭何也逃跑了！」劉邦極為生氣，就像失掉了左右手。蕭何追了兩天兩夜，才追上韓信，好言好語地把他勸回軍營。

見蕭何回來了，劉邦又是生氣又是高興，罵道：「你怎麼也逃跑了？」

蕭何回答說：「我沒有逃跑，是追逃跑的人。」

「你追回來的是誰？」

蕭何說：「是韓信。」

劉邦又罵道：「那麼多高級將領跑了，你都不追，為何要追一個管糧草的小官？」

蕭何說：「那些將領是容易得到的，至於像韓信這樣的人才，普天下找不出第二個來。大王如果想爭奪天下，一定要用此人！」

劉邦心想，能讓丞相親自去追的人，一定是有真才實學的，便說：「看在你的面子上，就讓他做個將軍吧！」

蕭何說：「即使讓他做將軍，韓信也不一定會留下來。」

劉邦說：「那就讓他做大將軍！」說完，就想叫韓信來拜將。

蕭何說：「大王如果誠心拜韓信做大將軍，就應該選一個良辰吉日，自己事先齋戒，搭起一座高壇，按照任命大將軍的儀式辦理才行。」劉邦想了想，同意了蕭何的要求。

淮陰侯韓信畫像。

諸將聽說劉邦要任命大將軍，都覺得自己有機會被選上。等到拜大將軍時，竟然是默默無聞的韓信，全軍皆感驚訝。

拜大將軍之後，韓信率百萬之眾，戰必勝，攻必取，虜魏、破趙、降燕、下齊、滅楚，建十大功勳。不到五年時間，他就幫助劉邦統一了天下，這可以說是古代戰爭史上絕無僅有的奇蹟。

小知識

「生死一知己」，指韓信一生成敗，從被劉邦重用到最終被處死都源於蕭何的影響。正所謂，成也蕭何敗也蕭何。

「存亡兩婦人」，則指當年漂母施捨救了他一命，最終還是死在另一個婦人呂后手中。

真將軍的風采

周亞夫細柳治軍

周亞夫是西漢開國元勳絳侯周勃的兒子。

當時有個叫許負的女人，以善於相面而聞名。她對周亞夫說：「將軍三年後會被封侯，再過八年，就可以做丞相了，持國柄，貴重一時。不幸的是，九年之後，您會因飢餓而死。」

周亞夫一聽，大笑道：「我是不可能被封侯的，父親的侯爵由哥哥來繼承，輪不到我。既然妳說我位極人臣，又怎麼會餓死呢？」

許負指著周亞夫的嘴角說：「這裡有一條豎直的紋，是餓死的面相，如果不信，且拭目以待。」周亞夫聽了，驚訝不已。

也許冥冥中自有天意，三年之後，周勃的長子周勝之因殺人罪被剝奪了爵位，做為次子的周亞夫繼承了父親的爵位。

西元前一五八年，匈奴的軍臣單于起兵六萬，侵犯漢朝的上郡和雲中，殺了很多百姓，搶掠了大量財物。邊境的烽火臺紛紛燃起了烽火來報警，沖天而起的火光，連長安也望得見。

漢文帝連忙派兵迎敵，同時為了保衛京師，他派宗正劉禮駐守在灞上，祝茲侯徐厲駐守在棘門，河內太守周亞夫守衛細柳。

為了鼓舞士氣，漢文帝親自到這些地方去慰勞軍隊。

他先到灞上，宗正劉禮和他部下將士一見皇帝駕到，紛紛騎著馬來迎接。車駕進入軍營，沒有受到一點阻礙。離開的時候，將士們都忙不迭地歡送。接著，漢文帝又來到棘門，見到皇帝的車駕來了，守門的軍官主動放行，並且舉行了隆重的迎送儀式。

最後，漢文帝來到細柳。

細柳軍營的前哨一見遠遠有一彪人馬過來，立刻報告周亞夫。周亞夫下令將士們弓上弦、刀出鞘，做戰鬥準備。

漢文帝的先遣隊到達了營門，被守營的都尉攔住，詢問來意。在先遣隊的官員告知天子要來慰問後，守營都尉拒絕放行：「將軍沒有下令，不能放你們進去！」

官員正要與守營的都尉爭執，文帝的車駕已經到了，但照樣被攔住。

守營都尉說：「在軍中只聽將軍的號令，不聽君主的號令。」漢文帝只好命令使者拿著皇帝的符節，到營中傳話說：「皇帝要進營來勞軍。」

周亞夫這才下令守營都尉打開營門，讓皇帝的車駕進來。

護送漢文帝的人馬剛進營門，守營的都尉又鄭重地告訴他們：「將軍有令：軍營之中不許車馬急馳。」車夫只好控制著韁繩，不讓馬走得太快。

到了軍中大帳前，只見周亞夫披戴盔甲，拿著兵器，威風凜凜來到漢文帝面前，沒有跪拜，只是拱拱手作個揖，說：「臣甲冑在身，不能下拜，請允許按照軍禮朝見。」

漢文帝聽了，大為震驚，扶著車前的橫木欠了欠身，向周亞夫表示答禮。接著，派人向全軍將士傳達自己的慰問。

勞軍完畢，出了營門，漢文帝感慨地對隨從的眾人說：「這才是真將軍！灞上和棘門的軍隊，簡直是兒戲一般。」

此後好長一段時間裡，漢文帝對周亞夫都讚嘆不已。

在漢文帝病重彌留之際，他囑咐太子劉啟也就是後來的景帝說：「周亞夫是可以放心使用的將軍。如果將來國家發生動亂，就叫他統率軍隊。」

漢景帝時期發生了「七國之亂」，周亞夫利用三個月的時間，就平定了這場叛亂，而後因為戰功卓著被任命為丞相。

由於周亞夫功高震主，性格耿直，不會講政治策略，逐漸激起了漢景帝的不滿。

一次，周亞夫的兒子偷著向「工官尚方」買了五百套鎧甲盾牌，準備日後父親死後用來陪葬。由於少給了工錢，被以謀反罪告發，周亞夫就以這個罪名被捕下獄了。本來武將陪葬一些兵器，自然是無可厚非的。豈料此時漢景帝已經打算把周亞夫置於死地了。

在皇帝的暗示下，廷尉便開始審問周亞夫：「君侯為什麼要謀反啊？」

周亞夫答道：「兒子買的都是喪葬品，怎麼說是謀反呢？」

廷尉諷刺道：「你就是不在地上謀反，恐怕也要到地下謀反吧！」

周亞夫受此屈辱，無法忍受，便絕食抗議，五天後，吐血身亡。

　　七國之亂平定後，周亞夫被任命為丞相。後因太子劉榮廢立和皇后兄王信封侯問題上與景帝意見不一致，加上梁王在竇太后面前不斷攻擊，逐漸失寵，「因謝病」，被免相。

　　不久，漢景帝召周亞夫入宮賜宴。席上放了一大塊肉，沒有放餐具。周亞夫不以為然，就叫人去取餐具。景帝説：「你還不滿足嗎？」周亞夫急向景帝謝罪。景帝説：「起來吧！」周亞夫快步出宮，不告而別。

　　景帝説：「這種人怎麼能輔佐少主呢？」

　　從這之後，就想除掉周亞夫。

關鍵時刻走背運

「飛將軍」李廣一生難封侯

李廣，西漢時期極具軍事才能的將領，出身於將門世家，先祖是秦朝名將李信。在他的一生中，與匈奴進行了大小七十餘戰，匈奴人畏其英勇，稱之為「飛將軍」。

應該說李廣是一個奇怪的人，怪就怪在別人不願意打仗，他卻打仗上了癮，只要有機會，就絕不放過。

在青年時期，李廣跟隨漢文帝出獵，多次格殺猛獸，只可惜漢文帝是個和平主義者，只能頗有遺憾地對李廣說：「如令子當高帝時，萬戶侯豈足道哉！」

意思是說，李廣的膽略才能出眾，如果是在漢高祖戰事頻繁的時期，當上萬戶侯又算什麼。漢景帝七國之亂時，李廣隨周亞夫平亂建有軍功，但因私自接受梁王所給的將軍印和賞賜，受到了懲罰，剝奪了軍功。後被指派為上谷太守，每天都跟匈奴人打仗。他經常置個人生死於外，深入敵陣纏鬥，還喜歡炫耀箭術，不管軍情多麼緊急，非得等敵軍進入有效射程才施射。因為這種冒險性格，他多次遭到圍困。

典屬國公孫昆邪哭著對皇帝說：「李廣才氣，天下無雙，但他自負其能，這樣冒險的打法，恐怕會出事！」漢景帝擔心李廣的安危，就把

他調到上郡做太守。

在上郡，李廣也閒不住，不是狩獵就是偵查。有一次，他帶領一百名騎兵外出，突然遭遇了數千名匈奴騎兵。匈奴人看見李廣一行，立刻擺開陣勢準備廝殺。敵眾我寡，手下人都很害怕，打算騎馬逃跑，李廣勸阻說：「我們距離軍營有數十里遠，一旦匈奴人追殺射擊，我們很難脫身。如果按兵不動，匈奴人就會把我們當作誘敵的隊伍，不敢輕易進擊我們。」說罷，李廣傳下命令：「前進！」

士兵們面面相覷，心想，這不是主動送死嗎？可是主將的命令不能不聽，只能硬著頭皮前行，一直走到距離匈奴陣地不到兩里的地方才停下。李廣再次命令道：「全體下馬，解下馬鞍！」

手下人都傻眼了，說：「現在大敵當前，一旦有什麼緊急情況發生，我們可是連逃跑都來不及了？」

李廣騎射圖壁畫磚。

　　李廣說：「我現在讓你們解下馬鞍，就是向他們表示我們不會逃跑的，以此來堅定他們認為我們是誘敵部隊的想法。」果然，匈奴騎兵不敢貿然進攻了。這時，從匈奴隊伍裡衝出一位騎白馬的將軍，想過來試探一下虛實。李廣見狀飛身上馬，帶上十幾個騎兵迎了上去，親自彎弓搭箭射殺了那位白馬將軍。然後重新返回，命令眾人解下馬鞍，躺在地上休息。這樣一來，匈奴騎兵更是不敢輕易出擊了。

　　兩軍對峙一直到了半夜，匈奴騎兵越想越覺得李廣不可捉摸，擔心黑夜遭到伏兵的攻擊，便主動撤退了。黎明時分，李廣率部安全地返回漢軍大營。

　　到了漢武帝時期，李廣被任命為右北平太守。匈奴人十分畏懼李廣，有意躲避他，連續數年都不敢輕易入侵右北平郡。

　　西元前一一九年，漢武帝發動漠北之戰，李廣跟隨大將軍衛青出征。漢武帝在李廣的數次請求下，同意他所屬的部隊做先鋒，但隨後又給了衛青一封密信，說李廣犯霉運，不能讓他擔任先鋒將領的重任。衛青因此安排李廣與趙食其領兵支援東路，這令李廣頗為不滿。由於沒有人做嚮導，加之路途過遠的關係，李廣在沙漠中迷路，延誤了戰機，導致單于突圍逃走。衛青派長史責令李廣立刻到大將軍處聽候發落，李廣說：「我的手下沒有罪，是我自己迷失了方向，我現在一個人到大將軍的幕府去聽候處置。」說罷，他又對部下說：「我從投身軍戎以來與匈奴進行了大小七十餘戰，如今好不容易有了和單于當面交鋒的機會，

李廣畫像。

卻迷失了道路，這難道不是天意嗎？何況我已經六十多歲了，哪裡還能再去面對那些刀筆小吏呢？」於是，憤而自殺，享年六十餘歲。

小知識

王昌齡在《出塞》中寫道：「秦時明月漢時關，萬里長征人未還。但使龍城飛將在，不教胡馬度陰山。」其中「飛將」即指「飛將軍」李廣。王勃在《滕王閣序》中説：「馮唐易老，李廣難封」，也是為「飛將軍」不能封侯而感慨。

史上最厲害的外交家

班超出使西域

班超，東漢時期著名的軍事家和外交家，以夷制夷的鼻祖，以戰養戰的行家，是當時西域分離主義者最痛恨、最害怕的人物。

如此猛人竟然出生在書香門第，父親班彪、哥哥班固、妹妹班昭都是史學家，他也曾為了生計經常給官府抄書來賺錢養家。

古往今來，建功立業都是男人的最高理想，班超曾經感嘆：「大丈夫應該模仿傅介子、張騫立功異域，以得封侯，怎麼能長期在筆硯間勞碌呢？」

機會屬於有理想的人。

西元七三年，奉車都尉竇固帶兵攻打匈奴，班超跟隨北征。

為了聯合西域各國共同對付匈奴，竇固派班超以代理司馬的身分和從事郭恂帶領三十六人出使西域。

班超出使的第一站是鄯善國。

剛到這裡時，鄯善王非常高興，熱情款待。可是沒過幾天，鄯善王對班超等人的態度變得冷淡起來。這讓班超感覺很異常，就對手下人說：「你們覺得鄯善王這幾天是不是有意在疏遠我們？」

手下人不以為然地說：「西域這邊的人就這樣，變化無常，捉摸不

定。」

班超說：「事情不像你們說的那麼簡單，有可能是匈奴的使者來了，讓鄯善王左右為難。」

第二天，班超在侍者毫無防備的情況下，猛然問：「匈奴使者來幾天了，他們住在哪裡？」

侍者隨口答道：「來了三天了，住在離這三十里的地方。」聽聞此言，班超一驚，立即將侍者關押起來。隨後，他把同行的三十六人召集起來，擺上酒席。在大家喝得酣暢淋漓之時，班超開始分析當前的危急形勢：「匈奴使者才來到三天，鄯善王就開始怠慢我們。如果時間長了，匈奴使者知道我們在這裡，讓鄯善王把我們抓起來，也是非常有可能的，到那時，我們就會曝屍荒野了。你們說該怎麼辦？」

隨行人員都說：「事態危急，我們都聽從您的安排。」

班超說：「不入虎穴，難得虎子，現在唯一的辦法就是先發制人，趁夜火燒匈奴使者的駐地，然後把他們全部消滅，這樣鄯善王就沒有別的選擇了。」

有人提議說：「是不是和從事郭恂商量一下再定？」

班超帶著怒氣說：「生死就在今晚，郭恂是個文官，膽小謹慎，萬一他不同意又走漏了消息，那我們死也無名！」看班超這麼堅定，眾人也堅定了信心，齊聲應答「好！」便按班超的計畫行動。

天隨人願，當晚正颳著大風，班超分配十人拿著鼓，躲在匈奴人的帳後，叮囑他們：「見火起，立即擂鼓吶喊。」其餘的人都拿著兵器，埋伏在營門兩側。一切安排就緒，班超藉助風勢引燃了大火，頓時火光

沖天，擂鼓聲、喊殺聲響成一片。匈奴人被嚇得驚慌失措，以為來了很多兵馬，四處逃竄。戰鬥結束後，匈奴使團有三十多人被殺，其餘的全部被燒死，無一存活。

回到駐地，班超將此事告訴郭恂。郭恂聽後大驚失色，但事已至此，也只能按班超的計畫進行了。

班超手提匈奴使者的首級和鄯善王分析當前的局勢，大談漢朝的威德，迫使鄯善王不再和匈奴人往來，還把自己的兒子交給班超做為人質。

班超接下來出使于闐國，依然只帶三十六名隨行人員。于闐國在西域南部算是一個大國，班超來到後，國王對他們很冷淡。該國巫術盛行，巫師得知班超的來意後，對國王說：「天神發怒，責備我們與漢朝結好，漢朝使者有匹黑嘴的黃馬，趕快取來祭神！」國王聽後，就派宰相去漢使駐地要馬。班超提出要巫師自己來取馬。

巫師到來後，班超當即命人捉住巫師將其斬首，然後提著巫師的頭找到于闐國王，嚴厲警告說：「如果你再勾結匈奴侵擾我國，這就是你的榜樣！」于闐國王見此狀早已魂飛魄散，立即下令殺掉匈奴使者，表示臣服於漢朝。

班超像。

　　繼于闐國之後，西域各國的國王都把自己的王子送到漢朝當作人質，表示願與漢朝友好往來。

　　在三十多年間，班超在西域的軍事外交活動未嘗有失，他幾乎在沒有漢朝軍隊幫助的情況下，以西域之兵制伏整個西域。在最成功的時候，西域有五十多個國家臣服漢朝，絲綢之路也得以重新通行。

一根光禿禿的符節

蘇武不辱使命

西元前一〇〇年，且鞮侯單于繼承匈奴王位，他唯恐受到漢朝的襲擊，就主動示好說：「漢朝的天子，是我的長輩。」同時將不願投降而被扣留在匈奴的漢使路充國等全部放回，還派使臣前去漢朝進貢。

漢武帝派遣蘇武以中郎將的身分出使匈奴，持旄節護送扣留在漢朝的匈奴使者回國，順便送給單于很豐厚的禮物，以答謝他的好意。

剛到匈奴，就趕上了動亂，副使張勝參與謀劃，連累了蘇武。

蘇武認為「屈節辱命，雖生，何面目以歸漢！」遂拔佩刀自刎，後經胡巫搶救，才脫離危險。

且鞮侯單于愛惜人才，以高官厚祿引誘蘇武，都被他嚴詞拒絕了。也因此且鞮侯單于生氣了，在寒冬臘月天裡，把蘇武關進一個露天的地窖裡，不給他吃不給他喝，想用這種辦法摧毀他的意志力。

誰知蘇武的歸國之心一點都不動搖。

且鞮侯單于想出一個狠毒的招數，命令蘇武去貝加爾湖邊放羊，給他的羊全部都是公羊，什麼時候公羊生小羊了，才能回來。

就這樣，蘇武到了遙遠的貝加爾湖邊。這裡天氣寒冷，幾乎見不到

人影，想逃走是不可能的事情。單于也不給他送糧食，蘇武餓極的時候就跟松鼠搶東西，他把松鼠藏在洞裡的野生果實挖出來充飢，渴了就吃雪。他拄著漢朝的符節牧羊，幾年之後，符節上的犛牛毛都脫落乾淨了。

轉眼間，五年過去了，單于的弟弟於軒王到這裡來打獵，遇見蘇武。因為蘇武會編織捕魚的網，會修整弓箭，就對他很信任，常常接濟他一些糧食和衣物，蘇武暫時的生存問題得到了保障。不幸的是，三年之後，於軒王病倒了，臨死前送給蘇武很多馬匹、糧食，以及禦寒用的烈酒和帳篷。就在蘇武以為生活能夠這樣平靜過下去的時候，單于還是不放過他，派人把他的牲畜都偷走了，蘇武又恢復了一貧如洗的生活。

蘇武出使匈奴的第二年，李陵投降匈奴，不敢造訪蘇武。直到單于派他來當說客，他才來到這裡。

李陵陪了蘇武好幾天，一直都無法說服他。末了，蘇武對他說：「我也不會讓你為難，今天我就死在你面前，讓你回去好交差。」

李陵掩面而泣：「你的高風亮節，我幾輩子也趕不上。你不用犧牲，單于暫時還沒有取你性命的打算。」說完，起身回

蘇武牧羊圖。

都城了。

　　後來，李陵又來了一次貝加爾湖邊，這次是告訴蘇武一個噩耗，漢武帝駕崩了！蘇武痛不欲生，面對故國的方向失聲痛哭。

　　漢武帝死後，漢昭帝即位，幾年之後，和匈奴重修舊好。昭帝想起蘇武等人還被困在匈奴，就派使臣來接他們回去。單于謊稱他們已經過世，不肯放人。使臣早已得到密報，就對單于說：「我國國君在打獵時射下一隻大雁，雁腿上綁著一個布條，上面說蘇武還活著，在貴國貝加爾湖邊放羊。」

　　單于沒辦法，只好放蘇武回國。

　　蘇武出使匈奴的時候是壯年，現在已經是滿頭白髮的老人了，算起來，他被匈奴的單于扣押了整整十九年。

小知識

　　為了表彰蘇武不辱漢節的功績，昭帝封他為典屬國，秩中兩千石，賜錢兩百萬，公田兩頃，宅一區。宣帝時，被賜爵關內侯，後復為右曹典屬國。

　　蘇武留胡節不辱的愛國精神，也受到後人的敬仰，他的事蹟被編為歌、劇、故事，廣為流傳。

打仗要動腦

虞詡用計敗羌兵

虞詡，字升卿，在很小的時候父母就去世了，和祖父母相依為命。

在祖父母去世後，他被徵召到太尉李脩府中，任郎中。

永初四年（西元一一〇年），羌人侵擾破壞并州和涼州，太尉李脩召集眾臣商議應對的辦法。

大將軍鄧騭說：「國家近來連年爭戰，各地兵力已明顯不足了，不如放棄涼州，集中力量對付北方的邊患。」

眾臣聽了，表示同意鄧騭的說法。

虞詡聽說了這件事，勸諫李脩說：「涼州人歷來聽從指揮，因為他們知道自己跟我們一樣是漢人，如果我們放棄涼州，勢必會讓涼州人遭受背井離鄉之苦。如此一來，涼州人能沒有怨言嗎？萬一有人趁機聚眾叛亂，後果不堪設想。從戰略上說，放棄了涼州，就只能以三輔為邊塞，如果那樣的話，皇家的陵墓就暴露在外了，我們又如何對得起先帝呢？」

李脩問虞詡有何良策。

虞詡說：「涼州現在局勢動盪不安，百姓惶惶不可終日，現在最主要是先安定民心，讓百姓知道我們是不會放棄涼州的。攘外必先安內，眼前最要緊的是從當地任命有威望的豪傑做屬吏，給他們一定的權力，

137

便不會圖生事端。」

李脩對這一建議深表贊同，再次召集太傅、太尉、司徒、司空等四府進行商議，最後眾人一致同意虞詡的意見。

鄧騭因放棄涼州的計畫未被採納，從此對虞詡懷恨在心。恰好此時朝歌縣叛匪甯季等數千人造反，鄧騭便任命虞詡為朝歌縣長，想利用他人之手將虞詡剷除。虞詡的故人舊友都為他深感憂慮，虞詡笑著說：「做事不避艱難，乃是臣子的職責。不遇到盤根錯節，就無法識別鋒利的刀斧，這正是我建功立業的時機！」

他一到任，就制訂了三個等級，用來召募勇士，並且命掾史及以下官員各自就所瞭解的情況進行保舉：行兇搶劫的，屬上等；打架傷人、偷盜財物的，屬中等；不經營家業、不從事生產的，屬下等。共收羅了一百多人。虞詡將這些人的罪行一律赦免，命其混入匪幫，誘使叛匪進行搶劫，而官府則設下伏兵等候，一舉斬殺叛匪數百人。他還讓裁縫為叛匪用彩線縫製裙衣，叛匪穿上以後，在市集街巷一露面，就被抓獲。叛匪因此驚駭四散，都說有神靈在幫助虞詡。

很快，朝歌縣境內全部平定。

虞詡的才幹得到了鄧太后的賞識，封他為武都太守。

虞詡上任後，在民間精選青壯勞力，加緊操練，其中最出色的有兩人：高慕，江湖藝人出身，騎馬射箭，刀槍棍棒，樣樣精通；紀嘉，平民出身，善使大斧。

元初二年（西元一一五年），羌人進攻武都，他們畏懼虞詡，不敢冒然進攻，便守在陳倉崤山，悄悄觀察情況。

　　崤山這地方地勢險要，易守難攻，虞詡兵力又不足，只能巧取不能硬攻。

　　為了分散羌人的兵力，虞詡向外界散佈說：「羌人勢力強大，又據守險要關塞，我軍勢單力薄，不敢應戰，我已向上奏求援，一切等援軍來了再說。」

　　消息傳到羌軍那裡，羌軍立刻放鬆了警戒，不再嚴守陣地，而是四處去搶奪財物。

　　趁這期間，虞詡的部隊抓緊時間向武都方向疾馳，在半路上，為了迷惑敵人，故意多增設了鍋灶，讓羌人以為兵力很多的樣子。

　　虞詡率精兵三千行至武都，與羌人遭遇，虞詡的部隊頑強奮戰，數次擊退羌人。高慕衝在最前面，刺敵人於馬下。羌人用弩搭箭射向高慕，此箭名叫「鳴嘀」，乃用骨頭製成，射出時呼呼作響，當年冒頓弒父稱王便使用的此箭，不過這次卻被高慕接住，反射向羌人將領。

　　第十天，羌人進攻赤亭，到了城下，虞詡令弓箭手分成小組，排列整齊，共同向同一個人射箭，羌人銳氣大減，抱頭鼠竄。高慕隨即打開城門，率眾將士乘勝追擊，這次戰鬥打的羌人潰不成軍，虞詡大獲全勝。

小知識

　　虞詡的祖父虞經是郡縣獄吏，曾經感慨說：「東海人於公把閭裡的門修建的比較高大，結果他的兒子于定國官至丞相。我公平判決訴訟案件六十年了，子孫們難道不能當九卿嗎？」因此，他給虞詡取的字叫升卿。

被人活活「看」死的帥哥

衛玠的美貌與才學

衛玠是魏晉時期著名的玄學家，學識淵博，善於清談，但是最為大眾所樂道的是他的美貌。

身為古代最著名美男子之一，衛玠在小時候就因美貌而聞名。他的祖父衛瓘就曾經感慨說：「這個孩子風神秀異，以後肯定不是一般人，可惜我年紀大了，怕是等不到那一天了。」

衛玠長大成人後，除了容貌舉世無雙外，他在玄學上的造詣在當時也算得上是大師級的。

只要他一開口，總能說得頭頭是道，讓人聽得心悅誠服。就連平常很少誇獎別人的名士王平子，對衛玠的玄學造詣和口才也佩服得五體投地。他曾跟衛玠討論過三次「玄學」，三次都為之傾倒，為此有了「衛君談道，平子三倒」的說法。

有一次，衛玠跟另一位名士樂廣探討作夢的問題。

衛玠問：「人為什麼要作夢呢？」

樂廣回答：「那是因為人有想像力。」

衛玠對這個回答並不滿意，接著問：「夢裡的事往往不見於思想，怎麼能說是由想像而產生的呢？」

　　樂廣沒想到世界上還有衛玠這種認真的人，便隨口敷衍道：「那是以前想像的，自己忘記了。」對於這個模稜兩可的回答，衛玠當然不能滿意，他回到家苦思冥想了一個多月，還是得不到正確的解釋，便得了一場大病。樂廣知道後，親自跑過去，絞盡腦汁地為他做了一番「夢的解析」，衛玠這才慢慢好了起來。

　　由於長得太帥的緣故，大家都只注意到衛玠的美貌而忽視了他的才學，即使是熱衷於玄理的「圈內人」也難免這樣。以俊朗丰姿聞名的王濟每次見到衛玠都要感嘆：「珠玉在前，自慚形穢。」他還經常跟別人說：「與衛玠一起出遊，彷彿身邊有一顆明珠，把我襯得黯淡無比。」

　　西晉末年，天下大亂，衛玠費盡口舌說動母親跟他一起南下。在走到建業的時候，江東的百姓們久仰衛玠的美名，趕過來圍觀。由於人數眾多，把道路擠得水洩不通，讓衛玠舉步維艱。

　　一連三天，竟然把這個天下第一美男子活活給「看」死了！

《幽篁坐嘯圖》，本圖內容為竹林中獨坐的逸士高人，人物身著長袍，長髯拂面。這種嚮往山林、嚮往幽靜的主題是魏晉清談名士的追求。

這就是歷史上著名的「看殺衛玠」。

小知識

　　魏晉時期的人，好像都喜歡漂亮的男人，而男人漂亮的標準，一是個子要高，二是皮膚要白。何晏、嵇康、王衍、裴楷等等，都是以白著稱，形容他們，不是玉山，就是玉人、玉樹。衛玠也是這樣，他小時候坐白羊車走在洛陽道上，便引來一片讚譽，驚嘆「誰家璧人！」

最驕傲的「嬉皮士」

嵇康越名教而任自然

　　嵇康，字叔夜，三國時期最厲害的人。

　　他不僅長得帥有學識，還彈得一手好琴，簡直是羨煞旁人。

　　當時和嵇康一起交遊還有幾位「嬉皮士(註1)」：阮籍、山濤、劉伶、阮咸、向秀、王戎。他們經常聚在竹林裡談天說地、喝酒聊天，但不敢公開針砭時弊，只是無聊時自娛自樂。無酒不成詩，喝多了之後不免放浪形骸，很快名聲就傳揚開來，被稱為「竹林七賢」，個個儼然都成了名士。

　　做為「竹林七賢」的精神領袖，嵇康主張「越名教而任自然」，完全不理會世俗禮法，徹底厭惡官場仕途。

　　為了標新立異，嵇康來到洛陽城外，開了一家鐵匠舖，每天在大樹底下打鐵。

　　魏國太傅鍾繇的小兒子鍾會，年少得志，十九歲入仕，為秘書郎，三年後又升為尚書郎，二十九歲時就已經進封為關內侯，活脫脫一個天才級的「政治動物」。他是嵇康的忠實粉絲，對嵇康的敬仰甚至到了敬畏的程度。有一次，鍾會寫完了《四本論》，想讓自己的偶像指點一下，可是又怕受到批評，情急之中，竟「於戶外遙擲，便回怠走」。

143

後來，做了高官的鍾會帶著一支華貴的車隊前來拜訪嵇康，沒想到嵇康理都不理，掄著鐵錘，叮叮咚咚地照樣打鐵。

一下子把這位貴公子推到了一個尷尬的境地，鍾會只得悻悻而歸。在這個時候，嵇康終於說話了：「你聽說了什麼而來？看到了什麼而去？」

晚清畫家任伯年所畫的《竹林七賢圖》。

鍾會說：「我聽到了所聽到的而來，看到了所看到的而去。」從這以後，鍾會對嵇康懷恨在心。

不僅鍾會恨嵇康，權臣司馬昭也想將他除之後快。一來，嵇康是沛王曹林的女婿，曹氏和司馬氏是死對頭；二來，嵇康總是寫文章來隱晦地針對時事，他的《管蔡論》，說管叔和蔡叔是大大的忠臣，之所以反叛是因為他們對周公攝政的誤解，還有那篇《與山巨源絕交書》，將朝廷說得一無是處。這樣一來，讓自詡為周公的司馬昭不動殺機才怪，只是缺少一個藉口罷了。

恰好此時，嵇康的好友呂巽和呂安兄弟二人反目，惹上了官司。哥哥呂巽垂涎弟媳的美貌，趁醉把她姦污了，給弟弟呂安戴上一頂綠帽子。嵇康居中調停，不外乎是家醜不可外揚，兄弟如手足，妻子如衣服，這事就這麼算了吧！兩兄弟礙於他的面子，表面上講和了。沒想到後來呂巽惡人先告狀，以「不孝」的罪名把弟弟告上了官府。

睡了兄弟的老婆，還想陷害兄弟，簡直是人渣！嵇康聞訊後極為憤怒，當即寫了《與呂長悌（巽）絕交書》，痛斥他失信忘義、殘害手足的卑劣行徑。

嵇康為朋友抱不平卻讓自己走進了一個早已挖好的陷阱，官府以「不孝者同黨」的罪名把他抓進了大牢。

嵇康入獄後，洛陽城內的三千多太學生聯名請願，呼籲政府不要殺掉嵇康。負責維持京畿治安的司隸校尉鍾會哄走了太學生之後，在當天夜裡，向司馬昭進言殺掉嵇康。

鍾會說嵇康是條「臥龍」，如果稍有放縱，便會難以制伏，今天太

學生為之請願的情景就可見其一斑。

司馬昭心領神會，呂安是小事，把嵇康這種厲害之人搞定才是關鍵。

就這樣，嵇康被送上了刑場。他面對圍觀的人群，要來一把琴，擺了一個最酷的姿勢，彈奏一曲《廣陵散》後，從容赴死了。

註1：嬉皮士（英語 Hippie 或 Hippy 的音意譯）本來被用來描寫西方國家一九六○年代和一九七○年代反抗習俗和當時政治的年輕人。嬉皮士這個名稱是由《舊金山紀事》的記者赫柏·凱恩普及的。

小知識

歷史上關於嵇康的生平資料非常傳奇化與奇幻化，多見於野史小說，即使是做為正史的《晉書》中也存在著如同神怪故事一般的描寫，這令他的生平記載嚴重缺乏有跡可循時間軸，令後世學者難以整理出一個準確而又可信的年表。然而，事蹟的模糊並不影響他的重要性。

等不到的九錫

桓溫的流芳百世和遺臭萬年

東晉是名士輩出的時代，桓溫就是其中的佼佼者。

在桓溫出生時，父親的好友溫嶠就認為他有奇骨，啼哭聲也很好聽，便取自己的姓氏「溫」給他取名叫「桓溫」。成年後，桓溫更是長得一表人才，好友劉惔稱讚他「眼如紫石稜，鬚作猥毛磔，孫仲謀、晉宣王之流亞也」，翻譯成白話就是，眼睛像紫色石稜般剛毅有神，頭髮和鬍鬚似濃密的刺蝟毛一樣向外張開，有孫權和司馬懿的風采。

美中不足的是，桓溫的臉上長有七顆雀斑。

桓溫的家族世代顯貴，父親桓彝曾任宣城地區的最高行政長官，身為高官子弟的他也有過一段錦衣玉食的生活。不過好景不常，西元三二七年，東晉發生「蘇峻之亂」，當時桓彝駐軍涇縣，在與叛軍對峙一年多後，遭奸細出賣壯烈殉國。

桓彝勤王戰死，聲名是提高了，可是家道卻中落了。他的妻子生病要以羊做為藥引，竟無力購買，最後竟把幼子桓沖典押給賣主，才換得一頭羊。

面對父親的冤死，年僅十五歲的桓溫經過多方調查，得知涇縣令江播曾參與了殺害父親的行動，便在江播的葬禮上手刃了他的三個兒子。

正是這種為父報仇的剛烈勇猛性格，桓溫在當時贏得了至孝、猛毅的良好聲名。

後來，晉成帝親自接見了桓溫，與之對談，見他才學過人，就把南康長公主許配給他。接著，桓溫以天子佳婿的身分進入軍政界。

桓溫是一個胸懷大志的人，決定靠軍功為自己揚名，他選中的第一個目標是討伐成漢。沒想到此方案剛一提出，就遭到大部分屬下僚佐的反對，他們認為蜀地艱阻險遠，且孤軍深入，沒有勝算。只有江夏相袁喬力主伐蜀，他認為成漢政權經過多年的內鬥，早就成了軟柿子，應該趁其不備，一舉滅之。

桓溫權衡了許久，最終聽從了袁喬的建議。事實證明，真理就是掌握在少數人手裡，桓溫初師大捷，一路摧古拉朽般打到成都，滅了成漢。

接下來，桓溫開始了三次北伐。

西元三五四年，桓溫統率四萬晉軍，從江陵出發，攻打前秦。晉軍在藍田兩次擊敗前來阻截的五萬秦軍，直逼秦都長安。前秦的開國君主符健在無奈之下，採取了堅壁清野的政策，桓溫軍糧不濟，只得抱恨而歸。

兩年後，桓溫第二次北伐，在途經建康北面的金城時，他看到自己年輕時種的柳樹已經長大，不由得感慨萬分地說：「木猶如此，人何以堪！」這在冥冥中，也給此次出征蒙上了一層悲壯和遺憾的色彩。

晉軍一路所向披靡，很快克復西晉舊都洛陽。桓溫先是拜揭了先皇陵墓，把遭破壞的陵寢都修繕完好，隨後上書朝廷，勸晉穆帝還都洛陽。一心想偏安江南的東晉君臣不敢也不願返回故地，桓溫只能徒然嘆息：

「廢神州於龍漠，令五尺之童掩口而嘆息！」最後，他不得已班師還朝，洛陽及其他被收復的國土又重新落入敵手。

兩次北伐都功虧一簣，桓溫心有不甘，在西元三六九年進行了第三次北伐。他率五萬晉軍討伐前燕政權，在行進到枋頭一帶得不到軍糧接濟，只得向南撤退，中途被慕容垂五千鐵騎打敗，晉軍損失三萬人。桓溫再次含恨而回，深感恥辱。

三次北伐戰功赫赫，使桓溫成為享譽四海的英雄人物。

隨著權力不斷增加，他的野心也變得越來越大，逐漸有了篡位自立的想法，還說出了一句流傳千古的話：「大丈夫既不能流芳百世，亦不復遺臭萬年！」

可惜的是，這一志向還未實現，桓溫就一病不起了。

在病中，他上書朝廷，希望給自己加九錫。

加九錫，是做皇帝的前奏。

在朝中當權的謝安和王坦之得知桓溫已經病重，故意拖延時間，最終桓溫還是沒能等到自己龍袍加身的那一天就病死了。

小知識

九錫是中國漢朝、晉朝等朝代皇帝給臣子的九種最高賞賜。「錫」同「賜」。九錫包括一錫車馬，再錫衣服，三錫虎賁，四錫樂器，五錫納陛，六錫朱戶，七錫弓矢，八錫斧鉞，九錫秬鬯。

這些物件通常是天子才能使用，賞賜形式上的意義遠大於使用價值。受九錫者之後大多篡位，故歷史上有很多功臣拒受九錫以避嫌。

大人物有「大心臟」

謝安處變不驚

說到謝安的外貌，可以用一個字來形容帥！但是只說「帥」還是不夠的，更重要的一方面，還得說他的風度。謝安在年輕時就思想敏銳深刻，舉止沉著鎮定，風度優雅自如，是一個諸葛亮式的人物，丞相王導和安東將軍桓彝都對他很青睞。

這樣一個前途無量的人物對仕途卻不感興趣，謝安隱居在會稽的東山，與王羲之、許詢、支道林等名士名僧頻繁交遊，多次拒絕朝廷的應召。直到謝氏家族的權勢受到威脅時，他才受邀在征西大將軍桓溫手下擔任司馬。

咸安元年（西元三七一年），對東晉朝廷來說，是生死存亡的一年。

權臣桓溫為了樹立威名，廢黜了晉廢帝司馬奕，另立會稽王司馬昱為帝，是為簡文帝。此時的謝安已擔任了侍中，不久又升任為吏部尚書。他洞悉桓溫的野心，竭力不讓桓溫篡權的圖謀得逞。

第二年，即位不久的簡文帝就在憂懼中死去，太子司馬曜即位，是為孝武帝。桓溫滿心期待著簡文帝臨死前會把皇位禪讓給自己，沒想到願望落空，一怒之下率軍來到建康城外，準備殺大臣以立威。他在新亭預先埋伏了兵士，下令召見謝安和王坦之。

當時，京城內人心惶惶，謝安卻神情坦然地對王坦之說：「國家的存亡，在此一行。」王坦之硬著頭皮和謝安一起出城來到桓溫營帳，緊張得汗流浹背，把衣衫都沾濕了，手中的朝板也拿顛倒了。謝安卻從容不迫地就座，對桓溫說：「我聽說有道的諸侯設守在四方，明公何必在幕後埋伏士卒呢？」桓溫只得尷尬地下令撤除伏兵。由於謝安的機智和鎮定，桓溫始終沒敢對二人下手，迫在眉睫的危機，就這樣化解了。

桓溫死後，謝安被任命為尚書僕射兼吏部尚書，主管朝政。

太元八年（西元三八三年），前秦的苻堅率領號稱百萬的大軍南下。消息傳來時東晉朝野震驚，群臣驚的六神無主，唯有謝安面不改色心不跳，從容建議孝武帝任人唯「賢」派遣自己的「賢弟」謝石擔任征討大都督，「賢姪」謝玄任前鋒都督，「賢子」謝琰任輔國將軍，統帥北府軍八萬北上禦敵。

謝玄臨行前向叔父謝安請示軍機，謝安如平常一般輕鬆自如地說：「你只管去就是了。」繼續請示，得到的回答還是一樣。不僅如此，謝安還拉著謝玄去進行娛樂活動跑到山間的私人別墅下棋。心中牽掛戰事的謝玄哪有這個閒情雅致，勉強下了幾局棋就想脫身，沒想到謝安又帶著他去觀賞山間的美景，一直到天色將晚才緩緩歸去。

此時，駐守荊州的大將桓沖坐不住了，眼看大戰在即，宰相倒成了「導遊」，今天帶著大家看看山，明天帶著大家游游水，就自作主張派遣一

謝安晚年隱居於會稽今浙江紹興東山，整日縱情詩酒、山水，出遊必攜歌妓同行。

支三千人的精銳隊伍前來支援。哪知這支部隊剛到京城就被謝安給趕了回去，理由是朝廷已經做好禦敵準備，要兵有兵，要糧有糧，就等著敵人前來送死了。荊州乃戰略要衝，更應該加強防禦。

看到這種狀況，文臣武將都紛紛議論說：「謝安做為宰相，氣量和風度都夠了，只是對打仗一竅不通，長此下去，我們早晚會淪為外族的俘虜。」

可是當謝安的命令下達以後，朝廷內外諸臣才發現，原來謝安的部署早就經過周密的策劃，各路將領也不由得發自內心表示敬佩。

經過淝水一戰，東晉的北府軍打敗了數倍於己的前秦軍隊。在捷報傳到京師的時候，謝安正與客人下棋，他接過捷報後略微看看便隨手置於桌上。正在下棋的客人忍不住了，連忙追問謝安戰況如何，謝安只是輕描淡寫地說了一句：「孩子們已經把秦軍打敗了。」便繼續下棋。

當送走客人，謝安再也忍不住激動的心情，出門之時竟然折斷了木屐齒。透過這一細節，人們才發現，原來謝安「裝酷」表象下，竟也隱藏著一顆熱情澎湃的心。

史書就此事對謝安做了「矯情鎮物」的評價簡直是「酷斃了」。

小知識

謝安死後，他的葬禮同霍光、王導以及桓溫等人同規格，有「九旒鸞輅，黃屋左纛，縕輬車，挽歌二部，羽葆鼓吹，武賁班劍百人」，為皇帝等級的葬禮。

後來，謝安妻劉氏去世，也用同等級葬儀。

洛陽紙貴

醜男左思的成名之路

古人在寫美男子的時候，常常用「貌若潘安」這個詞彙來形容。

潘安，又名潘岳，是西晉時期文學家。

相傳，潘安的美豔，具有驚人的殺傷力，在年輕的時候，他挾著牛皮彈弓，氣質清雅地走在洛陽道上，婦女們見到他，手挽著手圍住他不讓走。用現在的話說，潘安在京都洛陽女粉絲如雲。

相較之下，本故事的主角左思的長相可就慘不忍睹了，不僅長得奇醜，還是個結巴。他看到美女們簇擁潘安的情景，也想「秀」一下，就挾著牛皮彈弓，故作瀟灑地走在洛陽道上。結果，一群婦女圍著他，朝他吐口水，只好狼狽地跑了回來。

然而，就是這位醜男子，卻是個了不起的人物。

左思從小就不討父親左雍喜歡，左雍常常對外人說後悔生了這個兒子。及至左思成年，左雍還對朋友們說：「左思雖然長大了，可是他掌握的知識和道理，還不如我小時呢！」左思不甘心受到這種鄙視，開始發憤學習。當他讀到東漢班固寫的《兩都賦》和張衡寫的《兩京賦》後，決定寫一篇《三都賦》，把三國時魏都鄴城、蜀都成都、吳都南京寫入賦中。

為了寫出《三都賦》，左思走遍大江南北，收集大量的歷史、地理、物產、風俗人情的資料，然後把自己關在屋中埋頭創作。他在一個書紙鋪天蓋地的屋子裡晝夜冥思苦想，常常為了推敲一句話而思索大半天。

過了整整十年，書稿終於出爐了。

當左思將自己嘔心瀝血的作品送到名家面前，希望得到指點時，得到的卻是譏諷：「就這樣的作品，你還妄想和班固、張衡相抗衡？你別作夢了！」當時的大文學家陸機在給弟弟的家書中也不無諷刺地說：「京城現在出了一個無名小卒，不知天高地厚地想要超越張衡和班固，照我看，他不過是譁眾取寵而已，這種人寫成的東西只配給我用來蓋酒罈子！」

左思不甘心自己的作品遭到埋沒，找到了著名的文學家張華。

張華對這部作品很感興趣，逐字逐句地閱讀、分析，又向左思詢問他創作的起因和過程，得到所有問題的答案後，決定為這部著作作序。不僅如此，他還邀請了自己的好朋友皇甫謐一起作序。

皇甫謐對《三都賦》也是讚賞有加，他和張華在序中這樣寫道：「《三都賦》沒能得到流傳的原因有二：一是世人都重視名聲而不注重著作本身，這部書的作者沒有名氣，但他的才華足以讓當今任何一位文學家自慚形穢；二是人們都只相信古人的東西，這點本無可厚非，因為得以流傳的東西一定是好東西，但是，我們為什麼不能相信今人能夠寫出傳世之作呢？」

在張華和皇甫謐的推崇下，《三都賦》很快風靡京城，那些諷刺過左思的學者此刻都開始拜讀大作（他們之前也犯了世人容易犯的錯，未

見作品而論是非）並讚嘆不已。

　　陸機也加入了閱讀群體中，當他如癡如醉地讀完全書的最後一個字時，他說了兩個字：「好文！」並且表示，如果自己重新寫《三都賦》，也不一定會有左思這樣的才華和創意。

　　在那個印刷和出版水準都很低下的社會，人們要看書就必須得靠抄寫。在《三都賦》流行之後，人們爭相到文具店購買紙張，傳抄《三都賦》，一時間，洛陽的紙價上漲到了前所未有的價格。這就是「洛陽紙貴」由來。

小知識

　　左思志高才雄，胸懷豪邁，其詩情調高亢，詞采壯麗，筆力矯健，氣勢昂揚，形成獨有的豪壯風格，鍾嶸《詩品》稱之為「左思風力」。

自由的代價

陶淵明隱居田園的喜與憂

提到歸隱田園，我們自然就會想到一個人，他就是陶淵明。

陶淵明又名潛，字元亮，出生官宦世家，但到了他這一代，家族已經沒落了。

在陶淵明九歲的時候，父親就去世了，他與母親和妹妹相依為命，寄居在外祖父孟嘉的家中。長大後，陶淵明懷著兼濟天下的壯志準備踏上仕途。由於門閥制度的存在，出身庶族寒門的他處處碰壁，直到二十九歲的「高齡」才出仕為官，但所做的也不過是祭酒、參軍、縣丞一類的芝麻小官。

在官場上摸爬滾打了十三年後，因不願為五斗米折腰，上任彭澤縣令僅僅八十餘日就解印掛職隱居田園，過起了「躬耕自資」的生活。

元朝畫家何澄所畫的《歸莊圖》，描繪了陶淵明詞官歸故里的情形。

自隱居開始，陶淵明就與東園菊圃結下不解之緣。

他與妻子陳氏情投意合，可是僅僅生活了六年，陳氏就香消玉殞，魂歸天國了。

妻子的早逝，讓感情豐富

的陶淵明傷心欲絕，悲痛之情溢於言表，含淚寫下了後世流傳極廣的《閒情賦》。寫完之後，陶淵明來到了東園，當他下意識走到青松之下時，猛然間看到院牆一角開放著一朵孤傲的菊花，便在當天晚上夢到了逝去的夫人。陳氏在夢裡告訴陶淵明，自己本是天宮御花園中的菊花仙子，如今塵緣已盡，重新回到天宮，勸陶淵明萬勿過度悲傷，多多保重。

醒來後，陶淵明便在東園專門開闢了一個花圃，用來精心培育菊花。

陶淵明前後結了兩次婚，一共生了五個兒子，他曾在《責子》一詩中寫道：「白髮被兩鬢，肌膚不復實。雖有五男兒，總不好紙筆。阿舒已二八，懶惰故無匹。阿宣行志學，而不愛文藝。雍端年十三，不識六與七。通子垂九齡，但覓梨與栗。天運苟如此，且進杯中物。」

翻譯成白話就是：「長子阿舒，懶惰到舉世無雙；次子阿宣，對應考沒興趣；阿雍和阿端是雙胞胎，已經十三歲了，笨得不認識六和七；小兒子阿通九歲，成天只知道找果子吃。我只好聽天由命，管它三七二十一，喝自己的酒去。」

在詩中，一個慈父的形象呼之欲出。

田園生活說來浪漫，實際上是十分艱苦和殘酷的。讀書出身的陶淵明，顯然不是個種田能手，他在南山下種了一點豆子，結果種得「草盛豆苗稀」。陶淵明好酒是出了名的，「清琴橫床，濁酒半壺」是他喜歡的人生狀態；「在世無所需，唯酒與長年」是他的人生理想。好酒、好文而不事生產，又沒有其他經濟來源，陶淵明的田園生活的困頓可想而知。到了歉收的年頭，日子就更慘了。這時候會有一些朋友送給陶淵明一些錢、米，還有的請他過去，說是談談詩什麼的，實際上就是想讓陶

陶淵明醉歸圖。

淵明吃飽一頓。陶淵明曾在詩中寫下自己的感嘆：「飢來驅我去，不知竟何之！行行至斯裡，叩門拙言詞。主人解余意，遺贈豈虛來。談諧終日夕，觴至輒傾杯……」

來給陶淵明送錢送物的也有些大人物，太守顏延之是來的次數最多的一個，前前後後給他贈送兩萬貫銅錢，當然這些錢大多都讓陶淵明買酒了。

江州刺史檀道濟親自到陶淵明家，勸他出來做官。陶淵明看不起檀道濟，回絕說：「我老朽了，沒有本事了。」檀道濟要送他肉和白米，陶淵明說自己吃慣了五穀雜糧，享受不了。檀道濟很生氣，放下東西就走了。陶淵明也很生氣，把那些東西都扔到門外。

陶淵明去世後，他的至交好友顏延之，寫下《陶征士誄》，給了他一個「靖節」的諡號。

小知識

後世對陶詩評價甚高，鍾嶸《詩品》推之為古今隱逸詩人之宗，唐宋以後對陶詩更是推崇備至。

歷史自有公道

孫盛直筆著《晉陽秋》

　　孫盛是東晉時期著名的文學家和史學家，同時也是一個清談的高手，善於言詞，明辨事理。

　　當時殷浩的名聲冠絕一時，能夠和他對等辯論的，只有孫盛。

　　有一次，孫盛和殷浩在酒席間就一些玄學問題析理問難，反覆辯論，二人揮舞麈尾，獸毛都落在了飯中，食物冷了再加熱，反覆多次，到了傍晚忘了吃飯，玄理最終也不能確定。孫盛寫了一篇名為《易象妙於見形論》的文章，殷浩也沒有辦法對它提出詰責，因此名聲大振。

　　西元三六九年，桓溫率領五萬大軍北上討伐燕國。當部隊來到枋頭時，沒想到燕軍提前做了準備，發動了突襲，晉軍被打了個措手不及，傷亡慘重。

　　桓溫一生征戰無數，這是他遭遇的最大失敗。

　　當時，孫盛隨行出征。他是朝廷的著作佐郎，正在撰寫晉朝史書《晉陽秋》，在這本書中，如實地記載了此戰的經過。

　　再說桓溫，雖然吃了敗仗，依舊權勢薰天，時時懷有篡位的野心。數年後，他廢除舊帝，另立新帝，為自己篡位做著緊鑼密鼓的準備。當他看了孫盛關於枋頭戰敗的記載時，頓時怒火沖天。此時孫盛已經告老

還鄉，桓溫命人叫來孫盛的兒子孫潛，對他說：「枋頭一戰雖然失利，但絕非你父親寫的那樣。如果這部史書流行開了，自然會關係到你們的家事。」桓溫的意思很清楚：你要是不怕遭到滅門之禍的話，就讓你家那糟老頭子去出版他的《晉陽秋》吧！

孫潛被嚇得三魂出竅，跌跌撞撞跑回家，一頭栽在父親面前，請求道：「父親，您一定要修改一下枋頭之戰的歷史，不然我們全家性命難保！」孫潛接著勸說父親，「如果不能為桓大司馬歌功頌德，至少也要將這一頁掩飾過去，只當沒發生過這回事。」

孫盛為人正直，生性剛強，不畏權貴，他不但不聽兒子的勸說，反而狠狠地教訓他：「史書記載的是歷史真相，怎麼可能因為當權者的威脅隨便亂改！」說完，把兒子趕出家門。

孫潛無法勸服老父，只好聚集兄弟多人，再次跪在父親面前，求他為一家百十口人的性命著想，聽從桓溫的話，刪改《晉陽秋》。

孫盛見此，大發脾氣，堅決不讓步。

兒子們見父親如此固執，就瞞著他偷偷刪改了《晉陽秋》中部分犯忌的章節，然後把這部書交給了桓溫。

桓溫如願以償，認為自己不光彩的歷史被掩蓋了，就放過了孫盛一家。然而，孫盛早有預見，他知道桓溫專橫，就事先抄寫了兩部《晉陽秋》，把其中一部寄往燕國收藏。

這樣，東晉的《晉陽秋》雖然做了刪改，可是燕國的《晉陽秋》卻保留了枋頭之戰的歷史真相。

小知識

春秋時期，晉國太史董狐不畏權勢，記載了「趙盾弒其君」這件事，後被孔子譽為「古之良史」。齊國太史兄弟三人與南史氏不顧生命危險，堅決依照事實寫史，終於留下了「崔杼弒其君」的記載，受到後人的景仰。

隨著史學的發展，直筆寫史成了一些史學家在撰述上的一個原則。 而「實」與「不實」，則是檢驗一個史家或一部史書是否做到直筆的主要象徵。

功蓋諸葛第一人

王猛捫虱談天下

在西晉王朝滅亡後，中國北方開始陷入十六國紛爭的泥淖，而南方東晉政權由於立足未穩也處於風雨飄搖的境地。

在這個群雄紛爭的歷史畫面下，出現了兩個名臣賢相的身影，「關中良相唯王猛，天下蒼生望謝安」，他們都留下了各自精彩。

王猛，人如其名，被稱為「功蓋諸葛第一人」。

與謝安比起來，王猛更「猛」，謝安只是守成一隅，他則是開疆破土。

王猛出身貧寒，從小就胸懷大志，早年為了糊口，以販賣畚箕為業。在亂世之中，他手不釋卷，熟讀兵書，對天下大勢了然於胸。

「玉在匣中求善價，釵在奩內待時飛。」成年後王猛需要的是一個賞識自己的「伯樂」。

永和十年（西元三五四年），東晉大將桓溫北伐，擊敗苻健，駐軍灞上。王猛聽到這個消息，便披著粗布衣服前去拜訪。

桓溫請王猛談談對時局的看法，王猛在大庭廣眾之中，一邊捉掐蝨子，一邊縱談天下大事，滔滔不絕，旁若無人。桓溫覺得他與眾不同，便問道：「我奉天子之命，統領大軍討伐逆賊，為百姓除害，為什麼至今不見三秦的豪傑前來歸附呢？」

王猛直言不諱地回答：「您不遠數千里，深入敵土，如今長安城近在咫尺，而您卻不渡過灞水去把它拿下，人們摸不透您的心思，所以不來。」桓溫收復關中，只是想樹立威名，並不想消耗自己實力，失去與朝廷較量的優勢。王猛一語道破桓溫的心思，讓他默然良久，無言以對。過了一會兒，桓溫說：「長江以南沒有人能和你相比！」並請王猛一起南下。

東晉的朝廷被世家大族所操控，出身貧寒的人很難有所作為，王猛深知這一點，就婉言拒絕了桓溫的好意。

在桓溫退兵江南的第二年，王猛遇見了自己的第二個「伯樂」苻堅。

苻堅是前秦國王苻健的姪子，氐族貴胄中罕有其匹的佼佼者。苻健死後，繼位的苻生殘忍酷虐，以殺人為兒戲，「群臣得保一日，如度十年」。

當苻堅向尚書呂婆樓請教如何除掉苻生時，呂婆樓向他推薦了王猛。

兩人相見，果然惺惺相惜，就如同劉備當年遇到諸葛亮，如魚得水。於是，王猛留在了苻堅身邊，為他出謀劃策。

升平元年（西元三五七年），在王猛的幫助下，苻堅一舉誅滅苻生及其幫兇，自立為大秦天王。

王猛一開始擔任始平縣令，由於治績卓著，很快升為尚書左丞。甘露元年（西元三五九年），他由咸陽內史調任侍中、中書令、兼京兆尹（京都長官）。剛一上任，王猛便聽說強太后的弟弟強德酗酒行兇，搶男霸女，無人敢惹，他不畏權勢，立刻派人拘捕強德，並將其斬首之後陳屍街市。緊接著，王猛與御史中丞鄧羌通力合作，全面徹查害民亂政的公

卿大夫，在幾十天時間，被處死和依法黜免的權貴、豪強、王公貴戚就有二十多人。一時間震驚了朝廷上下，奸猾之輩屏聲斂氣，境內路不拾遺。

苻堅感嘆地說：「我到如今才知道天下有法律了！」

後來，王猛入朝任丞相，都督中外諸軍事。在他的治理下，前秦王朝成為當時中國北方諸國實力最強的國家。

在群雄角逐中，前秦愈戰愈強，十年之間（西元三六六～西元三七六年）便統一了北方。在這個過程中，王猛經常統兵征討，攻必克、戰必勝，表現出卓越的軍事才幹和大將風範。

王猛死時，苻堅按照漢朝安葬大司馬大將軍霍光那樣的最高規格，隆重地安葬了他，追諡為「武侯」。

小知識

王猛臨終前對苻堅說：「晉朝雖然僻處江南，但為華夏正統，而且上下安和。臣死之後，陛下千萬不可圖滅晉朝。鮮卑、西羌降伏貴族賊心不死，是我國的仇敵，遲早會成為禍害，應逐漸剷除他們，以利於國家。」說完便停止了呼吸。

遺憾的是，苻堅後來忘記了王猛的遺教，不顧群臣的反對，舉全國之力進攻東晉，結果在淝水之戰中一敗塗地。

山中宰相

陶弘景小隱於野大隱於朝

從京城建康到茅山，騎著馬只有一天的路程，這就是朝堂與江湖之間的距離。

隱居在茅山的陶弘景，不僅把一個隱士做得轟轟烈烈，最後竟然做成了「山中宰相」。

西元四五六年，陶弘景出生在一個官宦之家，祖父陶隆曾是王府的參軍，父親陶貞任過孝昌的縣令。

和中國歷史上的諸多名人一樣，陶弘景的出生也蒙上了一層神秘的色彩。當初，他的母親夢見一條青龍從自己懷中飛出，又看見兩個天人手裡拿著香爐來到她家裡，隨後就懷孕了，生下了陶弘景。

陶弘景自幼聰明好學，經史子集都有所涉獵，當他看到葛洪寫的《神仙傳》時，便產生了求仙問道的想法。在十五歲那年，他寫下了《尋山志》，表達自己仰慕神仙生活的願望。

長大成人後，陶弘景步入仕途，卻一直得不到重用，直到三十六歲時才混了個「奉朝請」（類似現在的「享受處級待遇」）的虛職。心灰意冷的他在三十七歲時「脫朝服掛神武門，上表詞祿」。

從朝堂退出後，陶弘景選擇茅山做為自己的隱居之所。在這裡，他

自幼形成的對陰陽五行和醫術本草之類的興趣和愛好，得到了自由的發揮。

西元五○一年，蕭衍率軍攻入建康，掌控了齊朝軍國大政，並逐漸萌生了取而代之的想法。做為好友的陶弘景派弟子給蕭衍送了一封信，引用圖讖，來論證天下必歸梁，以堅定蕭衍的決心。

梁武帝蕭衍登上皇位後，對陶弘景更是恩遇有加，不斷有書信往來，還經常派特使或官員前去探望。每當國家遇到吉凶、征討等大事，都要派人去諮詢。世人稱陶弘景為「山中宰相」。

後來，蕭衍請陶弘景出山為官，輔佐朝政。陶弘景就畫了兩頭牛，一牛散放在水草間，一牛則被加上了金籠，被人執著鞭子驅趕。蕭衍看到後，明白了陶弘景的內心想法，不僅沒有勉強，還讓太子蕭統（昭明太子）拜他為師。後來，蕭衍又寫出「山中何所有？卿何戀而不返」的詔書，想要陶弘景出山輔政。陶弘景無心於塵事，寫下了著名的《答詔問》回覆梁武帝：「山中何所有，嶺上多白雲。只可自怡悅，不堪持贈君。」蕭衍無奈之下只得由著他的心性。

道家煉石圖。

蕭衍是歷史上著名的「菩薩皇帝」，他對佛教的虔誠達到了無以復加的程度，不僅大肆修建廟宇，還三次出家為僧。如此提倡尊佛向善的人，卻用嚴刑苛法鎮壓民眾。陶弘景見此情形，派高徒入宮，向蕭衍獻上兩把寶刀：一名喜勝，一名成勝。寓意治國平天下，一要施善政，二要增加實力。蕭衍幡然醒悟。

陶弘景在茅山潛心修行了四十四年，他煉丹著書，潛心研究道教教義、經典、組織、神系等，終成一家之宗，成為茅山宗的創始人。除此之外，他還為世人留下了一本醫學著作《本草經集注》。

如此亦隱亦朝的日子在梁武帝大同二年（西元五三六年）戛然而止，這一年，陶弘景無疾而終，享年八十一歲。

小知識

陶弘景一生愛松，尤其喜歡聽松濤。他繼承老莊哲理和葛洪的仙學思想，揉合進佛教觀念，主張道、儒、釋三教合流，並進一步整理道教經書，對道教頗有貢獻。

鬥不倒的「反佛鬥士」

范縝批判有神論

范縝，中國歷史上著名的無神論者。

他自幼跟隨沛國學者劉王獻學習，深受老師的賞識。在劉王獻的門下，有很多乘坐車馬的富家子弟，但是穿著粗布衣和草鞋，每天步行上學的范縝在他們當中絲毫不感到恥辱羞愧。

在范縝生活的時代，佛教盛行。竟陵王蕭子良就是一個虔誠的佛教信徒，堅信因果報應。做為朋友的范縝，經常參加他主持的「佛教沙龍」。然而，和其他人不同的是，范縝總是和蕭子良「作對」。

一次，蕭子良與一些和尚談論前世今生的淵源和善惡因果報應。

蕭子良在座位上侃侃而談：「人的肉體死了，靈魂不死，還可以再投胎做人，重新回到世界上來。比如某個人前生是男人，今生也許成了女子，來生則可能變成動物，這樣一次次死而重生，就是所謂的『輪迴』。假如他前生做了好事、行了善、積了德，今生他就能夠享清福，過好日子。反之，今生就得受苦，甚至還會變成牛馬。所以，世人要行善積德，唸佛、拜佛，修建佛寺、佛塔，造佛像，印佛經，給寺院捐錢。」

這個時候，范縝又出來「唱反調」。

蕭子良說：「你不信因果報應，那麼世上為什麼會有富貴和貧賤

呢？」

范縝答道：「人好比樹上開的花，遇到風花瓣便會飄落。有的花瓣越過窗戶落在席墊上，有的則翻過籬牆落入糞坑中。落在席墊上的，就如殿下您，落入糞坑之中的，就好比下官。人的貴賤雖然各不相同，但根本沒有什麼因果。」范縝的回答讓蕭子良在眾多賓客面前無言以對。後來，蕭子良召集許多僧人舌戰范縝，仍不能使他屈服。

為了更好地闡釋自己的無神論觀點，范縝寫出了著名的《神滅論》，系統論述了「形」與「神」之間的關係。

此書一出，便擊中了佛教的痛處，朝野為之譁然。蕭子良慌忙召集僧侶和名士，輪番圍攻范縝，可是他們所說的「道理」總是駁不倒范縝。太原名士王琰也是佛教信徒，他以儒家講究孝道為武器，撰文立著，企圖一下子封住范縝的口，並且還帶著嘲諷的口吻說：「可悲呀范縝！竟不知自己祖先的神靈在什麼地方。」

范縝反唇相譏：「可憐呀王先生！知道自己祖先的神靈在何處，卻不肯捨棄生命去追隨他們。」王琰啞口無言，敗下陣來。

蕭子良見硬的不行，便派人去勸范縝：「以你的才華，還愁當不上中書郎？何必故意發表這種荒謬的理論來耽誤自己的前程呢？」

范縝大笑道：「我要是願意出賣自己的理論換取官位，早已做到尚書令、僕射了，何止是個中書郎！」

南梁時期，范縝又接受了梁武帝蕭衍以及眾僧名士的挑戰。

范縝的對手有六十四人，共拼湊了七十五篇文章。他們指責范縝「欺天罔上」、「傷化敗俗」，要求將《神滅論》付之一炬。

范縝沉著應戰，據理駁斥，「辯摧眾口，日服千人」。

東宮舍人曹思文，能言善辯，筆力不凡，接連寫了《難神滅論》和《重難神滅論》，但與范縝交鋒後，也不得不承認自己「情思愚淺，無以折其鋒銳」。

在這場論戰中，范縝終於以勝利者的姿態出現，被載入史冊。

小知識

李延壽在《南史·范縝傳》的論中，曾對范縝做出了中肯恰當的評價：「縝婞直之節，著於始終，其以王亮為尤，亦不足非也。」

從棋童到戰神

陳慶之的魔幻變身

都說英雄不問出處，可是說起陳慶之的出處來，實在是讓人有些慚愧：他出身南齊宜興寒門庶族。

在魏晉南北朝時期，最看重門第和出身，講究的是「上品無寒門，下品無勢族。」只要你出生在上等人家，不管怎樣不堪都能順利做大官；如果你出生在下等人家，才能和品德再好也別想躋身於上流社會。

貧賤的出身對陳慶之來說，無疑是自絕於高官厚祿。

在當時，尋常人透過戰功也可以飛黃騰達，但這對陳慶之來說也有些滑稽，此人射箭找不到靶子，騎馬又非其所長，好在他聰明乖巧，下得一手好棋。因為棋藝高超，少年陳慶之很快就贏得了南齊貴公子蕭衍的垂青。

蕭衍是名門望族的公子哥兒，跟了他就等於有了飯吃。

蕭衍是個棋癡，經常通宵不歇地下棋，其他人吃不消都睏得睡覺去了，只有陳慶之不休不眠，聽見招呼就趕去和主子下棋。有如此貼心的棋友，陳慶之想不討蕭衍的歡心都難。

當時，南齊昏庸少主蕭寶卷的殘暴統治已達到了人神共憤的程度。蕭衍順應形勢，趁機起兵反齊。沒想到造反比下棋還容易，不久，蕭衍

就順利地完成了身分轉換從南齊的雍州刺史搖身一變成了南梁的開國皇帝。

一人得道雞犬升天，做了皇帝的蕭衍並沒有忘記自己的棋友陳慶之，任命他為主書。主書為文職官員，是一個重要職務，這對身分低微的陳慶之來說堪稱一步登天。

神奇還在繼續上演，在陳慶之四十二歲那一年，他完成了自己身分的第三次轉變，由文官變成了武將。

西元五二五年，北魏徐州刺史元法僧請求歸降南梁，蕭衍任命陳慶之為武威將軍前去收降。這是一場風險為零的軍事行動，然而這卻是年逾不惑的陳慶之第一次和軍隊的「親密接觸」。隨即，蕭衍又任命陳慶之為宣猛將軍、文德主帥，領兵兩千護送豫章王蕭綜接管徐州。面對北魏的兩萬援軍，陳慶之並沒有畏首畏腳，他直接下令向敵軍大營發起總攻，北魏的兩萬人馬瞬間做鳥獸散。

首戰雖然告捷，卻發生了一件出乎意料的變故。南梁軍隊主帥蕭綜，居然隻身一人投降了魏軍。群龍無首，梁軍頓時大亂，魏軍趁亂攻擊，梁軍損失慘重，只有陳慶之率領本部人馬突圍而出。

以一當十，這一仗無疑打出了風采，打出了水準。但這一次與陳慶之後期令人目眩的輝煌戰果相比，簡直可以忽略不計。

西元五二六年，陳慶之出征壽春，攻克五十二城，俘獲七萬五千人。

西元五二七年十月，陳慶之與領軍將軍曹仲宗聯合進攻北魏渦陽（今安徽蒙城）。北魏派遣征南將軍元昭率數萬步騎來救，陳慶之趁魏軍立足未穩之時，僅率兩百騎兵擊破其前鋒。雙方力量畢竟懸殊，相互僵持

一年。北魏還在梁軍的後方築起十三座營壘，形成夾擊之勢。曹仲宗打算撤軍，陳慶之在營門口堵住部隊，堅決制止，要置之死地而後生。隨後，他率精銳部隊夜襲北魏自以為堅不可摧的十三道營壘，大獲全勝。

西元五二七年，陳慶之帶領七千人馬護送元顥回洛陽稱帝。以區區七千人攻打擁兵百萬的北魏國都洛陽，簡直就是白日作夢。沒想到，陳慶之不但做了夢，還做了一場石破天驚的美夢。

克滎城（今河南商丘東）、下睢陽（今河南商丘）、奪考城（今河南民權東北）……一路之上，陳慶之率領部隊摧枯拉朽，勢不可擋，很快就逼近了洛陽。

在洛陽，陳慶之遇到了平生最強大的對手北魏名將爾朱榮。

爾朱榮是山西人，是當時著名的部落貴族，在北魏享有絕對權威。他集結了二十萬大軍，在洛陽城東的滎陽（今河南滎陽）對陳慶之的部隊進行合圍。在包圍圈剛剛合攏還沒形成戰鬥力的時候，陳慶之發表戰前動員演說，然後親自擂鼓，瞬間發起衝鋒。史載：一通鼓未盡，陳慶之的先頭部隊已經攻克了滎陽城。緊接著，陳慶之率領三千騎兵前來決戰。兵力如此懸殊的雙方，魏軍龐大的主力部隊卻幾乎被陳慶之的部隊全殲。意猶未盡的陳慶之捎帶著還奪取了虎牢關，將爾朱榮打得大敗而逃。

陳慶之以這樣的功績延續著自己的神奇：在向洛陽進發的十四個月內，經歷了大小四十七戰，攻克城池三十二座，皆以少勝多。

小知識

　　陳慶之和部下皆穿白袍，衝鋒陷陣，所向披靡，殺敵無數。在當時的洛陽城中流傳著一首童謠：「名師大將莫自牢，千兵萬馬避白袍。」也就是說，別管你多厲害，有多少人，碰上陳慶之最好繞開走。

把話說到心裡

狄仁傑機智勸諫

　　狄仁傑，山西太原人，生在一個普通官僚地主家庭。他的前半生較為平淡；做為政治家，他後半生的活動，才逐漸具有重大意義。

　　唐高宗儀鳳元年（西元六七六年），也就是在狄仁傑四十七歲時，被任命為大理丞，他用一年左右的時間，審判的積案、疑案、冤案、錯案涉及一萬七千人，沒有一人再上訴伸冤，處事公正可見一斑。

　　從此，狄仁傑聲名遠揚，得到了「神探」的讚譽。

　　這個「神探」不僅判案的本事強，而且剛正不阿，執法嚴明，有時為了維護法律制度，甚至勇於犯顏直諫。當然僅靠勇氣是達不到進諫目的的，必須要有智慧。

　　有一次，武衛大將軍權善才和左監門中郎將范懷義因誤砍伐了昭陵的柏樹，被大理寺抓起來。狄仁傑認為，兩位將軍實屬犯了罪，不

狄仁傑。

該砍皇家陵墓的柏樹，按照國家的法律來審判，只需免去這兩個人的官職即可。

可是高宗特別崇敬自己的父親，當即下令將二人處死。狄仁傑上奏說：「兩位將軍所犯下的罪行，不足以被處死，請皇上收回成命！」

高宗不悅，臉上頓時露出怒色說：「權善才、范懷義砍掉了皇家陵墓的柏樹，無論是故意與否，都不應該，如果不殺了他們，我就會落下不孝的罵名，這二人必死！」說罷，命令狄仁傑出去。

狄仁傑認為，既然國家有律法，就必須依法辦事，皇上不能因權力大就可以逾越於法律之上，這樣會大失民心。他機智地辯解說：「即使冒犯皇上，臣也要盡臣的職責，說出真實的想法。雖說自古以來人們都認為逆龍顏、忤人主是一件很困難的事，臣卻認為，這取決於生在什麼時期。如果是在夏桀、商紂時期，遇上那樣的暴君，說不定還會引來殺身之禍，但如果是在堯、舜時期就不同了。現在依照法律不該處死的人，被陛下處以死刑，您讓您的子民如何去遵守法律呢？漢朝張釋之曾對文帝說過：『假如有人盜走高祖長陵上的一抔土，陛下如何處分他？』現在，陛下因兩位將軍誤砍了一棵柏樹，您就要治他們死罪，那麼後代將如何評論陛下呢？如果現在因為我的懦弱，執行陛下的命令將兩位將軍處死，一定會將陛下陷入無道的境地啊！」

高宗漸漸消去了心中的怒氣，權善才、范懷義被除去官職，流放嶺南。

幾天以後，朝廷就提升狄仁傑為侍御史。

武則天掌管朝政時，狄仁傑的才幹與名望，逐漸得到她的讚賞和信

任，被任命為宰相。他身居要職，謹慎自持，從嚴律己，盡心竭力，提出了很多有益於社會和國家的建議或措施。

聖曆元年（西元六九八年），武三思多次派人遊說太后，希望立自己為太子。武則天對此猶豫不決。狄仁傑看出了武則天的心思，就冒著犯顏殺頭的危險勸說武則天要順應民心，還政於盧陵王李顯。

當時，大臣李昭德等人曾勸說武則天立四子李旦為嗣，沒有被接受。狄仁傑知道立李顯為嗣，武則天依然會猶豫，就從母子親情的角度從容地勸說她：「請陛下想一想，武三思是您的姪子，盧陵王是你的兒子，姑姪與母子相比，哪個更親？如果立自己的兒子為嗣，百年以後，您仍然能夠以太后的尊位享受太廟的香火；如果您立武姓為嗣，臣下從來也沒有聽說過姪兒會把姑母的神位送到宗廟拜祭的。」

武則天聽後恍然大悟，立刻拋棄了自己留戀娘家人的那種感情，接受了狄仁傑的勸諫。

聖曆三年（西元七〇〇年），狄仁傑病故，武則天傷心痛哭說：「從此朝堂都空了！老天為什麼這麼早就奪走我的國老啊！」可見，武則天對狄仁傑的信任和倚重是所有臣子都望塵莫及的。

小知識

狄仁傑為官，正如老子所言「聖人無常心，以百姓心為心」，為了拯救無辜，勇於拂逆君主之意，始終保持體恤百姓、不畏權勢的本色，後人稱之為「唐室砥柱」。

一人勝過百萬兵

郭子儀單騎退敵

在安祿山範陽叛亂開始，僕固懷恩就和郭子儀、李光弼一起率部平叛，每逢作戰都是衝在最前面，尤其是在收復長安和洛陽的戰鬥中更是出生入死，屢建奇功。

依照慣例，朝廷平定叛亂後自然要對功臣大加封賞，然而，功勳卓著的僕固懷恩卻高興不起來。由於皇帝的猜疑，郭子儀、李光弼先後被明升暗降地被剝奪了兵權，猛將來瑱也因為得罪了宦官被貶賜死。他隱約感覺到，兔死狗烹的命運很快就會降臨到自己的頭上。

果不出所料，很快就有宦官向朝廷誣告僕固懷恩與回紇勾結，企圖不軌。

出生入死不但沒有功勞，還要賠上腦袋，這樣的混帳朝廷還忠於它做什麼？索性反了吧！僕固懷恩謊稱郭子儀被宦官魚朝恩謀害，秘密聯合回紇和吐蕃一起反唐。

廣德二年（西元七六四年）十月，僕固懷恩帶領吐蕃、回紇、黨項數十萬部眾南下，直逼長安。

唐代宗李豫頓時慌了手腳，急忙召見郭子儀，商議對敵之計。

郭子儀是大唐名將，關內副元帥，當時正在涇陽駐守，手下並沒有

多少兵馬。他對李豫說：「僕固懷恩以前是我的部下，雖說是員猛將，但對部下缺少恩義，並沒有多少人為他賣命。他們之所以前來進犯，是因為思歸故里的緣故。如今敵軍深入內地，速戰速決對他們有利，只要我們堅守壁壘不出戰，時間一長，他們就會因為後勤補給困難而受挫。」

果然，僕固懷恩不戰而退。

永泰元年（西元七六五年）八月，僕固懷恩不甘心失敗，又聚集了吐蕃、回紇和吐谷渾（中國古代民族名）的三十餘萬兵馬再次進犯長安。

沒想到半路上，僕固懷恩得了急病，突然死了。他的部將率軍到了長安北面的涇陽，為了爭奪領導權，起了內訌，結果誰也瞧不起誰，各自安營紮營。

涇陽的守將依然是郭子儀，他命令部將四面堅守，自己親率騎兵偵察敵情。當探知敵人分營紮寨時，郭子儀心中立刻有了主意，他派自己的得力牙將李光瓚前去回紇大營遊說。

李光瓚對回紇的首領藥葛羅說：「回紇跟大唐的關係一直都很好，郭令公希望你站在我們這一邊，一起對付吐蕃軍隊。」

郭子儀。

藥葛羅聽說他是郭子儀派來的，大吃一驚，急忙問道：「郭令公還活著嗎？僕固懷恩說天可汗（指唐朝皇帝）已經拋棄四海，郭令公也已離世，中國無主，我們才隨同他來的。如果他老人家健在，我們倒要見一見。」

李光瓚返回，將藥葛羅想要見面的消息告訴了郭子儀。郭子儀深知，只有爭取回紇和唐軍聯合，重點打擊吐蕃，才能取得勝利，如果錯過這個機會，京城的安危很難得到保障。為此，他決定獨自前往回紇兵營。

將士們都不放心，打算派五百名士兵保衛他。

郭子儀擺擺手說：「這樣做，回紇人會懷疑我要帶兵襲擊他們，反而有害。」

動身的時候，郭子儀的兒子跑來攔住馬，哭著勸父親說：「回紇人像虎狼一樣兇狠，您身為國家元帥，怎麼能如此冒險呢？千萬不能去送死！」

郭子儀平靜地說：「今天如果交戰，不僅我們父子性命難保，國家也會陷於危難之中。我誠心誠意去商談，或許會有轉機，萬一不成功，也算是為國盡忠了。」

兒子還是拉住他的馬不放。

郭子儀生氣了，揚起馬鞭朝兒子的手抽了下去，大聲喝道：「走開！」說完，他只帶了幾個隨從就出營了。

藥葛羅見唐朝來人了，怕他們用計，立刻叫部下擺開陣勢，自己也搭弓上箭，進行警戒。

為了表示自己誠心講和，郭子儀摘盔脫甲，放下刀槍，從容地來到

回紇的軍營前。

回紇各部落酋長你看看我，我看看你，異口同聲地說：「真的是郭令公！」全都翻身下馬，跪在了郭子儀的面前。

郭子儀在回紇人中享有極高的威信，他曾經兩次和回紇聯手收復叛軍佔領的長安和洛陽，與他們可以說是有過並肩戰鬥的情誼。回紇人一向稱他為郭令公，表示對他的尊敬。

藥葛羅見郭子儀走到面前，趕忙迎接，說道：「老令公，我們受騙了，僕固懷恩說您在陣前喪命，朝廷亂成一團，我們才敢前來的！」

聽完藥葛羅的話，郭子儀拉著他的手，用略帶責備的口吻說：「我們皇帝陛下待回紇不薄，你為什麼要違背盟約，和朝廷作對呢？」

一番話說得藥葛羅低下了頭。

郭子儀見他不吭氣，又慢慢說道：「假如你肯幫助唐軍打退吐蕃，我們就把吐蕃搶去的東西全部送給回紇。」

沒有永遠的朋友，只有永恆的利益。

藥葛羅是回紇王的弟弟，有權決定軍中一切大事，他聽到有好處可得，立刻說：「多謝老令公開導，我願幫助唐朝打退吐蕃，立功贖罪！」

郭子儀回營後，立刻派遣朔方兵馬使白元光與回紇會師。吐蕃得知了這個消息，當天夜裡就撤兵了。唐軍和回紇軍在後面窮追不捨，在靈武臺西原大破吐蕃，斬殺五萬人，生擒上萬人，奪回他們所虜掠的士女四千人，繳獲的牛、羊、駝、馬，三百里內接連不斷。

❖ 小知識 ❖

郭子儀第六子叫郭曖，唐代宗時駙馬，娶昇平公主。

大曆二年（西元七六七年），郭曖與昇平公主吵架。郭曖説：「皇帝有什麼了不起，我父親只是不想做天子！」把公主罵回皇宮，唐代宗安慰昇平公主，叫她回家去。郭子儀知道後，氣得把郭曖囚禁起來，等待皇帝治罪。

唐代宗安慰郭子儀説：「俗話説『不癡不聾，不作家翁』，小倆口在私房裡吵嘴，我們當親家的，怎能當真呢？」請罪回家後，郭子儀痛打亂説話的郭曖一頓。這個故事即為京劇《醉打金枝》的原型。

白衣山人

李泌的入世與出世

李泌是中唐最具魅力指數的「明星職業經理人」。

他的一生充滿了奇蹟，經歷了四次政治下野和五次離開京城，且常常能在兇險的官場中全身而退。更厲害的是，別人是爭破頭想當官，他卻是倒過來讓四個皇帝哭著喊著求自己做官。

開元十六年（西元七二八年），京城長安舉行了一次「全國神童選拔賽」，一個叫員俶的九歲孩子舌戰群童，擊敗了所有的對手。唐玄宗非常高興，將員俶叫到身邊問：「還有比你更聰明的孩子嗎？」言外之意是誇獎員俶聰明，無人能及。不料，員俶卻給出了答案：「我的表弟李泌才學比我高多了！」這一年，李泌七歲。

唐玄宗把李泌召來，一番考察之後，大為滿意，從此對他喜愛有加。

李泌長大後，被委任待詔翰林，到東宮做太子李亨的屬官。李亨和他相見恨晚，彼此很合得來，稱他為先生。當時，楊國忠當政，李泌寫了一首詩，其中有「青青東門柳，歲宴復憔悴」之句。楊國忠認為「柳」是暗合「楊」，李泌是在諷刺他身居相位而不得人心，就加了一頂諷刺時政的帽子，把他貶了出去。

李泌不在乎遭貶，躲進深山，當了隱士。

塞翁失馬，焉知非福，李泌躲進深山的同時，也躲過了天寶年間朝廷中的政治風險。安史之亂爆發，唐肅宗李亨在靈武即位，他立即派人召來了李泌，將其視為智囊，並請他出任宰相，但遭到了李泌的拒絕，理由是，做天子的賓友貴於做宰相。外出的時候，李泌經常陪著肅宗一起坐車。大家都知道車上穿黃袍的是皇帝，旁邊穿白衣的，便是山人李泌。

李泌極有戰略眼光，針對叛軍已佔據範陽、長安、洛陽的戰局，提出了一套運動戰與游擊戰相結合的北伐方案：命李光弼從太原出井陘，郭子儀從馮翊入河東，將叛軍的史思明部和安守忠部圍困在範陽和長安，並以此孤立洛陽的安祿山。然後各路大軍進行合擊，必勝無疑。遺憾的是，肅宗沒能採納。

儘管大敵當前，唐王朝的流亡政府內部還是充滿了傾軋，面對宰相崔圓與李輔國的磨刀霍霍，李泌再次離開朝堂，做了閒雲野鶴。

唐代宗李豫繼位後，打算重新啟用李泌，準備讓他擔任門下侍郎、同平章事的職務。李泌以自己已經出家為由，不肯接受。代宗命李泌還俗，給他娶了盧氏的女兒為妻，並賞賜了一所住宅，每逢遇到政務繁忙的時候還讓他住在大明宮裡。

當了俗人的李泌，和官場還是不融洽，宰相元載藉口他有才，將他放了外任。元載被誅後，轉了幾個地方的李泌，被召回了京，可是沒過多久，繼任的宰相常袞如法炮製，又將他趕出了京城。

唐德宗繼位後，面對藩鎮割據的爛攤子一籌莫展，就把李泌召回京城為自己排憂解難。

此時的李泌，已完全放棄了學神仙，放棄了做隱士，成了一個標準的官員，開始紮紮實實地做實事。

他單騎入陝州，以政治攻勢說服叛亂的達奚抱暉自選去處，使陝州重新回到了中央政府的控制之中。接著，他用伏兵計成功平定淮西軍叛亂。

貞元三年（西元七八七年），李泌被拜為宰相，他並沒有推詞就上任了。

李泌畫像。

這一年，唐王朝的宮廷裡發生了一起「桃色事件」：唐肅宗的女兒郜國公主私生活很不檢點，先後與彭州司馬李萬、蜀州別駕蕭鼎、澧陽令韋恬、太子詹事李昇等人私通。

緋聞傳出後，讓唐德宗顏面盡失，立刻命人把這位「皇室潘金蓮」囚禁在宮中。這還沒完，他居然遷怒於太子李誦，認為郜國公主以通姦為名，其實是在為太子李誦，也就是她的女婿結交黨羽。岳母的過錯要女婿扛，看來是有意想廢掉太子。事關承繼大統，李泌怎能置身事外，他不顧全家安危與唐德宗爭執達數十次之多，最終說服唐德宗放過了無辜的太子，避免了一場災難。

兩年之後，李泌走完了他傳奇的一生，終年六十八歲。

小知識

司馬光對李泌評價很高，《資治通鑑》多從《鄴侯家傳》錄其事蹟，但對其深信神怪感到不可思議。

大唐的「格林斯潘」

劉晏理財常以養民為先

劉晏，晚唐時期著名的「理財專家」。

他自幼天資聰慧，七歲時就被舉為神童，八歲時被唐玄宗封為秘書省太子正字，成了當時最年輕的「國家公務員」。在十歲那年，唐玄宗對他說：「正字，正得幾字？」劉晏回答：「天下字皆正，唯有朋字未有正得。」此話一語雙關，既說出了「朋」字的字形結構，又針砭了當

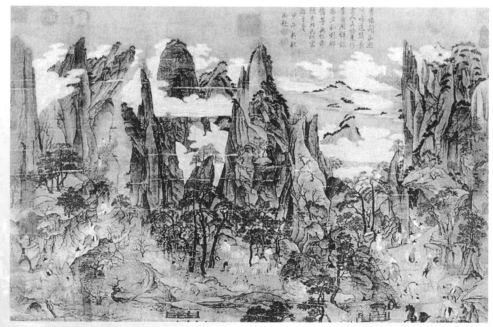

《明皇幸蜀圖》，描繪了安史之亂發生後，唐玄宗到蜀地避難的情景。

時朋黨勾結的時弊，讓唐玄宗大為讚賞。

歷史上並不缺「神童」，可是很多「神童」在長大後都因為種種原因成了「方仲永」，泯然眾人矣。然而，劉晏成年後卻依舊延續著自己的神奇，做出的成績足以光耀千古。

當時，長達八年的安史之亂不僅葬送了唐王朝的黃金盛世，還徹底摧毀了國家的經濟。據記載，安史之亂前每斗米只賣十三文，到安史之亂後，飆升到了每斗一千文。由於長年戰亂以及稅收管理不善，國庫裡一貧如洗，甚至連皇宮警衛隊也一度因為吃不飽肚子而謀劃造反。

「理財專家」劉晏接手的就是這樣一個「爛攤子」。

他擔任宰相後，主抓經濟，根據各地的不同情況，做出不同的指示。例如，某地糧食豐收，當地政府就高價收購多餘的糧食，以備災年之需；某地糧食減產，政府就減免若干稅收，並開倉賑濟災民。這一政策，把可能出現的災情扼殺在了萌芽狀態，讓百姓有了最基本的衣食保障。於是「戶口滋多，賦稅自廣」，隨著「納稅人」不斷增加，政府的收入也就越來越多。

鹽是生活必需品，改革鹽政自然成了劉晏經濟工作中的「重頭戲」。他首先削減了當時臃腫的鹽務機構，把運輸和銷售環節交給商人來做，官府只負責收購。除此之外，他還統一徵收鹽稅，為防止鹽商哄抬價格，在全國各地設立常平鹽倉，用來調控市價。這樣一來，政府徵收的鹽稅，從每年的六十萬緡增加到了六百萬緡，幾乎佔全國財政收入的一半。

劉晏善於用人，他讓一些重視自己的清名的官員擔任出納和查帳等關鍵性工作，並培養出一大批資深的理財專家。對於那些好利的吏人，

則讓他們負責具體的操作，不給他們貪污的機會。

　　除了專業知識過硬和善於用人，劉晏的成功還在於他勤奮的品格。不論大事小事、急事緩事，他都要求必須在一天之內辦完。用現在的話來說，就是今日事今日畢。

　　然而，劉晏這個對大唐勞苦功高的「理財專家」，最後卻被冤枉致死。

　　西元七七九年，奸相元載的餘黨楊炎被提拔為宰相。他發現劉晏曾參與過誅殺元載的行動，便命令自己的爪牙在朝廷內外散佈流言，說劉晏曾經參與廢太子的陰謀。

　　流言止於智者，但是當時的皇帝唐德宗卻是一個性情暴躁的蠢貨，他輕信了謠言，於西元七八〇年七月賜劉晏自盡，一代「理財專家」就這樣含冤而死了。

小知識

　　劉晏死後，其影響力仍在，《舊唐書・劉晏傳》説：「晏沒後二十餘年，韓洄、元秀、裴腆、包佶、盧征、李衡，繼掌財賦，皆晏故吏。其部吏居數千里之外，奉教令如在目前。」

太監裡也有諸葛亮

張承業「吝嗇」治國

在中國五代十國時期，出現了一位好太監，此人不但忠心耿耿，而且智慧過人，位列賢臣的隊伍裡，堪比諸葛亮。

這個太監叫張承業。

張承業字繼元，本姓康，後來被內常侍張泰收為養子，就改成了張承業這個名字。

晉王李克用非常賞識他的才智，就把他留在了自己的身邊。

朱溫稱帝前夕，為了杜絕朝中宦官專權的現象發生，對宦官大開殺戒，以除後患。同時，他還假借唐昭宗的名義命令地方節度使將轄區內的所有宦官剷除。李克用在接到詔書後，為了保住張承業的性命，將他藏在一座寺院裡，然後用一位死囚冒充他來處死。

在後來李克用和朱溫多年爭戰中，張承業憑藉自己的智謀，處理內政外務，使後唐最終得以建立。

在李克用與朱溫爭奪潞州的戰爭

朱溫。

189

中，張承業被派到鳳翔去搬救兵。他途經黃河，這時正是早春時期，河面上漂滿浮冰，船隻幾乎不能渡過。

張承業在夜裡向河神祈禱，第二天浮冰全部融化，他剛渡過河，河面又結起了冰。

儘管張承業這次十分努力，但仍然沒有討到救兵，當他回到太原時，李克用已經病入膏肓，臨死前將後事託付給他：「我兒李存勗還年輕，沒有多少經驗，眾位大臣強橫難以管制，以後就靠你來照顧他了。」

這簡直就是三國劉備向諸葛亮托孤的「翻版」。

李克用死後，守兵在外的大將周德威沒有回來奔喪，群臣對此議論紛紛。李存勗雖然作戰勇猛，但處理朝政還是個「菜鳥」，他哭哭啼啼大肆舉辦喪事。張承業向他建議說：「守孝不應該荒廢大業，現在先王剛死，外敵無不窺伺你的王位，甚至還會趁虛而入，只有一邊服喪一邊臨政，穩固基業才是真正的大孝。」

當時的形勢是，外有後梁緊逼，內有家族紛爭。李存勗的叔叔李克寧和其他一些舊將都不服李存勗，有時不行禮，有時裝病不出。李克寧在妻子和心腹李存顥的挑撥下，決定圖謀叛亂。他們設下一個陰謀，李存顥負責謀害張承業和李存璋，然後將李存勗和曹太夫人送往後梁做人質。幸好這一系列計畫被李存勗的近臣史敬熔得知，提前通風報信。

張承業緊急召集李存璋、李存敬和朱守殷等人，告訴了他們李克寧的叛國陰謀，眾人商議完畢便尋機伏兵誅殺了李克寧等人，保住了李存勗的地位。

做為首功之臣的張承業，受到了李存勗的異常尊敬，不僅稱他為「七

哥」，時常來看望，而且還跪拜他的母親。

　　一次，李存勖曾向管理錢庫的張承業要錢去賭博或賞賜給伶人，張承業不肯支付。李存勖無可奈何，在錢庫裡擺上酒席，讓兒子為張承業表演舞蹈，以便賺取錢帛。誰知張承業還是不給分文，只用自己的薪俸買了一條寶帶和一匹駿馬送給他兒子。他說：「庫裡的金錢，是大王用來養兵士用的，我不敢用公家的東西當作人情。」

　　李存勖見他不給一點面子，不禁惱羞成怒，藉著幾分酒意，回頭向侍從索取佩劍。張承業見狀，拉住李存勖的衣角，流著淚說：「我受先王托孤之命，發誓誅殺梁賊，今天為節省國庫財物而死，死也無愧於先王了！」在眾人的勸解下，李存勖放過了張承業。

　　第二天，李存勖酒醒後，為自己的魯莽之舉而愧疚，在太后的帶領下親自到張承業家道歉。

　　在李存勖將軍事基地從山西轉移到河北後，就把太原全權交給張承業一人治理。張承業將後方打理得井然有序，為後唐的建立打下了堅實的基礎。

小知識

　　張承業忠於唐朝，在聽到李存勖想稱帝的時候，他顧不得身體有病，讓人抬著自己到魏州去勸說李存勖。但是李存勖根本聽不下去，最後張承業絕望地說了最後一句話：「諸侯血戰是為李唐王朝，現在我王自取之，誤老奴矣！」然後失魂落魄般回到晉陽，憂鬱成疾，不久病死。

政壇「不倒翁」是如何練成的

馮道的為官之道

唐末五代時期的亂世之中，有一個「政壇不倒翁」，一直以來都被後人毀譽參半，他就是馮道。

馮道的做官履歷大致是這樣的：在唐末軍閥割據時期，他投奔幽州節度使劉守光，被任命為參軍，開始了為官生涯。劉守光被河東節度使李克用殺死後，他改投河東監軍張承業當巡官，後來被張承業介紹給了李克用，出任節度府掌書記。

李克用的兒子李存勗建立了後唐，馮道被任命為翰林學士，專門為李存勗草擬機要文書。後來，李克用的養子李嗣源發動叛亂，馮道就拋棄李存勗而奉迎李嗣源，因「勸進」有功拜為宰相。石敬唐消滅後唐建立後晉，馮道又成了後晉的宰相。契丹滅了後晉，馮道轉而投靠契丹，被封為太傅。劉知遠打敗契丹，建立了後漢，馮道被拜為太師。到了後周時，馮道仍為太師，直到周世宗時才貶為山陵使。

粗略算起來，馮道歷經七度王朝更迭，主人（皇帝）或被殺、或被廢，先後換了十四個，但他卻始終官運亨通，紅得發紫，這在中國歷史上實在是絕無僅有的。

馮道，字可道，出生在一個耕讀之家。他性格純厚，善寫文章，不以穿破衣服、吃粗食為恥。

　　此前，馮道在離家鄉較近的幽州做小吏。幽州軍閥劉守光以兇殘聞名，要攻打易、定二州，馮道進行勸阻，結果惹怒了劉守光，差一點被殺。

　　他在李克用手下做節度府掌書記時，中門使郭崇韜向李克用的長子李存勖進言，說軍中每次宴請，陪食的人太多了，請減去一些人員。李存勖大怒道：「我招待這些為國家效死戰場的將士們吃幾頓飯都不行嗎？」說完，就要公告軍中，處罰郭崇韜。

　　馮道求情說：「大王才平定河南，郭中使所請也不是什麼大過錯，何必要讓天下人知道大王與將帥不和呢？」這場風波就此消弭。

　　馮道為人刻苦儉約。在晉梁交戰前線，他在軍中只搭一茅屋，室內不設床席，睡覺僅用一捆稻草。他因父喪丁憂期間，遇到饑荒，就盡自己所有用來救濟鄉里，還親自種田背柴。

　　後唐明帝李嗣源向來知道馮道的聲名，即帝位後拜他為宰相。馮道為相後，引薦任用了很多有才識的孤寒士子，不僅如此他還心憂天下蒼生。

　　一天，明宗問臣下年景如何，臣下們大多說了些粉飾太平的話，但馮道卻給明宗講了一個故事。他說：「我當年途經井陘，因為早就聽說這個地方很難走，就十分小心，沒有摔倒。沒想到到了平地，卻差點摔死。我的事雖小，卻可以用來比喻大的事情，望陛下不要以為五穀豐登、河清海晏就可以高枕無憂了，治國應該兢兢業業，如履薄冰才行啊！」

　　還有一次，明宗問馮道：「天下百姓的日子怎麼樣？」

　　馮道趁機進言說：「唐朝有一位叫聶夷中的詩人，寫了一首《傷田詩》：『二月賣新絲，五月糶秋穀，醫得眼前瘡，剜卻心頭肉。我願帝

王心，化作光明燭，不照綺羅宴，偏照逃亡屋』。」以此來規勸明宗要愛惜民力。明宗聽後，連說好詩，命人抄錄，經常誦習。

從馮道一生的政治經歷來看，他的為官之道就是「臨難不赴，遇事依違兩可，無所操決，唯以圓滑應付為能事。」翻譯成白話就是，遇到不好辦的事情，盡可能躲得遠遠的，不出頭；如果躲不過了，就要多請示，領導指東，絕不向西，如此則官運亨通。用一個字來形容，就是「滑」。如此察言觀色，維持了馮道永遠跟定最有實力的當權者。

由於馮道身歷四朝，跟了十個皇帝，一些封建士大夫就指責他無節操、不要臉。

時代發展到今天，評價馮道必須聯繫當時的歷史條件進行具體分析。馮道所處的五代時期是一個「城頭變幻大王旗」、武人專橫爭霸的時代，皇帝像走馬燈一樣換來換去。在一個比一個殘暴昏庸的皇帝中，馮道要選擇哪一個做為「忠」的對象呢？如果用極端道德化的斷言將馮道「恥辱地釘在歷史的十字架上」，就好比用簡單的黑白二色來定義這個世界，既失真，又無趣。

小知識

晚年的馮道寫了一篇《長樂老自敘》，屬於回憶錄性質，文中將他歷代當過的官職一一列舉並引以為榮。他的另一著作《榮枯鑑》，曾國藩對之的評論是「道盡小人之秘技，人生之榮枯」的一部官場秘笈，並稱此書「使小人汗顏，君子驚悚，實乃兩千年不二之異書也」。

第三篇

女人是天生的政治動物

中國歷史上第一個
掌權治政的女人
秦宣太后羋八子的多面人生

秦昭王四十二年（西元前二六五年），大秦帝國的實際主宰者宣太后病倒了，此時距她離開政治舞臺只有一年多的時間。

這位七十多歲的女人躺在病床上，自知時日不多，傳下命令：「為我葬，必以魏子為殉。」翻譯成白話就是，將來安葬我的時候，一定要讓魏公子殉葬。

魏公子名叫魏醜夫，是宣太后的諸多情人之一。

這個公開讓情人陪葬的宣太后，是有史記載的第一位稱得上政治家的女人，第一位長期掌握國家大權的女人，第一位被稱為太后的人，當然也是第一位掌政的太后，但這些都還只是表象，最令人驚嘆的，還是她神奇的人生經歷。

關於宣太后的個人資料史載不多，姓羋，來自楚國王室，豆蔻年華嫁往異域，成了秦惠文王的妃子。

在老公活著的時候，宣太后地位並不高，僅僅被封為「八子」，但是很得寵，一口氣生下了三個兒子。這讓惠文后醋勁大發，想盡辦法來收拾羋八子。惠文王死後，惠文后便與剛上位的兒子秦武王合謀，把羋

八子的兒子嬴稷送到燕國去當人質。

沒想到秦武王在位僅僅三年就死掉了，而且死得非常搞笑，和一個叫孟說的大力士在一次舉鼎遊戲中被壓傷，當晚就一命嗚呼了。

母以子貴，惠文后沒了靠山，今後的人生陡生變數。相反，羋八子卻否極泰來，在魏冉和趙武靈王的支持下，立兒子嬴稷為新一代秦王，是為秦昭襄王，而她則開始了「垂簾聽政」的政治生涯。

死對頭惠文后自然不甘心失敗，她與武王后合謀擁立武王的弟弟公子壯為王，公然反叛，史稱「季君之亂」。三年內鬥，笑到最後的是宣太后，除了武王后被趕回娘家魏國，惠文后一干人等包括惠文王其他兒子們，全都人頭落地。

為了鞏固兒子的王位，宣太后採取聯姻的方式，迎娶楚國的公主為王后，同時將秦女嫁到了楚國。與此同時，她開始任用自己的娘家人為官，尤其是重用自己同母異父的弟弟魏冉。

無論是宣太后當年助子登位，還是日後掌控權柄，魏冉都是宣太后最得力的助手。他也確實了得，文武全才，堪稱大秦歷史上最傑出的軍事家、政治家之一。武安侯白起，就是他發掘出的「人才」，這位降世的殺星，幾乎屠盡了趙國的男人。

昭襄王初年，義渠王前來朝見，宣太后施展美人計，與其公開相好了三十年，還生了兩個兒子。其實，情場老手只是她的一個表象，老辣的政治家才是她的真正本性。西元前二七二年，宣太后在甘泉宮一舉誘殺了義渠王，據說連帶著還有兩人的兒子，之後發兵滅了義渠國，穩固了秦國的後方。

在對其他諸侯國的戰爭中，宣太后也沒有打過什麼敗仗，魏國河東（今山西南部）、楚國鄢郢（今河南南陽，湖北江陵）的大片土地，毫不費力地劃進了秦國的版圖。

做為政治家，宣太后是成功的，但是做為女人，她的私生活卻是極為放蕩。在眾多情人中，包括自己的弟弟魏冉，行將就木時，還差一點把自己的一個小情人活活地帶到墳墓中。

她曾經有一段高談闊論，至今讀來仍讓人瞠目結舌。

當時，楚軍包圍了韓國雍氏城長達五個月。韓襄王使者向秦國求救。當時攝政的宣太后對使者尚靳說了一段很有名的話：「妾事先王也，先王以其髀加妾之身，妾困不疲也；盡置其身妾之上，而弗重也，何也？以其少有利焉。今佐韓，兵不眾，糧不多，則不足以救韓。夫救韓之危，日費千金，獨不可使妾少有利焉。」

這段話翻譯過來是這樣的：「我服侍惠王時，惠王把大腿壓在我身上，我感到疲倦不能支撐；他把整個身子都壓在我身上時，而我卻不感覺重，這是為什麼呢？因為這樣對我來說比較舒服。秦國幫助韓國，如果兵力不足，糧食不多，就無法解救韓國。解救韓國的危難，每天要耗費數以千計的銀兩，難道不能讓我得到一點好處嗎？」

那個時代，社會風氣比較開放，女人受的束縛也很少（直到明朝都還好，滿清後才完全變了樣），可是以太后之尊，在國與國的外交場合，能說出這樣的話，還是令人嘆為觀止的。

沒有母親，自己當不上王，但有了母親，這個王當得十分窩囊。從弱冠少年一直熬白了頭，昭襄王在五十多歲時才聽從范雎的建議，把老

媽和舅舅趕下臺、親了政。幸好他長壽（老媽也是），又做了十五年，不然這輩子也太虧了。

　　宣太后在發生政變的一年後就去世了，昭襄王極其隆重地厚葬了她，據說秦始皇的兵馬俑其實是給她的陵墓陪葬的。

小知識

　　秦國後宮分八級：皇后、夫人、美人、良人、八子、七子、長使、少使。後來漢朝也沿用了這套制度，並把「八子」等同於男性官員中的「中更」一級，比五大夫還高兩級，等於侯爵。

女人中的最強者

最惡毒的「毒婦」呂后

呂后，原名呂雉，字娥姁，是中國歷史上有記載的第一位皇后、皇太后和太皇太后。

呂后稱得上是一個成功的政治家，但至今人們提起她的名字，最先想到的卻是她的狠毒。

當初，劉邦在垓下之戰中打敗項羽，當上了皇帝，做為正妻的呂后順理成章地成了皇后。劉邦貴為天子，富有四海，身邊自然不乏紅粉佳人。當自己親生的兒子皇位繼承權遭到威脅時，呂后便感到如坐針氈，日夜不安。

這個情敵加政敵的人就是戚夫人，她是劉邦最寵愛的女人，擁有「小三」的標準配置：年輕美貌、嬌嗲善媚，並且多才多藝，擅長楚歌和楚舞。這個女人可不是什麼省油的燈，一門心思想讓自己的兒子劉如意繼承皇位。呂后的兒子劉盈天性懦弱，原本就不討父親的喜歡，加上戚夫人的「枕邊風」，劉邦便有了廢掉劉盈另立劉如意來繼承大統的想法。

為了鞏固兒子的太子地位，呂后求計於張良。經過張良的穿針引線，請來了劉邦都沒能請到的「商山四皓」東園公唐秉、夏黃公崔廣、綺里季吳實、甪里先生周術。

一天，劉邦與太子一起飲宴，他見太子背後有四位白髮蒼蒼的老人，問後才知是「商山四皓」。四皓上前謝罪道：「以前是因為陛下輕視士人，動輒訓斥責罵，臣等不願受辱，所以逃匿深山。如今聽聞太子仁孝，恭敬愛士，天下人莫不引頸願為太子效力，臣等才會前來。」劉邦見「商山四皓」都成了太子的賓客，認為太子羽翼已成，無法廢掉了。

呂后險中求勝，從此對戚夫人更為痛恨。

兒子的太子之位保住了，接下來呂后便開始樹立自己的權威。她先是命人將「初漢三傑」之一的韓信殺死在長樂鐘室，接著把大將彭越的屍體實施醢刑，也就是把人剁成肉餡，做成肉醬。這還不算，又把這肉醬分賜給各路諸侯品嚐。如此一來，群臣無不懾服。

高祖十二年，劉邦駕崩，劉盈登基，是為漢惠帝。由於劉盈生性仁慈柔弱，大權實際操縱在呂后的手上。

呂后命人把戚夫人抓來，剃去她烏黑的秀髮，給她穿上赤土染成紅色的囚衣，戴上冰冷的鐵枷，關在「永春巷」的特別監獄裡舂米。

戚夫人一邊舂米，一邊唱：「子為王，母為虜，終日舂薄暮，常與死為伍！相去三千里，當誰使告汝？」

戚夫人的這一段唱詞，不僅給自己帶來了災難，也給自己的兒子帶來了不幸。呂后聽到後，破口大罵：「賤人，還想指望你兒子來救妳，簡直是作夢，你們母子一起到陰曹地府團聚吧！」立刻遣使把趙王劉如意從邯鄲召進京內。

劉盈心慈手軟，不專於政治，更念及兄弟手足親情，處處袒護劉如意。他和弟弟形影不離，連睡覺都同席共枕，不給呂后下手的機會。

明槍易躲，暗箭難防。

西元前一九四年十二月，劉盈外出，心疼弟弟不願早起，就把劉如意留在宮中。劉盈一走，呂后趁此「良機」，命爪牙將其毒死。

緊接著，戚夫人也遭到了非人的折磨。她的雙手雙足被砍掉，眼睛被挖了出來，耳朵被燻聾，並且喝下啞藥，扔在廁所裡，稱為「人彘」（彘，豬）。當劉盈得知「人彘」就是戚夫人時，驚倒在地，放聲大哭，說：「這不是人做出來的事！」

從此，他整日借酒澆愁，不理朝政。

除掉戚夫人母子，呂后並未就此罷手，繼續將屠刀伸向劉邦的其他幾個兒子。

劉邦的長子劉肥是個私生子，被封為齊王，呂后一直視他為孽種。在劉肥進京朝見皇帝時，呂后暗中命人斟了兩杯毒酒，端到劉肥面前，讓他起身敬酒。不料劉盈也端過一杯，要和劉肥一起向呂雉敬酒。呂后大驚，急忙伸手打翻了劉盈手裡的酒杯。劉肥見太后這一舉動很反常，不敢喝下杯中酒，裝醉離席而去。後來，他聽取手下人的建議，把一郡之地獻給呂后的親生女兒魯元公主，才倖免於難。

劉友是劉邦的一個小老婆所生的，一開始被封為淮陽王，後來封為趙王。呂后將呂氏家族的女子強行嫁給劉友為王后，但不受劉友的寵愛。這個呂姓女子便跑到呂后面前誣陷自己的老公說：「趙王曾揚言，在太后百年之後，要把呂氏族人全部殺光。」呂後大怒，把劉友召到長安，命衛士圍困他的住所，不給他飯吃，結果劉友被活活餓死。

劉友死後，劉邦的另一個兒子梁王劉恢遷為趙王。呂雉按照老辦法，

硬把呂產的女兒嫁給劉恢為王后。這個王后不但獨攬王府大權，而且生性好妒，將老公寵愛的一個小妾用毒酒毒死。劉恢悲慟異常，心想，自己好歹還是個王，怎麼現在倒像個王八，一怒之下自殺了。

劉建也是劉邦的小老婆所生，被封為燕王。劉建雖然很早就死了，但他與妃妾所生的唯一的兒子卻沒能逃脫呂后的毒手。

劉邦作夢也想不到，他屍骨未寒，大老婆呂雉便鬧得天翻地覆，讓劉家江山差點改姓，他最寵愛的女人遭受前所未有的酷刑，與其他女人生的兒子有的被殺，有的自殺，連孫子也被宰掉一個。

不過，呂后雖然剛毅強悍，大權在握時為所欲為，但當她死去之後，劉氏家族悲劇很快在呂氏家族身上重演了。

小知識

呂后主政十五年，《史記》、《漢書》等正史皆以「本紀」體例記載她的生平。

黃老之學的忠實擁躉

好運氣的竇太后

在中國歷史上，曾有多位竇姓的皇后、太后，其中最為知名是西漢文帝的皇后、景帝的母親竇太后。

這個由民女到宮女，最後成為輔佐文、景、武三位帝王治理大漢江山的傑出女性，實在是一個運氣好的人。

漢初，朝廷到清河召募宮女，出身貧寒的竇氏應召入宮。

高祖劉邦駕崩後，呂后挑選了一些宮女賞賜給諸侯王，竇氏也在選中之列。由於家在清河，離趙國近，竇氏希望能到趙國去，就把自己積存的金銀細軟全都賄賂了主管派遣宮女的官員，希望能通融一下，把自己的名字放到去趙國的花名冊裡。誰知陰差陽錯，她的名字被誤放到去代國的花名冊裡了。

到了代國後，竇氏深得代王劉恆的喜歡，加上她賢淑守禮，為自己在代王宮裡贏得了好名聲。代王的母親薄太后，甚至連被排擠的代王后都對她印象很好。竇氏的肚子也很爭氣，為代王先後生下了二男一女：長子劉啟，次子劉武，長女劉嫖。

好運氣再次降臨。

劉恆的髮妻終究沒有當皇后的命，幾年後，患瘋病去世了。後宮不可一日無主，劉恆將竇氏立為王后。

　　但老天似乎不願意讓這個女人過平靜如水的生活，更大的榮華富貴還在等著她。

　　西元前一八○年八月一日，驕橫一世的呂后病死。長安城裡發生了流血政變，呂氏全族被屠滅，劉盈的兒子劉弘也被殺害。大漢皇帝的位置空懸，丞相陳平和太尉周勃等一干大臣討論來討論去，最後決定由代王劉恆來繼任皇位。

　　劉恆不知這突然的變故對他來說是福還是禍，帶著重重疑慮，來到長安，成了西漢王朝的第四位皇帝，史稱漢文帝。

　　一切安定之後，劉恆派人去接母親、妻子以及自己的兒女們。不料在途中發生了一件慘事，他與先前那位默默無聞的王后所生的四個兒子全都死了。不管這件過於蹊蹺的事情是陰謀還是天意，都關係著竇氏的前程。

　　喪子的噩耗傳來，劉恆傷心欲絕，說這都是做皇帝惹的禍，如果不做皇帝兒子就不會死，於是死也不做皇帝了。

　　母親薄太后對劉恆進行了一番苦勸，才打消了兒子放棄帝位的念頭。

　　為了讓劉恆安心做皇帝，大臣們三番兩次地上書要他早立太子。

　　立誰好呢？現在的兒子都是竇氏所生，想也不用想，太子之位輕而易舉地落在了她的大兒子劉啟身上。

　　母以子貴，兒子已經是太子，母親也就成為了大漢王朝的皇后。

　　母儀天下不久，一件不幸的事情發生在竇皇后身上，她的雙目失明了。好在她看得很開，該得的得到了，不該得的也得到了，人的一輩子不可能總是一帆風順。

　　西元前一五七年，漢文帝駕崩，景帝劉啟即位，皇后竇氏成了皇太

后，史稱竇太后。從這之後，竇太后開始了她左右朝政的生涯直到病逝。

竇太后喜歡黃老之學，景帝和竇姓宗族不得不讀《老子》，並推尊其學說。有一次，她召見博士轅固生，問他《老子》是一部什麼樣的書。轅固生不識時務，答道：「很平常的一部書，沒什麼高明之處。」

竇太后大怒道：「安得司空城旦書乎！」翻譯成白話就是，你說《老子》不好，是啊，它怎麼能比得上你們管制犯人似的儒家詩書呢？說完，命人把轅固關進豬圈跟野豬打架，如果轅固打敗了野豬，這事就當沒發生。在竇太后的思想中，儒生和豬的區別就在於，豬不能變成人，但是儒生隔三差五會變成豬的，因為他們都是豬腦子。

竇太后還有一個愛好就是攬權，儘管已經眼瞎多年，但對朝政的干預仍然興趣十足。景帝「削藩」她要過問，皇位傳承她也插手，並多次違制提出立小兒子梁王為儲。她十分討厭儒學，逼得趙綰、王臧喝毒酒自殺，衛綰詞職。漢武帝想征討閩越國她不贊成，扣押了調兵的虎符。可以說，在許多重大問題上，她與當朝皇帝幾乎全是在唱對臺戲。

從普通的宮女，到王妃，再到皇后、皇太后，竇氏取得了出乎自己也出乎所有人意料之外的成功。相較於別人的用盡心機，無所不用其極，她的經歷可能會令所有的後宮女人豔羨到嫉妒的程度。

小知識

竇太后是西漢最後一位擁護「黃老思想」的統治者，上承漢高祖偉業，下啟漢武帝雄風，在她的影響下，西漢王朝「以民生息」、「無為而治」，走向了強盛。

一切為了兒子

漢景帝皇后王的「美人心計」

西漢時期，燕王臧荼有一個孫女，名叫臧兒，嫁給槐里人王仲為妻，生了兒子王信和女兒王娡、王息姬。

王娡長大後，嫁給金王孫，生了女兒金俗。臧兒請算命的卜卦，卦詞說：「妳的兩個女兒，都貴不可言。」臧兒認為，要想貴不可言只有一種可能，就是攀上皇家，就要求女兒王娡與金王孫離婚。金王孫不同意，臧兒就把女兒從金家強行接回，送進太子宮，獻給太子劉啟。

王娡為劉啟生了三個女兒和一個兒子。三個女兒分別是平陽公主、南宮公主、隆慮公主，兒了就是日後雄才大略的漢武帝劉徹。據說懷劉徹的時候，王娡夢見天上的太陽投入到她的懷中。劉徹還沒降生，漢文帝就去世了，皇太子劉啟即位，即漢景帝。

都說女子再婚就貶值，可是看看王娡，再婚照樣能取得皇帝的歡心。不僅如此，她還深諳宮廷鬥爭的精髓。

西元前一五三年，景帝劉啟立栗姬生的庶長子劉榮為太子。同一天，王娡的兒子，四歲的劉徹被立為膠東王。

景帝的姐姐長公主劉嫖，此刻打起了新太子的主意，為女兒阿嬌向栗姬請求聯姻。栗姬對長公主一而再、再而三地給自己老公進獻美人的

行徑早就看不慣了，如今母憑子貴，再也不用看長公主的臉色了，便斷然拒絕。而此刻，後宮美人王娡發現有機可趁，便屈意迎合、百般討好長公主，為自己的兒子劉徹謀劃奪取太子寶座。

相傳有一天，長公主將劉徹叫到身邊，指著身邊的女官問他：「要是讓你娶她，你願意嗎？」

劉徹看了一眼女官，搖頭不迭。

「那她呢？」

長公主又指向遠處的侍女，劉徹還是搖頭。

指了幾個之後，劉徹都不願意。

長公主將手指向正在玩耍的阿嬌：「如果是她呢？」

劉徹兩眼放光，點頭道：「如果是阿嬌姐姐，我願意親手築金屋迎娶她。」

童稚的聲音讓長公主和他的生母王娡都笑了，長公主問王娡：「妳可願意和我做親家？」

王娡欣喜若狂，想都沒想就答應了兒子的婚事。憑她當時的地位能和長公主攀上親事，可是莫大的榮耀。

自從與王娡訂下兒女親事後，劉嫖便時常向劉啟誇獎王美人的兒子。而劉啟以前曾聽王娡說，她在懷孕時曾夢見日入腹中，也連帶覺得兒子劉徹比較好。與之相反，劉嫖在劉啟面前不停地說栗姬的壞話，說栗姬崇信邪術，日夜詛咒其他妃嬪，恐怕一旦成為皇后，呂后人彘的慘劇就會重演。

王娡也沒閒著，她指使幾個大臣到皇帝面前說，栗姬的兒子既然已

經立為太子，就要遵從「母以子貴」的原則，封栗姬為皇后。劉啟聽了大怒，加上長公主之前的舖墊，他命人將進諫的大臣拖出去砍頭，然後將栗姬兒子的太子封號也取消了。

一代寵姬的好運到此就結束了。

在長公主的建議下，劉啟將劉徹立為太子，不久以後宮不得不以長期無主的理由將王立為皇后。

小知識

王懂得與長公主聯盟，善於運用權術鬥爭，從而擊敗栗姬，扶兒子劉徹上位，不可不謂奇女子。

北方有佳人

李夫人色衰愛不弛

歷史上的李夫人，之所以能夠獲得漢武帝的專寵，主要靠的是兩個貴人。一個是她的胞兄李延年，另外一個是平陽公主。

李延年出身於倡人世家，倡人就是表演歌舞雜技的藝人，後來因事犯了法，至於究竟是什麼事，史書並無記載，總而言之是犯了法身受腐刑，隨後進入到宮廷。因其過人的音樂才華，深受武帝喜愛。

做為音樂家的李延年還有另一個比較特殊的身分，那就是一些稗史中所記載的，他是漢武帝最寵愛的男寵。

一次，李延年為漢武帝唱了一首歌：「北方有佳人，絕世而獨立，一顧傾人城，再顧傾人國。寧不知傾城與傾國，佳人難再得！」漢武帝聽後，禁不住嘆息道：「世上真有如此美麗的女子嗎？」

漢武帝話音剛落，他的妹妹，也就是那位以保媒出名的長公主平陽公主當即接過話荏，答道：「這個佳人是有的，她就是李延年的妹妹。」

漢武帝聽後，立刻將李延年的妹妹召進宮來，一看，果然是個佳人，不僅長得十分漂亮，而且和她的哥哥一樣，能歌善舞。漢武帝喜歡極了，立刻將她納入宮中，封為夫人。李夫人肚子很爭氣，不久為漢武帝生了一個兒子，取名劉髆，封昌邑哀王。母憑子貴，漢武帝更加寵愛李夫人了。

兩個人卿卿我我，這中間還發生過一段美麗的插曲：據說有一天，

漢武帝與李夫人在宮中閒坐，忽覺頭皮發癢，就順手從李夫人「玉簪式」的髮式上，取下一支玉簪搔頭。這件事傳遍了後宮，妃子們都紛紛模仿李夫人的樣子，把頭梳成「玉簪式」，在頭上插著玉簪，以期得到漢武帝的臨幸。後來，這種髮式由宮中傳到民間，使得長安城玉價倍增。這也正是「玉搔頭」典故的由來。

大紅大紫的李夫人，生的兒子封了王，娘家的兄弟一個個也因裙帶關係做了大官，自己也離皇后寶座越來越近，可是就在這個節骨眼上，她卻生了一場重病。

在李夫人彌留之際，漢武帝親自過來看望她，李夫人用被子矇住頭答謝說：「我長時間生病臥床，身形容貌損壞了，不能見陛下。」

漢武帝說：「還是讓我見妳一面吧！」

李夫人說：「女子不修飾打扮自己的容貌，不能與君主和父親見面。我不敢讓自己以蓬頭垢面的形象見陛下。」

漢武帝說：「只要妳見我一面，馬上賜給妳千金，給予妳兄弟尊貴的地位。」

李夫人說：「加官進爵在於陛下，不在於見不見面。」

漢武帝執意要見面，李夫人便轉身向別處，不再說話了。漢武帝見狀，很不高興地走了。

漢武帝離開後，李夫人的姐妹們都埋怨她。李夫人解釋說：「凡以美色服侍人的人，容貌衰老就會失去寵愛，失去寵愛就會斷絕恩情。陛下之所以如此顧念我的原因，是因為我平時的美貌。現在看見我美貌毀壞，臉色不是往常那樣，一定厭惡嫌棄我，還能期望他念念不忘地照顧我的兒子和兄弟嗎？」

　　果然不出李夫人所料，不能見愛人的最後一面，激起漢武帝無限的思念。他用皇后禮安葬李夫人，命畫師將她生前的形象畫下來掛在甘泉宮，對兒子劉髆鍾愛有加，將李延年封為都尉，還把李夫人另一個兄弟李廣利提拔為大將軍。

　　李夫人死後，漢武帝對她的思念更是纏綿悱惻得要死，以致於無心朝政。

　　當時，有個名叫少翁的方士，自稱能夠將李夫人的靈魂招來。漢武帝聽說後，立刻將少翁召來施法。

　　話說那一夜，星稀月朗，少翁命人設置帷帳，點上燈燭，擺上酒肉，請漢武帝坐在另一個帷帳中。過了一會兒，漢武帝遠遠地看見帳中有一個很像李夫人容貌的美麗女子，先是坐在凳子上，後又站起來慢慢走動。漢武帝思緒難平，作詩道：「是耶，非耶？立而望之，偏何姍姍來遲！」一句姍姍來遲將李夫人形象定格，成為史上最早的影評。詩罷，又命樂人譜曲歌唱。這還不夠，他又寫下近兩千言的長賦，抒發自己對李夫人思戀的情感。

　　一位嬪妃得到皇帝如此真誠的思念，在中國的歷史上是極為罕見的。

小知識

　　漢武帝去世時，皇后衛子夫因為「巫蠱之禍」而無法入葬茂陵。漢昭帝劉弗陵之母鉤弋夫人也因罪見譴死於雲陽，漢武帝的其他妃嬪中，李夫人家族被誅族了兩次，劉髆也已經去世，基本上沒有後顧之憂，不會出現外戚或者諸侯王亂政的情況。於是，大司馬、大將軍霍光「緣上雅意」，追封李夫人為孝武皇后，配饗武帝。

去草原尋找幸福

王昭君出塞

王昭君，名嬙，字昭君，晉朝時為避司馬昭諱，改稱「明妃」。

在漢元帝時，她以「良家子」的身分入選掖庭。

掖庭是漢朝皇室專門安置「嬪妃候選人」的處所，原本是一座監獄，經過改造成了供入選的秀女們居住的地方。那些正當妙齡的少女們，大多數都要將青春葬送在這裡。

王昭君不幸成了這些「囚徒」中的一員，等待她的將是永遠看不到光明的未來。

漢元帝在選妃嬪的時候，由於人數眾多，就先讓畫師把這些女子的相貌畫下來，然後按照畫上的美醜來確定是否召來寵幸。宮女們都爭先恐後地賄賂畫師，多的給十萬錢，少的也不下五萬錢，都希望把自己畫得漂亮些。性格矜持高傲的王昭君，不甘心去巴結宮廷畫師，始終未能得到皇帝的臨幸。

西元前三三年，匈奴的呼韓邪單于來到長安，請求和親。以往漢朝和匈奴和親，都要挑一個公主或者宗室的女兒。這次，漢元帝決定挑一個宮女，就傳出命令說：「宮女中有願意到匈奴去的，可以享受公主的待遇。」後宮的宮女都是從民間選來的，她們一到了這裡，就像鳥兒被

關進籠裡一樣，都巴望有一天能把她們放出宮去。但是聽說要離開本國遠嫁到匈奴，都打了退堂鼓。王昭君聽說此事後，覺得與其在這座高牆之內耗盡自己的青春，倒不如利用這個機會賭一把，起碼能擁有一個追求自己幸福的機會，便自願到匈奴去和親。

當王昭君前來面聖的時候，漢元帝才發現她的美麗容貌壓倒後宮，一舉一動、一顰一笑都嫵媚得讓人銷魂，不由得深感惋惜和後悔。但是事情已成定局，堂堂大漢的天子得講信譽，不能再更換人選了。於是，漢元帝擇日讓呼韓邪單于和王昭君在長安成親。隨後，王昭君在漢朝和匈奴官員的護送下，離開了長安，前往匈奴。

相傳，王昭君在途中看到一群大雁往南飛，不禁傷感起來，心想，冬天大雁都往南飛了，我這次遠嫁何年何月才能回到自己的家鄉呢？想著想著眼淚就落了下來，並拿起自己隨身攜帶的琵琶彈奏了一曲。不料，南飛的大雁聽到這悅耳的琴聲，看到騎在馬上的這個美麗女子，忘記擺動翅膀，從天上跌落了下來。後來，「落雁」就成了王昭君的雅稱。

昭君出塞圖。

在與呼韓邪單于成親之後，王昭君度過了一段

幸福的時光，生下了一個兒子，取名伊屠知牙師。沒想到幸福生活如此短暫，僅過了兩年，呼韓邪單于就暴斃身亡了。根據匈奴習俗，新任單于要迎娶除了自己親生母親之外的父親的其他妻子。也就是說，王昭君必須嫁給自己丈夫與另一個妻子生下的兒子復株累單于。這對從小就受到儒家禮教薰陶的王昭君來說，實在是難以接受。

萬般無奈之下，她寫了一封書信給漢元帝，希望他能夠下令讓自己回到漢朝。這時，漢元帝已經駕崩，新繼位的皇帝根基不穩，正忙著掃除異己，他給王昭君的書信中只有短短幾句，其中一句「敕令從胡俗」讓王昭君心中最後一絲希望徹底破滅了。

年輕的復株累單于對王昭君很憐愛，在共同生活的十一年中，王昭君生下了兩個女兒，長大後都嫁給了匈奴貴族。王昭君的兩個女兒還曾到長安皇宮侍候過太皇太后，也就是漢元帝的皇后王政君。

王昭君的歷史功績，不僅僅是她主動出塞和親，更主要的是她出塞之後，促使漢朝與匈奴和好，讓邊塞的烽煙熄滅了幾十年。

小知識

中國古代四大美女享有「閉月羞花之貌，沉魚落雁之容」的美譽。「閉月」，說的是貂蟬拜月的故事；「羞花」，說的是楊貴妃觀花的故事；「沉魚」，說的是西施浣沙的故事；「落雁」，說的是昭君出塞的故事。

豪門法則的踐行者

趙飛燕長袖善舞

　　嫁入豪門，灰姑娘變成公主，不只是現代女孩子們才有的夢想。在古代同樣也如此，趙飛燕就是遇到了皇帝，一夜之間麻雀變了鳳凰。

　　趙飛燕出身貧寒，很小的時候就被送到陽阿公主府裡當婢女，平日裡做一些端茶送水、掃庭灑戶的雜事。也許是天生麗質難自棄，被陽阿公主看中，送到了歌舞班。經過幾年的訓練，她擁有了一副好嗓子，還練得像飛燕一樣靈巧的舞姿，每每舞動時有翩然欲飛之勢，如此歌舞雙絕，想不出名都難。

　　當時的漢成帝劉驁還很守本分，「色情狂」的帽子是後來加上去。因為有皇后許平君和文學女青年班婕妤管著，不時還上點倫理學，因此在當時他表現得還是不錯的。

　　一天，劉驁微服私訪，經過陽阿公主的府邸，陽阿公主自

漢成帝與班婕妤。

然要設宴款待。在酒席宴上，趙飛燕不僅展示了自己的絕妙舞姿，還拼命地拋媚眼、送秋波，把劉驁的魂都勾走了。

就這樣，僅憑幾首舞曲，幾個媚眼，趙飛燕就成功地把自己送到了皇宮裡。

宮裡的女人很多，可是皇上只有一個，如何才能集三千寵愛於一身呢？第一招拒絕，也就是欲擒故縱。趙飛燕連續三次拒絕劉驁的求歡，一下勾起了這個男人無限好奇心和征服慾。為了不被拒絕，劉驁乾脆整日守在她的身邊。

趙飛燕秀麗的姿容、輕盈的身材和出眾的舞技，使得她在後宮嬪妃中鶴立雞群。她表演的一種舞步，手如拈花顫動，身形似風輕移，令劉驁十分著迷。在後宮太液池中瀛洲高榭上，趙飛燕跳起《歸風送遠曲》。一陣風起，她險些跌入池中，多虧馮無方抓住她薄如蟬翼的雲水裙，才有驚無險。劉驁又命宮女手托水晶盤，讓趙飛燕在盤子上起舞助興。

後來，趙飛燕又把自己的妹妹趙合德介紹給劉驁。這第二招又是靈驗，趙氏姐妹同時受寵，被受封為婕妤。婕妤，小老婆的第二等級，位比上卿，爵比列侯。但是，趙氏姐妹不甘心屈居人後，聯合起來把皇后許平君搞下了臺。緊接著，又將矛頭伸向了主要情敵班婕妤，誣陷她詛咒皇帝早死。

班婕妤卻從容不迫地辯解說：「生死有命，富貴在天。修正尚且未能得福，為邪還有什麼希望？若是鬼神有知，豈肯聽信沒信念的祈禱？萬一神明無知，詛咒有何益處！我非但不敢做，並且不屑做！」劉驁覺得有理，不予追究，並且厚加賞賜。

　　班婕妤知道趙飛燕姐妹不好惹，主動要求去服侍皇太后，遠離了後宮鬥爭的漩渦。

　　打倒了政敵和情敵，趙飛燕順理成章地當上了皇后。

　　為了永遠拴住劉驁的心，趙氏姐妹研發了一種名叫「息肌丸」的丹藥，吃過之後，肌膚滑爽香膩，散發陣陣幽香，劉驁更是不能自持了。可是，這個丹藥副作用很大，能破壞子宮，終生不能生育。

　　不能生孩子，總歸是塊大心病。天長日久，趙飛燕的心理就有些變態，仇視一切生過孩子的妃子們。當時，民間就流傳著「燕飛來，啄皇孫」的童謠。色迷心竅的劉驁，年已不惑，膝下猶虛，為討好趙氏姐妹，竟兩次殺掉了兒子。

　　後來，漢成帝劉驁縱慾過度，死在了趙合德床上，趙合德自知難逃罪責，自殺身亡。

　　趙飛燕因為擁立新君有功，被尊為皇太后。

　　過了六年，漢哀帝劉欣駕崩，大司馬王莽以趙飛燕殺害皇子之罪，迫其自盡。

　　一代紅顏就這樣香消玉殞了。

小知識

　　趙飛燕以美貌著稱，所謂「環肥燕瘦」講的便是她和楊玉環，而「燕瘦」也通常用以比喻體態輕盈瘦弱的美女。同時趙飛燕也因美貌而成為淫惑皇帝的一個代表性人物。

娶妻當娶陰麗華

中國歷史上第一個擁有諡號的
東漢光烈皇后

　　光武皇帝劉秀未當皇帝的時候，對著名的美女陰麗華一見鍾情，發誓說：「仕宦當作執金吾，娶妻當娶陰麗華。」

　　此時，劉秀還是個窮小子，在長安很不得志，只好回到新野的老家。回鄉後，他與新野的陰家聯繫日益密切，陰麗華的兄弟陰識、陰興和劉秀結為生死之交，這也加深了陰麗華對劉秀的愛慕。

　　劉秀兄弟在南陽起兵後，正在長安遊學的陰識立即回到家鄉，聚合子弟、宗族、賓客千餘人，參加起義。

　　昆陽大戰之後，威名遠揚的劉秀終於如願以償，和他心儀已久的陰麗華喜結良緣。

　　這年，劉秀二十八歲，陰麗華十九歲。

　　三個月後，劉秀奉命前往洛陽，隨後又去了河北，與陰麗華一別就是兩年。

　　劉秀在河北歷經艱險，九死一生。為爭取真定王劉揚的支持，劉秀娶了劉揚的外甥女郭聖通，立為正室。這個女人為劉秀生育了五個兒子。但政治聯姻的功利性質，卻給他們的婚姻埋下了不和的種子。

建武元年（西元二五年），劉秀佔領洛陽。他派出一支衛隊，由侍中傅俊率領，把陰麗華從清陽接到洛陽。陰麗華有千言萬語要向丈夫傾訴，沒有想到他的身邊已經有了另外一個女人。

劉秀不偏不倚，策封陰麗華為貴人，與郭聖通地位相當。

後來，劉秀當了皇帝，就必然要在兩個貴人之間挑選一個做皇后。陰麗華謙虛地表示：郭貴人是王家女，身分顯貴，又替皇上生下了龍種；而自己與夫君一別兩年，未能生育，晉封皇后實在不敢當。見陰麗華幾次三番地推詞，光武帝也就不再堅持，最後立郭聖通為皇后，郭氏年僅兩歲的兒子劉疆被立為太子。

陰麗華沒能當上皇后，劉秀想了一個補償的方法，封她的弟弟陰興為列侯。面對皇帝給自己的列侯印綬，陰興固詞不受，他說：「臣未有衝鋒陷陣之功，卻得到陛下、貴人的恩澤，富貴已極，不可復加，實在不能再受封賞。」光武帝欣賞他的謙讓之德，也就不再勉強。

陰興向陰麗華談起這件事時，語重心長地對她說：「貴人一定聽說過『亢龍有悔』這句話吧，現在的外戚大多不知謙退，嫁女兒要高攀王侯，娶媳婦則相中公主，實在讓人心裡不安。富貴有極，人當知足，過分的誇耀和奢侈只會招來禍患。」

陰麗華聽了他的肺腑之言，深受啟發，更加謙和恭讓，「深自降挹」，並嚴格約束自己

此圖描繪的是宮廷嬪妃在春天裡消磨時光的情景。

的家人和親戚，不為他們謀求朝廷的職位。

　　儘管陰麗華的地位比郭聖通低，但她得到的寵幸卻一點都不少，日後她也為劉秀生了五個兒子，與郭皇后平分秋色。

　　建武十七年，郭聖通的舅父劉楊因叛亂被殺，宮廷勢力被吞併，劉秀以「懷勢怨懟，數違教令，不能撫循他子，訓長異室」為由，廢去郭聖通的皇后之位改封為中山王太后，同時冊立陰麗華為皇后。

　　郭聖通被降旨廢為中山王太后，移居皇宮北宮居住，雖然身心受到了極大的打擊，但也算是歷代廢后之中為數不多的幸運之人了。

　　陰麗華黯然做了十六年的貴人，也就是「妾」的身分，在母儀天下之後，她仍能如此不偏不倚地厚待郭氏一族，除了她注重家風品行之外，還與她自身的品行有極大的關係。親身經歷了建武、永平兩朝，對陰皇后極為熟悉的老臣第五倫在上疏中說，光烈皇后「友愛天至」，就是說她天性善良，不願去傷害別人。

　　漢明帝永平七年（西元六四年），陰麗華駕崩，死後與光武帝劉秀合葬在原陵，諡號為「光烈皇后」，成了中國歷史上第一個擁有諡號的皇后。

小知識

　　自東漢光烈皇后陰麗華開始，一直到唐初的文德長孫皇后為止，這種「帝諡」加之「本諡」而構成皇后諡號的模式一直沿用了六百餘年，直到唐中期之後才改為其他形式。

最好的後母

馬皇后的賢德和遠慮

馬皇后是漢明帝劉莊唯一的皇后，伏波將軍馬援的三女兒。單從諡號「明德」上來看，就知道她是一位令人敬服的皇后。

馬皇后年少時就失去了父母，剛滿十歲就開始料理家事，僮僕凡事都向她請示報告。曾經有一個看相的人為馬家諸女相面，見到馬皇后時

《歷朝賢后圖》局部，此圖人物典出東漢明帝皇后馬后，她以賢德聞名後宮，從不因私干涉朝政。明帝死，其子章帝即位，馬太后說：「我今後只是含飴弄孫，不管政事。」

大為驚訝地說：「我一定要向此女稱臣。然而，她貴而少子，若撫養他人的兒子得力，也當會超過自己親生的。」

馬援病死軍中後，家道中落，家人多次遭權貴所侵侮。馬皇后的堂兄馬嚴上書皇帝，把馬皇后送入宮中，服侍陰皇后。

明帝即位，立馬皇后為貴人。這時馬皇后前母姐姐的女兒賈氏也選入宮，生皇子劉烜。明帝因馬皇后無子，就讓她撫養，馬皇后盡心撫育，視如己出。

明帝永平三年（西元六〇年）春，大臣們奏請冊立皇后，陰太后建議說：「馬貴人才德雙全，是最合適的人選。」於是被立為皇后。

母儀天下之後，馬皇后依舊謙虛謹慎，節儉樸素，她常穿著白色的厚繒，裙子不加邊。初一及十五諸妃嬪參加春秋時節的朝見，望見馬皇后衣服稀疏粗糙，反以為是質地細密的綺羅皺綀，仔細一看，不禁發笑。

馬皇后說：「這種素繒特別適合染色，所以我才用它。」見到皇后如此簡樸，六宮妃嬪沒有不嘆服的。馬皇后還喜歡讀書，經常研究《易經》、《春秋》、《楚詞》和董仲舒的著作，漢明帝很佩服她的學問。馬皇后和陰太后（就是漢明帝的母親陰麗華）一樣，都沒有干預朝政，更沒有發展外戚勢力，當時宮廷的風氣較好，馬皇后也被後世稱為賢后。

明帝死後，太子劉烜即位，就是漢章帝，尊馬皇后為皇太后。

馬太后在世時，漢章帝對她很好，盡心孝道。

建初二年（西元七七年）夏天，大旱，分析這件災事的人認為是不封外戚的緣故，就上書奏請封馬太后的兄弟馬廖、馬紡、馬光為侯。馬太后堅決反對，她說：「凡是講到旱災應對外戚封侯的，都是想討好於

我以求獲得福祿。前幾天我路過濯龍園的門前，見從外面到我的娘家拜候、請安的車子像流水那樣不停地駛去，馬匹往來不絕，好像一條遊龍，招搖得很。我那幾個兄弟家中的傭人，穿得整整齊齊，比我的傭人都強。我當時竭力控制自己，沒有責備他們。他們只知道自己享樂，根本不為國家分憂，我怎麼能同意給他們加官晉爵呢？」

　　最後，漢章帝背著馬太后，在西元七九年，封了三位舅舅為侯，破壞了漢光武帝外戚不得封侯的規定。馬太后得知，只好喟然長嘆。這一年，她死去了。

　　四年後，馬家兄弟因為子孫驕縱奢侈無度而獲罪。

小知識

　　《後漢書·明德馬皇后紀》：「前過濯龍門上，見外家問起居者，車如流水，馬如游龍。」這就是成語「車水馬龍」的由來。

給天下女人定規矩的女人

史學大家班昭和她的《女誡》

　　班昭是東漢時期著名的才女，她的父親班彪是史學家，大哥班固是《漢書》的作者之一，二哥班超是貫通絲綢之路的外交家。

　　班昭十四歲時，嫁給同郡人曹壽。二人興趣相投，婚後感情一直很好。可是好景不常，曹壽並未像他的名字一樣長壽，就在愛子剛出生不久，就因病去世了。年紀輕輕的班昭不僅沒有了愛情的滋潤，連女性正常的生理需求都被剝奪了。

　　在中國古代，對於女性的要求多如牛毛。《儀禮‧喪服‧傳》記載了對女性品行的種種導向性極強的規定，即「三從」未嫁從父，既嫁從夫，夫死從子。而《周禮》則提出「四德」「婦德、婦言、婦容、婦功」，進一步表達了男性對女性的苛求。班昭很早就守了寡，對她來說，聖賢書裡那些貞節烈女們就成了她活下去的精神榜樣。

　　正如《女誡》第五條所講，「夫有再娶之義，婦無二適之文」。為了讓班家的女兒們將來嫁到夫家都恭良賢慧，恪守婦道，班昭還編寫了《女誡》一書。在這本書中，她仔細講解了做為女人一生從各個角度都要謹記的幾個方面，包括卑微、夫婦、敬慎、婦行、專心、曲從以及叔妹等。後來，這本書被很多家有女兒的人抄去，做以女訓，逐漸流傳開

班昭授書圖。

來。

西元九二年，年幼的漢和帝在宦官鄭眾的幫助下，發動宮廷政變，一夜之間就剷除了外戚竇氏集團，奪了大將軍竇憲的權，逼其自殺。班固平時和竇憲來往親密，此刻也牽連入獄，後來死在獄中。

正是由於班固的死，班昭才走到了歷史的前臺，編寫《漢書》的重任全都落在了她一個人身上。

班昭得到漢和帝的恩准，可以到東觀藏書閣參考典籍，因此寫起來得心應手。她在皇家藏書館將父親和哥哥完成的部分內容做了整理和分類，同時又做了補寫和修訂。經過了多年的嘔心瀝血，一部偉大的史書《漢書》，在班昭的努力下終於問世了。

據說《漢書》剛問世時，因其文義深奧，很多人難以通曉。漢和帝便讓當時著名的學者馬融跟隨班昭學習，還多次下詔把班昭請進宮，給皇后和妃子們當老師。

漢和帝駕崩後，鄧太后臨朝聽政，班昭以老師之尊得以參與機要。然而班昭始終處事低調，隱身於政治舞臺的幕後。她的兒子出任一個地

方小官二十年不升職，她自己在宮中人尊言重，卻始終「戰戰兢兢」至死不渝。

鄧太后去世後，其娘家遭到了滅族，曾為鄧太后出謀劃策的女師班昭所屬的班、曹二家族卻遠離這場政治風波的中心，安然無恙。

小知識

《漢書》中最難寫的是第七表《百官公卿表》，第六志《天文志》，這兩部分都是班昭獨立完成的，但她仍謙遜地冠上了哥哥班固的名字。

一曲成名的才女

蔡文姬的亂世浮沉

蔡文姬。

　　她是中國歷史上第一位有文獻資料記載的由海外歸國的女子。她的一生三嫁夫君，榮登《後漢書·列女傳》的榜單，打破了女人「餓死事小，失節事大」的傳統觀念。

　　她的《悲憤詩》被評為中國最傑出的詩歌之一。

　　這個不同尋常的女子，就是東漢的才女蔡文姬。

　　蔡文姬的父親蔡邕是大文學家，生在這樣的家庭，她自小耳濡目染，既博學能文，又善詩賦，還擅長音律。在十歲時，她聽到父親的弦斷之音，當即說道，這是第二根弦斷了。蔡邕非常吃驚，又故意弄斷了第四根弦，蔡文姬立刻分辨了出來。十二歲時，蔡文姬的書法已經得到了父親的真傳，文學上的才華也顯露無疑，世人都以結識她而榮耀。十六歲時，蔡文姬嫁給了才子衛仲道。可惜不到一

年，衛仲道便因咯血而死。

衛家認為蔡文姬命硬，剋死了丈夫，便對其百般責難。心高氣傲的蔡文姬哪裡能受得了這種白眼，不顧父親的反對，憤而回家。

在當時，時局混亂，西北軍閥董卓趁機獨攬朝綱，為了維護統治，他刻意籠絡名滿京華的蔡邕，將他一日連升三級，拜中郎將，封高陽侯。後來董卓被呂布所殺，蔡邕也被押赴廷尉治罪。蔡邕請求黥首刖足，以完成《漢史》，但終免不了一死。

父親一死，讓蔡文姬失去了依靠，沒錢度日，只好四處飄泊。此時中原大亂，胡人騎兵經常前來燒殺搶劫一番，蔡文姬飄來盪去，流落到南匈奴，這一年她二十三歲。

也算是不幸之中的萬幸，雖然流落到異邦，可是她遇到了一個好男人匈奴左賢王。蔡文姬開始了第二段婚姻，雖然左賢王對她十分敬愛，並且還生了兩個可愛的兒子，但她仍然想念故土。

十二年後，曹操當上了丞相，得知自己的老師蔡邕的女兒流落在匈奴，就派使者攜帶黃金千兩、白璧一雙，想把蔡文姬贖回來。

面對恩愛有加的左賢王和兩個天真無邪的兒子，蔡文姬柔腸寸斷，淚如雨下，

文姬歸漢圖。

在漢使的催促下，她踏上回鄉之路，並留下了慷慨絕唱《胡笳十八拍》。

蔡文姬回國後，在曹操的指婚下，嫁給了田校尉董祀。

起初，二人的夫妻生活並不十分和諧。就蔡文姬而言，飽經離亂憂傷，再加上思念胡地的兩個兒子，時常神思恍惚；而董祀是一位自視甚高的人，迫於丞相的授意，才勉為其難接納了她。

就在婚後的第二年，董祀犯罪當死，蔡文姬顧不得嫌隙，蓬首跣足地來到曹操的丞相府求情。

當時大臣、名士以及從遠方外國來的使者都坐在殿裡。曹操對他們們說：「蔡伯喈的女兒就在門外，今天我請諸位見一見。」蔡文姬進來的時候，頭髮凌亂，光腳走路，向曹操磕頭請罪，說話條理清晰，話音非常酸楚哀痛，眾人都被她感動了。

曹操說：「就算真的像妳說得那麼可憐，但是降罪的文書已經發下去了，怎麼辦呢？」

蔡文姬說：「明公您馬廄裡的好馬成千上萬，勇猛的士卒不可勝數，還吝惜一匹快馬來拯救一條垂死的生命嗎？」曹操被她的話感動，就派人追回文書赦免了董祀的罪。

經過這件事，董祀感念妻子的恩德，在感情上做了一百八十度的大轉彎，開始對蔡文姬愛護有加。後來，二人看透了世事，溯洛水而上，居住在風景秀麗、林木繁茂的山麓。

這期間，蔡文姬還成功地整理了父親遺散的部分卷書，把她記住的幾百篇文章都默寫下來，依靠自己博聞強記、才思過人的特長，為中國文學史挽回了一大損失。

小知識

　　據《隋書》的編撰者長孫無忌在《經籍志》中的注解看來，至晚在南朝梁代，還有《蔡文姬集》傳世，後來不幸散失了。《後漢書》所引的兩首《悲憤詩》和宋人文集題名蔡文姬的琴頭歌詞《胡笳十八拍》，據考證僅有一首《悲憤詩》是其所作。

「黑」顏也是禍水

貌醜心狠的西晉皇后賈南風

賈南風，長得身材矮小，面目黑青，奇醜無比，就這樣的一個醜女竟嫁給了皇太子司馬衷。

說起這段婚姻，還真有一些陰錯陽差。

當初，晉武帝司馬炎為兒子司馬衷選妃子時，賈充的妻子郭槐就暗地裡賄賂宮人，慫恿楊皇后勸武帝納賈家的女兒為太子妃。

武帝搖手說：「我看中了衛瓘的女兒，衛瓘的家風好，他的女兒秀美聰慧，賈充的老婆是有名的醋罈子，生的女兒身短面黑，優劣不同，怎麼可以捨長取短呢？」

楊皇后說：「我卻聽說賈充的女兒很有才德，陛下不應該固執成見，這樣會失去一個好的人選。」武帝半信半疑，後來在一次與諸臣宴會時論及太子婚事，賈充門下的走狗荀勖極力吹捧賈充的女兒如何賢淑，荀瓘、馮紞兩人也隨聲附和。

武帝問：「賈充有幾個女兒？」

荀勖說：「他前妻生的兩個女兒已經出嫁，後妻生的兩個女兒尚未嫁人。」

武帝問：「這兩個女兒多大了？」

荀勖說：「臣聽說他小女兒賈午最美，年方十一，正好入配東宮。」

武帝說：「十一歲有點小。」

荀瑾介紹說：「賈充的第三女賈南風十四歲，相貌雖不及妹妹，卻很有才德，況且女子尚德不尚色，還請陛下斟酌！」

武帝說：「既然如此，就選賈充的三女兒吧！」

就這樣，一門親事在酒宴間訂下了。

到了太子司馬衷娶妃那一天，武帝懊悔不迭，只見賈南風身材矮小，面目黑青，鼻孔朝天，眉後還有一大塊胎記，和自己的白癡兒子站在一起，一蠢一醜，可算是無獨有偶！

賈南風很醜，也不溫柔，相反卻很強悍。

隨著時光的推移，她妒忌的品行暴露無遺，並且越來越酷虐兇暴，看誰不順眼，就親自拿刀將對方殺死，尤其對偶爾受到太子臨幸的妃妾，更是毫不留情。

一次，賈南風聽說司馬衷的一個妃妾懷了孕，便手持畫戟，猛擊那個妃子的腹部，活生生將胎兒打得流產墜地。武帝得曉此事，十分惱怒，準備廢掉賈南風，將她囚禁在金鏞城。

武帝欲廢太子妃的消息一傳出，引起極大震驚。充華趙粲、皇后楊芷和大臣楊珧都為賈南風求情，荀勖等人更是為之四處奔走，賈南風才得以倖免。

對於太子司馬衷的癡呆無能，大臣們心照不宣，對太子日後登基能否親政，一直議論紛紛，放心不下。武帝想了一條妙計，要在所有朝廷大臣面前檢驗太子的辦事才幹，以便平息非議，便召集所有東宮屬官參

加宴會，同時寫了問題給司馬衷作答。司馬衷接到試題，眼睛瞪得比牛鈴都大，他平日裡不讀書不看經，大字不識幾個，試卷的內容都看不懂，如何作答？聰明的賈南風，唯恐老公丟掉太子之位，就想出讓外人替太子設計答案的妙招，一舉過關。

太熙元年（西元二九〇年），晉武帝死，太子司馬衷即位，是為惠帝，立賈南風為皇后，已故的武帝妃楊皇后尊為太后。惠帝愚鈍，外事悉委太后父楊駿，內政全出賈南風，自己如同木偶一般。

楊駿的專權，不但令賈南風不滿，也招致了朝野，尤其是司馬家族的怨憤。於是，賈南風聯合楚王司馬瑋，將楊家三族誅滅。接著又一紙「廢楊太后為庶人，將其母處死」的詔書，拋向了有恩於她的太后楊芷。楊芷被將囚禁在金墉城斷絕一切飲食，八天之後被活活餓死。死了還不算，狠毒的賈南風擔心婆母死後靈魂向先帝司馬炎告狀，竟命人將楊芷臉朝下入棺，同時葬以鎮符之物，好讓她在九泉之下萬劫不復。

除掉了楊駿和太后，賈南風大權在握，不可一世，可謂威服內外。與此同時，她在私生活上也愈來愈荒淫放蕩，大肆搜羅男寵進行淫樂，搞得朝野上下沸沸揚揚。

潛懷太子司馬遹，是惠帝長子，但不是賈南風親生。賈南風不喜歡司馬遹，經常想著要廢了他。為了達到目的，賈南風就詐稱自己懷孕了，弄了一些絹布塞到衣服裡，掩人耳目。「臨產」時，她把妹妹賈午的兒子抱到宮中，當作自己的兒子，取名慰祖，企圖用他來替代太子。

賈南風之心，路人皆知。

元康九年（西元二九九年）十二月，賈南風以謀反的罪名將潛懷太

子廢為庶人，接著又命人將他殺死。

賈南風以為除掉了太子，就可以高枕無慮了，她哪裡預料到，形勢竟迅速惡化。

永康元年（西元三〇〇年）四月三日深夜，趙王司馬倫秘密聯絡梁王司馬肜、齊王司馬冏共同起兵，攻入皇宮，囚禁了賈南風。

政變一週後，身為相國的司馬倫假借司馬衷之命，命人將毒酒送到金墉城，強逼賈南風喝下。至此，這個貌醜心狠的賈皇后，結束了自己貪婪、殘忍、淫亂、愚昧的一生。

小知識

當時，洛陽城中有童謠傳唱說：「南風烈烈吹黃沙，遙望魯國鬱嵯峨，前至三月滅汝家。」其中的「南風」正是皇后賈南風的名字，「黃沙」之沙是因為潛懷太子乳名叫「沙門」，賈謐承襲賈充封爵，封魯國公。童謠正是喻指賈南風廢立之舉。

「皮影」皇后

政治漩渦中身不由己的褚蒜子

晉康帝司馬嶽的皇后褚蒜子是一個了不起的女人，她曾身歷康帝、穆帝、哀帝、廢帝、簡文帝、孝武帝六朝，多次親臨朝堂，垂簾訓政，這在中國歷史上是絕無僅有的。

說到身歷六朝，人們一定會認為褚蒜子活了很久，但實際上並不是。那段時間，東晉的皇帝走馬燈似的死，然後走馬燈似的換，再加個被廢的，褚蒜子做皇太后的時候也不過才二十幾歲。

褚蒜子的父親是大將褚裒，母親是謝尚的姐姐謝真石，也就是謝安的堂姐。

永和元年（西元三四五年）正月初四，皇太后褚蒜子抱著小皇帝登臨太極殿前殿，她坐在龍椅後面專設的白紗帷帳裡，開始了長達十二年的第一次臨朝生涯。

在這段時間裡，皇太后褚蒜子不僅要遭受桓溫囂張氣焰的燻烤，還要處處受到朝廷輔政大臣的支配。在兒子穆帝舉行完十四歲的成人禮後，褚蒜子終於離開了垂著白紗帷帳的太極殿，回到了崇德宮。

退居後宮後，褚蒜子自享清靜。誰知天不遂人之願，這種貌似清靜的生活很快被打破。升平五年（西元三六一年）五月，十九歲的穆帝死

在了顯陽殿。琅玡王司馬丕繼承皇位，是為晉哀帝。哀帝因為篤信方士之言，餌食長生不老藥，漸漸發展到「斷穀」（絕食）的程度。到興寧二年（西元三六四年）春天，他無法親理政事，褚蒜子第二次被請出臨朝攝政。

興寧三年（西元三六五年）二月，晉哀帝死於太極殿西堂，褚蒜子下詔迎立了司馬奕，是為晉廢帝（海西公）。

此時，桓溫權威和野心的進一步增長，臨朝的褚蒜子越來越感覺到自己像個讓人操縱的政治木偶。咸安元年（西元三七一年），桓溫為了樹立威名，廢黜了晉廢帝司馬奕，另立會稽王司馬昱為帝，是為簡文帝。

簡文帝是東晉元帝的兒子，按輩分還是褚蒜子的皇叔。他輔政多年，頗有政治經驗，褚蒜子讓出權力，回到了崇德宮，繼續焚香禮佛。

簡文帝即位以後，懼怕遭到廢黜，便逢事拱手，沉默寡言，朝廷大小事全憑桓溫定奪。

簡文帝也是個短命的皇帝，在位不到一年就駕崩了，再一次戲劇性地把年近半百的褚蒜子推到了臨朝稱制的位置上。

桓溫本來以為簡文帝會禪位給他，誰知，朝廷又搬出了褚蒜子。朝臣們以褚蒜子的名義，立簡文帝三子司馬昌明為皇帝，是為晉孝武帝，只令桓溫入朝輔弼幼主。

褚蒜子心裡很清楚，桓溫的這個「輔政」不是先皇的意思，而是王、謝高族決定的。王、謝為了維護他們各自的家族利益，不會接受桓溫當攝政王的，只是讓他做一個輔政大臣。但是，如果讓桓溫做攝政王，首先能保住皇室，讓他不至於弒君。現在倒好，攝政王也沒他的份，桓溫

要是急了，還不第一個來殺皇帝！褚蒜子為了皇室的安危，直接從後宮發了一道太后令，詔令的大意是說，陛下年幼，國家大事都要託付大司馬桓溫，可以依周公攝政的故例，內輔幼主，外安國政云云。

詔令發到尚書臺王彪之那裡，王彪之經過一番艱難的思考後，把褚蒜子的詔書封好，隨後上了一道表，大意說，「國家發生這樣的異常大事，大司馬必該以大局為重，尊奉先帝遺詔，哪能因為他一個人，讓國家不安定呢？皇太后的詔令，不敢奉行，謹具封還。」弄得褚蒜子除了無奈嘆氣以外，毫無辦法。

桓溫病死後，謝安為了防止桓氏家族東山再起，極力主張褚蒜子臨朝攝政。這一次，褚蒜子的處境還是沒有變，只不過是換了一個操縱者而已。

太元元年（西元三七六年）的新春佳節，年滿十四歲的孝武帝加元服，褚蒜子正式下詔，歸政皇帝。

九年之後，褚蒜子在宮中病逝，終年六十一歲。四十餘年寡居的寂寞、苦悶，幾番臨朝的浮沉與飽受操縱的難言之隱，一切一切都化為了雲煙。

小知識

褚蒜子為晉康帝后，穆帝母，哀、廢兩帝叔母，簡文帝堂姪媳，孝武帝堂嫂。在她逝世後，群臣議定，孝武帝以齊衰服喪。

嫁錯了老公

才女謝道韞不如意的婚姻

　　謝道韞是東晉名相謝安的姪女，淝水之戰中立下赫赫戰功的名將謝玄的姐姐。官宦門第及政治活動的濡染，使她視界開闊、氣質高貴，史書稱她「風韻高邁」、「神情散朗，有林下風氣」。

　　有一次，謝安問謝道韞：「妳覺得《毛詩》中哪首詩寫得最好？」

　　謝道韞答：「周朝賢臣文能安邦、武能治國的尹吉甫寫的《民》一詩最好，其詩『詞清句麗，穆如春風』。」謝安一聽，竟然和自己不謀而合，表揚她頗有「雅人的深度」。而真正讓謝道韞名聲大振的，是一次家庭聚會上她的即興發言。

　　當時天降大雪，謝家子弟圍坐在火爐旁談詩論文，謝安突然冒出一句：「白雪紛紛何所似？」意思是說，眼前的雪像什麼樣子。「撒鹽空中差可擬。」謝安的一位姪子謝朗搶先回答道。謝道韞說：「未若柳絮因風

王羲之玩鵝圖。

起。」謝安聽後大悅。從此,謝道韞便被後人以詠絮才讚之。

花開及笄,轉眼間謝道韞到了談婚論嫁的年齡。在當時,門第成了男女構築愛巢的一塊重要基石,謝道韞被許配給了王羲之的次子王凝之。

據說,謝安為他姪女選婿的時候,起初看中的是王羲之的五子王徽之。王徽之也是大名鼎鼎,最膾炙人口的典故便是他夜讀左思《招隱詩》,忽然想起了好友戴安道,便趁著大雪前去拜訪。但到其門口而不入,別人問他為什麼不進去,他說了一句堪稱魏晉風流之經典的話:「吾本乘興而行,興盡而返,何必見戴?」

但不知為什麼,最終謝安選中的卻是有些渾渾噩噩的王凝之。

王凝之雖為一代大名士和大書法家王羲之的兒子,卻毫無乃父風範。除了會點書法外,肚子裡沒有半點經國治政的才能,是個五斗米教的忠實信徒。

就這樣,謝道韞的愛情輕輕鬆鬆地敗給了佛經道學。

「我們謝家,從老到少,個個都是傑出人才,俊雅不凡。可是我沒想到,天底下竟然還有像王凝之這樣平庸的人啊!」想到自己的家世如此耀眼,自己又才可比天,竟然嫁給這樣一個窩囊的男人,難怪謝道韞回到娘家向叔叔謝安大發牢騷。

其實這樣的生活將就著過下去,儘管不如意可也湊和,偏偏此時的朝廷已是搖搖欲墜了。就在王凝之在擔任會稽內史時,發生了「孫恩之難」。號稱天師道首領的孫恩和盧循從海島進攻會稽,

照說王羲之絕頂聰明,根據「虎父無犬子」論,王凝之官至內史,肯定不是看老子的面子爭來的。然而面對戰亂,卻不設防備,也不出兵

應戰，只是閉門祈禱道祖能保佑一郡百姓不遭塗炭。他還告訴部下說：「你們不要驚慌，我已經請來神兵相助。」

延誤戰機的後果就是滅頂之災，賊兵長驅直入，王凝之及其子女都被殺害。

謝道韞親眼目睹丈夫和兒女蒙難的慘狀，手持兵器帶著家中女眷奮起殺賊，終因寡不敵眾被俘。被俘後，她直接怒斥孫恩殘暴無道，那種臨危不懼、從容不迫的氣度竟懾服了孫恩。孫恩要殺她的外孫劉濤，謝道韞厲聲斥責道：「事在王門，何關他族？此小兒是外孫劉濤，如必欲加誅，寧先殺我！」擲地有聲，孫恩為其所懾。這樣一來，謝道韞不但保全了自己，還把她的外孫劉濤從敵人的屠刀下解救出來。

從此，謝道韞寡居會稽，深居簡出，過著平靜的隱士生活，直到老死。

小知識

在當時，能夠與謝道韞相提並論的只有被嫁到顧家的張彤雲。朱、張、顧、陸是江南的四大世家，張彤雲的哥哥張玄也常常自誇自己的妹妹能比得上謝道韞。

有一個叫濟尼的人，常常出入王、顧兩家。有人問濟尼，謝道韞與張彤雲誰更好一些，濟尼說道：「王夫人神清散朗，故有林下之風；顧家婦清心玉映，自有閨房之秀。」二人各有所長，大家都認為還算公允。

北魏第一「辣妹」

「太和改制」真正的主持人馮太后

馮太后的祖父馮文通是十六國時期北燕的國君，說起來她也是個公主，不過在國破家亡的時候，這個公主的身分也就不再尊貴了。

北燕滅亡後，馮太后的父親馮朗舉家投降了北魏。

在馮太后出生的時候，距祖上建立的北燕滅亡已有六、七年的光景，此時的魏太武帝拓跋燾已經統一了中國北方。

不知是朝廷對馮太后的父親心存疑慮，還是馮朗果真有什麼不軌之舉，總之馮朗被太武帝下令誅殺了。按照慣例，馮太后被沒入宮中，成了拓跋氏的婢女。萬幸的是，在這裡她得到了姑母馮昭儀和皇孫拓跋濬的乳母常氏的多方照應。

馮太后十一歲時，被選為文成帝拓跋濬的貴人，三年之後，成為了中宮皇后。

太安二年（西元四五六年）二月，也就是馮太后被冊為皇后的第二個月，不足兩歲的拓跋弘被立為皇太子。拓跋弘是文成帝與李氏所生的兒子。按照規定，凡後妃所生之子被立為儲君，生母都要被賜死，以防外戚專權。李氏被賜死後，馮后便擔當起了養育之責，將拓跋弘視若己出。

總的來說，馮太后與文成帝的後宮生活還是幸福的。然而，天不作

美，這種夫唱婦隨的生活很快就畫上了休止符。和平六年（西元四六五年）五月十一日，被譽為「有君人之度」的文成帝英年早逝，崩於平城皇宮的太華殿，年僅二十六歲。

文成帝的突然離世對馮太后打擊很大，在大喪期間宮中焚燒皇帝生前用品時，她忽然悲叫著跳入火堆，左右慌忙上前將她拖出，半天才甦醒過來。這一跳不管是真的想殉情還是做給別人看，都是馮太后在登上政治舞臺之前演出的精彩一幕。

獻文帝拓跋弘登上了皇位，年輕的馮皇后就成了馮太后。當時乙渾大權獨攬，這讓馮太后極為不滿，她聯合皇帝的遠親、侍中拓跋丕，積極謀劃奪權行動。

天安元年（西元四六六年），在沒有任何先兆的情況下，馮太后突然發難，下令侍中拓跋丕率領拓跋賀、牛益得抓捕了乙渾及其親信，將其一網打盡。

接著，馮太后宣佈臨朝稱制。自此，北魏進入了文明太后的時代。

皇興元年（西元四六七年）八月，皇子拓跋宏降生，馮太后表示要親自撫養皇孫，還政於獻文帝。

一朝天子一朝臣，獻文帝親政以後，貶斥了一些馮太后寵信的人，積極扶植自己黨羽。雖然馮太后感到不悅，也沒有立即發作。到了皇興四年（西元四七〇年），馮太后再也忍無可忍了，獻文帝竟然對自己的情夫李奕下手，這還得了！

馮太后衣食住行都很節儉，唯獨嗜好男色。在年輕守寡後，她和當朝的幾大美男子都有過親密接觸，其中就包括宿衛監李奕。李奕常以奏事為名，到後宮與馮太后行床幃之歡。不過李奕也確實過分，睡了皇帝

的母親不算，還不把皇帝放在眼裡，簡直就是找死。獻文帝親政後的第一件事就是列出李奕三十條罪狀，將其斬首示眾。馮太后營救不成，懷恨在心，利用自己的聲威與勢力逼迫獻文帝將皇位禪讓給五歲的太子拓跋宏。這一年，獻文帝只有十八歲，恐怕是中國歷史上最年輕的太上皇了。

當了太上皇帝之後，獻文帝依然「國之大事咸以聞」，還把更多的時間投入到軍事行動中。馮太后看獻文帝人還在、心不死，就於延興六年（西元四七六年）六月的一天，派人毒死了他。

獻文帝死後，馮太后第二次臨朝聽政。

在長達十五年的主政期間，馮太后實行了一系列改革，並把皇孫孝文帝拓跋宏培養成了明君。「太和」是孝文帝的年號，歷史上把這一時期的一系列改革稱為「太和改制」。其實，在馮太后第二次臨朝稱制時，孝文帝只有五歲，馮太后做為北魏的實際執政者，她才是「太和改制」真正的主持人。

太和十四年（西元四九○年）九月，四十九歲的馮太后死於平城皇宮的太和殿，諡號文明太皇太后。

小知識

馮太后之所以能夠母儀天下，除了自身的聰慧與才貌外，也與她能夠手鑄金人有莫大的關係。按照北魏的是定制，若能鑄造成金人，則視為吉祥如意；若鑄而不成，則妃嬪不能立為皇后。為什麼要鑄金人才能遂願？史書上只說是「以成者為吉」，但因何「以成者為吉」，沒有言明，推測這恐怕與鮮卑舊俗有關。

她的理想是當妓女

北齊胡太后縱情聲色

中國古代的史書往往具有神話的色彩，每一位大人物出場時，都會說一些天象和徵兆，以示不同凡品。

北齊胡太后的傳記只有幾百字，也會寫一段奇聞妝點門面。

據說，胡家是北齊安定郡的大戶，在胡太后即將出生時，門外忽然來了一個和尚。他走進門來，端詳了半晌，才笑瞇瞇地說：「此宅瓠蘆中有月。」再問，就一個字也不多說了。多年以後，胡太后被冊封為皇后，胡家人才回過味來，原來，月亮是皇后之瑞，暗示著肚子裡的孩子日後貴不可言。

胡太后到了及笄之年，搖身一變，做了長廣王高湛的妃子。此時的胡太后還是個安分守己的女子，她性情大變應該是從老公高湛當了皇帝之後。

北齊的皇帝，除了開國之君高歡和他的兒子高演外，幾乎個個都是禽獸加神經病，高湛也不例外。

西元五六一年，高湛從哥哥們手裡接過了皇位後，身為王妃的胡太后隨即被冊封為皇后。坐上皇后的寶座，也算大富大貴了，可惜，胡家小姐並沒有找到幸福。在冊封為皇后的那一天晚上，按一般宮廷慣例，

高湛理應在胡太后寢宮歇宿，然而他卻在這個夜晚強佔了寡嫂李祖娥。

被皇帝冷落，成為宮中空洞的擺設，這讓胡太后的心裡充滿了怨恨。

婚姻上雖然失敗了，但貴為皇后的胡太后，手裡卻捏著一張最大的王牌兒子，也就是北齊後主高緯。

小娃娃也能派上大用場，兒子高緯「王世子」的身分隨即變成了胡太后穩固的政治靠山和權力儲備。

高湛最寵信的一位大臣叫做和士開，此人多才多藝，不但善於逢迎，還彈得一手好琵琶。

胡太后以學樂為名，請和士開做教練，兩人眉來眼去，很快就勾搭上了。老謀深算的和士開想為將來留一條退路，就蠱惑高湛將皇位傳給兒子高緯。高湛耳根子軟，當真安排了「禪位大典」，隨後，便一頭鑽進女人堆逍遙快活去了。

天統四年（西元五六八年），武成帝高湛因為酒色過度而死，時年三十二歲。太上皇一死，很多人都跟著高興。首先是高緯，沒人管著了，可以為所欲為；其次是和士開，成了托孤重臣，大權在握；最痛快的莫過於胡太后，她終於能跟和士開做長久夫妻了。

從這之後，胡太后與和士開的私情，由地下轉為公開，弄得路人皆知。這讓胡太后的二兒子、琅琊王高儼十分氣憤，一怒之下設計將和士開殺死。

和士開死後，不甘寂寞的胡太后又跟和尚曇獻好上了。藉著禮佛說法的名頭，曇獻和尼姑們大搖大擺地出入後宮。

一次，高緯見太后身邊的兩個小尼姑秀色可餐，就讓她們侍寢。這兩個小尼姑拼死反抗，等剝光衣服，高緯傻了這兩個「尼姑」竟是帥小夥。原來，「她們」都是胡太后招進宮來淫樂的。

高緯這才恍然大悟，看來老媽和僧人淫亂的傳聞都是真的，立刻下令將曇獻那幫淫僧處死。

東窗事發後，胡太后失去了自由，被囚禁在北宮。

西元五七七年，北周大軍壓境，北齊政權轟然倒塌。

國破家亡，半老徐娘的胡太后流落到長安，「下海」開了一家妓院。合夥接客的還有她的兒媳、高緯的穆皇后，小名「黃花」。當時有一首童謠唱道：「黃花勢欲落，清觴滿杯酌。」

北齊的皇太后和皇后雙雙淪落為娼妓，全長安城都為之震驚，無數男人紛紛前往捧場，婆媳二人的生意立刻就興旺起來了。

胡太后一邊數錢，一邊對兒媳婦說：「當后何如當妓樂？」翻譯成白話就是，「嚐著甜頭了吧？做皇太后、皇后有什麼好的，哪有做娼妓逍遙快活……」

大隋開皇年間，長安城裡紅燈高掛，歌舞昇平。不知哪一天，衰老的胡太后，在不為人知的角落裡悄然死去。

小知識

胡太后婆媳之間的對話，正史沒有明確記載，《北齊書》只含糊地點了一句：「（胡太后）齊亡入周，恣行奸穢。」

坐在皇帝腿上的「女秘書」

美人張麗華禍亂朝綱

南朝後主陳叔寶「生於深宮之中，長於婦人之手」，即位之後就耽於詩酒，專喜聲色。

在所有美人中，陳後主最寵幸張麗華。此女子是天生尤物，一頭秀髮長及地面，黑亮如漆，可以像鏡子一樣照出人影。據說她在樓閣中臨軒梳妝，遠遠望去，宛如仙女一般，可望不可及。

陳後主。

張麗華天性聰明，吹彈歌舞，一學便會，詩詞歌賦，樣樣精通，長大成人後，更是出落得輕盈婀娜。

陳後主對其一見鍾情，封為貴妃，視為至寶。

張麗華才辯敏銳、記憶力極好，凡是看過的奏章，都會過目不忘，經常給陳後主指點。陳後主忙於「文藝事業」，官員們的奏章，需要經過宦

官蔡臨兒、李善度兩人初步處理後再送進來。照說這兩位宦官也極具才能，無奈國事太多，偶爾也會忘記一些內容。這時候張麗華就會輕描淡寫地為他們逐條裁答，從無遺漏。這樣的事情多了，陳後主大呼驚喜，在臨朝議政上，索性當著群臣的面將張麗華放在膝上，共決天下大事。

張麗華起初只執掌內事，後來開始干預朝政。她與孔貴嬪勾結，籠絡宦官蔡臨兒、李善度等，逐漸掌控朝政。不管什麼事情到她那裡，都會順利解決，什麼開脫罪責啦，什麼罷免官員啦，南陳朝廷上下，只知張麗華，不知陳叔寶。

張麗華如日中天，自然吸引了萬千粉絲。大將蕭摩訶的夫人就是其中之一，有事沒事總愛往後宮跑。誰成想，此女被陳後主看中了，從此經常留宿宮中，對外稱：「張夫人留之。」

世上沒有不透風的牆，蕭摩訶得知皇帝給自己戴了綠帽子，暴跳如雷：「我出生入死，幫助先帝打下天下，現在卻遭到如此侮辱，真是沒臉見人啊！」

沒臉見人的蕭摩訶無法嚥下這口惡氣，就採取了報復手段，在隋朝軍隊兵臨城下時，打開了朱雀門投降了隋軍。

陳後主見大勢已去，帶著自己的美人張麗華和孔貴妃，在萬千大軍面前上演一齣「隱身大法」，從宮廷中消失了。

隋將韓擒虎本期望攻入宮中，抓住陳後主，立一頭功，想不到陳後主竟然不知去向了。南陳天子還有這般法術？疑惑間，有人手指枯井，暗示所在。韓擒虎趴在井口，大聲呼喊，奈何沒有絲毫回應。韓擒虎威脅說：「再不回答，我就扔石頭了。」這時井中忽然傳來求饒的聲音。

韓擒虎命人用粗繩繫一籮筐墜入井中，士兵合力牽拉，拉上一看，發現陳後主、張麗華、孔貴嬪三人，緊緊地抱在一起坐在籮筐中。

該如何處置張麗華呢？大將高穎認為：「昔太公蒙面以斬妲妃，今豈可留張麗華。」命人在清溪旁將她處斬。

一個像妲己一樣的女人，就這樣香消玉殞了。

相傳，隋煬帝楊廣為之還惋惜了好長一段時間。

小知識

陳後主為張麗華作《玉樹後庭花》：「麗宇芳林對高閣，新裝豔質本傾城；映戶凝嬌乍不進，出帷含態笑相迎，妖姬臉似花含露，玉樹流光照後庭。」後世常將其做為亡國之音。

我的野蠻女友

史上最大的「醋罈子」獨孤皇后

　　隋文帝楊堅的皇后獨孤迦羅是一個貨真價實的女權主義者，也是一夫一妻制的忠實捍衛者。她能讓身為皇帝的老公一輩子只愛她一個人，單憑這一點，就不是尋常之人所能做到的。

　　獨孤迦羅是北周大司馬獨孤信的第七個女兒，在十四歲時，嫁給了隋國公楊忠的兒子楊堅。兩人同屬高官子弟，也算是門當戶對。

　　後來，楊堅因功勳卓著而被封為北周上柱國，掌握全國兵馬，在朝中威望日重，最終奪取了天下。妻憑夫貴，獨孤伽羅被封為文獻皇后，得以母儀天下。

　　從此，夫妻二人嘔心瀝血為隋帝國的強大發展傾注了畢生的精力和心智。隋文帝楊堅對皇后獨孤迦羅既寵愛又信服，幾乎是言聽計從。獨孤迦羅不僅人長得漂亮還十分精明，談論起國家大事頭頭是道，朝中大臣們沒有不服的，據《隋書》記載，獨孤氏「每與上言及政事，往往意合，宮中稱為『二聖』。」

　　早在楊堅篡周稱帝的問題上，獨孤氏就表現出超常的政治敏銳性，北周宣帝死後，獨孤氏派人告訴楊堅：「大事已然，騎獸之勢，必不得下，勉之！」讓楊堅當斷則斷，從而促使楊堅廢周自立。

每逢在文帝上朝時，獨孤迦羅都會在外面等待，退朝之後，一同用餐就寢，「同反燕寢，相顧欣然」，簡直是模範夫妻的典範。獨孤迦羅的肚子也很爭氣，一口氣生了五個兒子、五個女兒，堪稱十全十美。在教育子女時，她要求兒子們作風簡樸、注重夫妻關係，女兒們要培養婦德、孝順舅姑。遺憾的是，二兒子楊廣還是沒有被教育好，成了中國歷史上有名的昏君。

獨孤迦羅最大的特點是愛吃醋，醋意十足到幾乎要人命，這可就有點嚇人了。

早在新婚的第二天，獨孤迦羅就橫刀立威：「枕榻之側豈容他人安睡，我的老公不許他人染指！」楊堅無奈地看著妻子說：「如此悍婦，生來就是要嫁入將門的！」後來執掌六宮，更是實行鐵腕政策：廢三宮，虛九嬪，唯我獨尊。

楊堅當然知道自己的老婆是個醋罈子，對此也是睜一隻眼，閉一隻眼。

開皇十九年（西元五九九年），發生了一起「仁壽宮桃色事件」。五十九歲的文帝和宮女尉遲氏春宵一度，讓一直驕傲自信的獨孤迦羅遭到毀滅性打擊，她盛怒之下殺死了宮女尉遲氏。文帝負氣離家出走，當大臣們在深山裡找到他時，這位開國帝王正坐在亂草叢裡拍著膝蓋哭得一把鼻涕一把淚，不住地抱屈說：「朕貴為天子，奈何若此？」最後在左右僕射高熲和楊素的調和下，獨孤皇后主動請罪，夫婦才和好如初。

能把皇帝老公弄成這樣的，千百年來恐怕只有獨孤迦羅一人。

獨孤迦羅不僅後宮對婚姻制度進行改革，還得推廣到滿朝文武，營

造一種舉國上下推崇一夫一妻制的良好氛圍。大臣們不服也不行，當女人與前途掛勾時，孰重孰輕自然掂量的清楚。獨孤氏是個說一不二的人，兒子違反了自己的規定，那也得罰，就這樣好色太子楊勇被廢掉了，善於偽裝的楊廣高興了。其實楊勇獲罪的原因，只是不愛正室愛偏房而已，就這足讓獨孤氏憤恨不已。

仁壽二年（西元六〇二年），獨孤皇后駕崩，文帝開始盡情享受聲色之娛。他封陳氏為「宣華夫人」，蔡氏為「容華夫人」，日日歡宴，夜夜春宵，還十分滿足地說道：「朕老矣！情無所適，今得二卿，足為晚景之娛。」可是身體也透支的厲害，就在生命岌岌可危之時，他又想起了獨孤迦羅的好，對左右說：「使皇后在，吾不及此。」兩年後，文帝也一命嗚呼，追隨而去了。

第一夫人的典範

長孫皇后的溫情政治

長孫皇后是隋朝大將長孫晟的女兒，在十三歲時嫁給了唐國公李淵的次子李世民。筮者曾預言她「貴不可言」。

唐朝建立後，她被冊為秦王妃，在玄武門之變當天親自激勵將士。李世民即位後，被立為皇后。

長孫皇后是中國歷史上著名的賢后，雖然自稱不干預朝政，但時常以古事設喻勸諫皇帝，更留下「朝服勸諫」以迂迴策略保護大臣的美名。

當時，有一個諫議大夫叫魏徵，有才幹又為人耿直，經常對唐太宗的一些不合理的想法和行為提出指責和反駁。在十七年間，他所諫奏的事，有史籍可考的達兩百多項，內容涉及政治、經濟、文化、對外關係和皇帝私生活等等，全都是知無不言，言無不盡，經常弄得唐太宗下不了臺。

在一次上朝的時候，魏徵與唐太宗爭得面紅耳赤。唐太宗實在聽不下去，想要發作，又怕在大臣面前丟了自己善於納諫的好名聲，只好勉強忍住。

回到後宮，唐太宗怒氣未消，見到妻子長孫皇后，氣沖沖地說：「總有一天，我要殺死那個鄉巴佬！」

長孫皇后很少見丈夫發那麼大的火，就小心翼翼地問道：「不知陛下想殺哪位大臣？」

「就是魏徵！他總是當著群臣的面讓朕難堪。」

長孫皇后聽了，一聲不吭，回到自己的內室，換了一套朝見的禮服，向太宗下拜說：「恭喜陛下！」

唐太宗驚奇地問道：「妳這是做什麼？有什麼事可恭喜的？」

長孫皇后說：「我知道只有明辨是非的君主才會有敢直言相勸的大臣，魏徵的行為恰恰說明您是一個明君，這難道不該恭喜嗎？」這番話就像一盆清涼的水，把唐太宗滿腔怒火澆熄了。

西元六三六年，年僅三十六歲的長孫皇后身染重病，在彌留之際，她勉強支撐著虛弱的身子，留下了最後的囑託。

她對唐太宗說：「在當朝所有大臣中，房玄齡是最忠誠的，我死之後，希望您能盡快讓他回來，繼續未竟的事業。」

唐太宗聽了，唏噓再三，既為皇后「憂天下之憂而憂」的精神所感動，又為自己處事不穩妥，把房玄齡貶官在外感到慚愧，當即說：「妳放心，我這就下旨讓他回來。」

長孫皇后繼續說：「我娘家那些人，承蒙您的厚愛，享盡了榮華富貴，但不要讓他們掌握國家大權。自古以來，因外戚干政對國家造成嚴重災難的教訓並不少見。」

唐太宗聽後，點了點頭。

最後，長孫皇后說：「我死之後，一定要薄葬，最好埋到山上，也免得陪葬過多，讓人盜墓。另外，不在身邊的子女，不要通知他們，免

得他們風塵僕僕，哭得死去活來。」

　　說完這些話，長孫皇后便與世長詞了。

小知識

　　太子李治在貞觀二十二年建起了一座宏偉富麗的大慈恩寺來紀念母親長孫皇后。大慈恩寺的規模很大，共有一千八百九十七間房屋，雲閣禪院，重樓複殿，十分豪華。唐玄奘稱其為「壯麗輪奐，今古莫儔」。

成功的聯姻

文成公主遠嫁吐蕃

　　吐蕃人是藏族的祖先，生活在青藏高原上，過著農耕和遊牧的生活。

　　吐蕃人的首領被稱為「贊普」，意思是雄壯強悍的男子。

　　貞觀三年（西元六二九年），年僅十三歲松贊干布繼承王位，成為吐蕃第三十二代贊普。

　　面對當時四分五裂的政治局面，松贊干布沉穩果敢，以強硬手段應付叛亂，經過三年征戰，再次恢復了吐蕃的統一，把都城遷到邏些（今西藏拉薩），制訂了官制和法律，建立了強大的奴隸制政權。

　　松贊干布非常羨慕唐朝的文化，希望能夠娶到唐朝的公主。

　　貞觀八年（西元六三四年），他派出使臣，帶著豐盛的禮物，到唐朝向皇室求婚。

　　當時，唐太宗沒有同意。使臣回到吐蕃，向松贊干布報告說：「唐朝的皇帝最初是同意求婚的，但吐谷渾王諾曷缽訪問唐朝，在他的干預下，唐朝的皇帝又不同意了。這一定是吐谷渾王諾曷缽在中間說了壞話！」

　　松贊干布聽了，非常生氣，馬上發兵攻打吐谷渾，佔領了吐谷渾大部，迫使吐谷渾人逃到了青海湖以北。同時，兵鋒直指唐朝的松州。

武力威脅下，松贊干布派使臣來到長安，揚言說：「我們是來接公主的，如果不把公主嫁給我們贊普，我們的軍隊隨後就到！」

雄才大略的唐太宗豈是被嚇大的，吐蕃攻打唐朝的屬國吐谷渾就已經讓他極為不爽，這次又公然來逼婚，簡直是忍無可忍，當即派遣吏部尚書侯君集率領五萬大軍增援松州，討伐吐蕃。

雙方一交戰，吐蕃軍隊就被打得大敗。

松贊干布看到唐朝這樣強大，既害怕又佩服。在西元六四〇年，他派大相（相當於宰相）祿東贊帶著黃金五千兩，珍寶數百件，到長安道歉求婚。

松州之戰勝利後，唐太宗決定安撫吐蕃，就冊封了一個宗室的女兒為文成公主，讓她嫁給松贊干布。

《步輦圖》是唐朝畫家閻立本的名作之一，所繪是吐蕃使者祿東贊朝見唐太宗時的場景。

　　西元六四一年，唐太宗派禮部尚書、江夏王李道宗護送文成公主入藏。這支隊伍，攜帶著豐盛的嫁妝：有各式各樣的日用器具、珠寶、綾羅、衣服，還有歷史、文學書籍以及穀物種子等。成員除了文成公主陪嫁的侍婢外，還有一批文士、樂師和農業技術人員。

　　經過一個多月的頂風冒雪的艱苦跋涉，送親隊伍來到柏海（在今青海省境內），進行了短暫的休整。松贊干布率領群臣來到柏海，見到大唐使臣江夏王李道宗納頭便拜，行子婚大禮，把大唐做為吐蕃的上國。接著，送親和迎親的隊伍開進邏些，吐蕃人穿著節日的服裝，熱烈歡迎遠道而來的贊蒙（藏語，王后的意思）。

　　松贊干布樂不可支地對部屬說：「我族我父，從未有通婚上國的先例，我今天得到了大唐的公主為妻，實為有幸，我要為公主修築一座華麗的宮殿，做為紀念，讓子孫萬代都知道。」

文成公主和松贊干布。

很快，一座美輪美奐的宮殿布達拉宮就建成了。

文成公主入藏的時候，帶了許多佛經、佛像和有關醫藥、生產、工藝等方面的書籍，還帶去了大量的糧食、蔬菜種子和生產工具。那時候，吐蕃沒有曆法，以麥熟為一年，文成公主到後就幫助吐蕃人民推行曆法。她還教吐蕃婦女紡織、刺繡，帶去的水磨深受吐蕃人民的歡迎，使他們學會了利用水力資源。後來，唐朝還給吐蕃送去蠶種，派去養蠶、釀酒、製碾磨和造紙墨的工匠。

文成公主信奉佛教，松贊干布在她的影響下，提倡佛教，修建了大昭寺，並把公主帶來的釋迦牟尼像供奉在寺裡。

直到現在，拉薩市的布達拉宮和大昭寺裡還供奉著松贊干布和文成公主的塑像。

小知識

據《吐蕃王朝世襲明鑒》等書記載，文成公主進藏時，陪嫁的物品十分豐厚，有「釋迦佛像，珍寶，金玉書櫥，三百六十卷經典，各種金玉飾物」。又有多種烹飪食物，各種花紋圖案的錦緞墊被，卜筮經典三百種，識別善惡的明鑑，營造與工技著作六十種、一百種治病藥方、醫學論著四種、診斷法五種、醫療器械六種，還攜帶各種穀物和蕪菁種子等。

唯一的女皇

武則天的詐謀和鐵腕

在中國的歷史上，掌握國家大權的女人很多，稱帝的只有武則天一個。

她在十四歲時進宮當了才人，唐太宗李世民見她嬌媚可人，賜名「武媚娘」。

當時，吐蕃送給唐太宗一匹名叫獅子驄的寶馬，性子異常剛烈。武則天站出來說：「妾能制伏牠！請陛下賜我三樣東西，鐵鞭、鐵錘和匕首，我先用鞭子抽牠，不服再用錘子打牠的腦袋，若還不服，就用匕首割斷牠的脖子！」

唐太宗聽了驚嘆道：「妳真是一位奇女子，日後必成大器！」

當時的太子李治經常來後宮探望父親，一來二去，就和武則天私訂了終身。

貞觀二十三年（西元六四九年），唐太宗駕崩，武則天做為先皇的嬪妃，因為沒有生育過子女，到長安感業寺出家為尼。

永徽二年（西元六五一年），李治的王皇后主動要求將武則天接到宮中服侍皇帝。她的目的是想「以毒攻毒」，藉武則天來打擊情敵蕭淑妃，武則天沒權沒勢，不用擔心她會威脅自己的地位。

武則天果真厲害，回宮後立刻獲得高宗的專寵，第二年便升為昭儀，生下了第一個兒子李弘。後來，武則天不滿昭儀之位，開始動起了當皇后的念頭。

沒想到自己趕走了豺狼又迎來了餓虎，王皇后只得與蕭淑妃化敵為友，共同對付武則天。不久，武則天生下一個女兒，高宗非常喜歡，視為掌上明珠。王皇后基於禮數，特來探望，她剛一離開，武則天就親手把女兒給掐死了，嫁禍王皇后。

王皇后雖然矢口否認，但從這以後，高宗便產生了廢立皇后的念頭。

武則天終於取得了可以當皇后的機會。她四處活動，希望得到元老重臣們的支持和李氏宗親長輩的認可，可是以長孫無忌、褚遂良為首的元老大臣們根本不買她的帳。

永徽六年（西元六五五年），中書舍人李義府上書，建議廢王皇后，立武昭儀為皇后。唐高宗非常高興，立即召他面談，賜給他珠寶一斗。武則天自然也是喜出望外，秘密派人致謝。

一石激起千層浪，擁王派的元老重臣和擁武派的新政客展開了激烈的鬥爭。為了震懾反對派，武則天唆使唐高宗採取高壓政策將裴行儉、褚遂良這樣的朝廷要員全都貶了官。再加上顧命大臣李勣的臨陣倒戈，元老重臣的陣營也日漸分化。

就這樣，武則天終於可以母儀天下了。

武則天青雲直上，就意味著與她爭寵的王皇后、蕭淑妃命運的悲苦，她們驟然間滑向了沒有光明的無底深淵。

在當上皇后不久，武則天命人將王皇后和蕭淑妃的手腳全部剁掉，

放在酒甕中醃泡。幾天後，裝在酒甕中的兩個人仍然沒死，武則天便逼著高宗下詔賜死。在行刑官宣讀詔書時，王皇后哽咽不語，蕭淑妃則大聲痛罵：「如果有來世，我要做貓，阿武為鼠，我要吃了妳的肉，嚼碎妳的骨頭！」

蕭淑妃的話給武則天留下了巨大的陰影，她一輩子都怕貓，在登基為帝之後，久居洛陽，再也沒有回過長安。

載初元年（西元六九〇年），武則天終於當上了皇帝，改國號為周，自稱聖神皇帝，定洛陽為都城。

登基沒多久，李敬業就造反了，邀請駱賓王寫了洋洋灑灑的一篇檄文。

這篇檄文寫得文采飛揚，漂亮極了。武則天看過之後，不但沒有因為駱賓王以尖酸刻薄的語言歷數她的出身和殘忍手段而生氣，反而輕鬆地問：「這是誰寫的？」在得知是駱賓王之後，說道：「失掉這樣的人才，是宰相的過錯。」

武則天關心的是人才的流失

武則天巡行圖。

而不是自己的名聲，展現了一代帝王的胸襟。

西元七〇五年十一月，一代女皇逝世，她的墓碑高七百五十三公分，寬兩百一十公分，厚一百四十九公分，上面卻沒有一個字。

小知識

宋朝洪邁在《容齋隨筆》說：「漢之武帝，唐之武后，不可謂不明。」清朝趙翼謂其為「女中英主」。

女強人背後的女強人

最厲害的「剩女秘書」上官婉兒

上官婉兒，這位中國歷史上最強的女秘書，在青史上留下了她傳奇絢爛的一筆。

既然是職業女性，當然要從她的工作說起。

上官婉兒在十四歲時，因聰慧善文得到了武則天重用，掌管宮中制誥多年，有「巾幗宰相」之名。中宗年間，被封為昭容，執掌朝綱，權勢日盛，期間大設修文館學士，代朝廷品評天下詩文，引領一代文風。

在「女子無才便是德」的古代，上官婉兒是如何步入職業生涯的呢？這還要從頭說起。

上官婉兒和武則天本是仇人，因為爺爺上官儀政治上站錯了隊，西元六六四年，以「離間二聖、無人臣禮」的罪名被殺，連累全族獲罪。尚在襁褓中的上官婉兒隨著母親鄭氏做了朝廷的「官奴」，雖說僥倖保全了性命，但處境極為艱難。在後宮陰暗的囚籠裡，如果沒有那一次偶然，這對母女也許就像不知名的野花那樣自開自謝，無人問津。

西元六七八年的一天，上官婉兒迎接人生的轉機。皇后武則天召見她，並出題考察她的才華。上官婉兒表現很好，「有所製作，若素構」。武則天，這個兇狠殘忍的政治家，曾經殺害了上官婉兒祖父和父親的女

人，滿意極了，不僅免除了她們母女的「賤籍」，還把上官婉兒留在身邊，擔任掌管詔書的貼身秘書。

　　儘管上官婉兒和武則天是仇人，但這兩個不簡單的女人都分外大度地拋棄了恩怨，開始在事業上密切合作。上官婉兒的日常工作就是為朝廷起草各種報告，她是個寫文章的好手，總是能把各種報告寫得非常有文采。不但如此，上官婉兒還練得一手好字，獨創了一種唯美的書法格簪花體，讓人看起來賞心悅目。當然，一位好秘書還有一項重要的技能是必須掌握的，那就是善於察言觀色，對領導的心思要了然於心。蘭心蕙質的上官婉兒就有這種本事，深得皇后武則天的喜愛。

　　西元六八三年，唐高宗李治病死，太子李顯即位，是為中宗。中宗李顯的即位給上官婉兒帶來了極大的希望，因為李顯早就對她非常青睞。不過，這個希望很快就破滅了。

　　西元六八四年，太后武則天廢中宗李顯為盧陵王，立睿宗李旦，將朝政大權全都控制在了自己手裡。

　　見李顯靠不住，上官婉兒便死心塌地跟定了武則天。

　　做為武則天私人政治力量中的一員，上官婉兒雖然一直以文章制詔之事為武則天服務，但直到三十二歲時，才開始參決百官表奏，真正成為武則天的心腹。

　　進入到了國家權力中心之後，上官婉兒逐漸成為影響政壇的一位舉足輕重的人物，朝廷重臣和皇親國戚都得給她幾分面子。

　　除了女皇秘書這一身分之外，上官婉兒還有第二個身分女詩人，她曾出版過多卷詩文集，有的作品還收入《全唐詩》中。在她的倡議下，

天下大興文學之風。

西元七〇五年，中宗李顯復辟，上官婉兒被封為婕妤，不久又封為昭容，她的工作性質變為類似於待詔翰林的學士職務。李顯是個窩囊的男人，朝政被老婆韋后和女兒安樂公主把持。上官婉兒見風轉舵，依附於韋后和安樂公主，還把自己的情夫武三思拉攏過來，結成了政治集團，大肆收受賄賂，同時可以樹立黨羽，擴充私人政治力量。

這一時期，是上官婉兒紅得發紫的巔峰階段。她開始放縱自己的情慾，金屋藏「嬌」。戀愛中的女人，無一例外的瘋狂、愚蠢，上官婉兒同樣昏了頭，很多人踩著她溫柔的肩膀，當了達官顯貴。

上官婉兒妄想憑藉自己的聰明才智與豐富的政治鬥爭經驗保持自己的長盛不衰的狀態。然而智者千慮，必有一失。

政治新秀李隆基在西元七一〇年元月發動宮廷政變，為了掃平自己強權之路上的障礙，李隆基採取了寧可枉殺千人不使一人漏網的做法，對韋后、安樂公主、上官婉兒及諸韋親黨進行了全面徹底的清洗。

夜幕中刀光一閃，上官婉兒結束了自己不可一世的一生。

小知識

上官婉兒的事蹟見於《舊唐書》、《新唐書》、《資治通鑑》等正史中，但負面評價居多，認為她奉承權貴、淫亂宮闈，並操縱政治，控制朝綱。

差點成了接班人

太平公主不太平

　　太平公主是女皇武則天的小女兒，八歲時，以替已經去世的外祖母榮國夫人楊氏祈福為名，出家為女道士，太平則是她的道號。

　　長大後的太平公主生活極其奢侈，喜權力、好男色，是一個名副其實的花花公主。

　　十六歲時，太平公主嫁給了表兄薛紹，僅僅過了七年，薛紹就因為家人的謀反案件受到誅連，被武則天下令「杖一百，餓死獄中」。

　　隨後，武則天將寡居的太平公主嫁給了自己的堂姪武攸暨。

　　武攸暨性格厚道謙讓，太平公主在進入武家之後一手遮天，為所欲為，即便是公開大肆包養男寵，武攸暨也只好睜一隻眼，閉一隻眼，任其為所欲為。太平公主在自己享受肉體之歡的同時，還將美男子張昌宗送給母親解悶。這應該是歷史上罕見的一起女兒對母親的「性賄賂」。之後，張昌宗把自己的五哥張易之推薦給了武則天。

　　關於太平公主的長相，史書的記載是「豐碩，方額廣頤」，也就是體態豐滿，方額頭寬下巴。武則天十分疼愛她，說她長相和性格都很像自己，常與之商議政事。而太平公主真正走到政治前臺則是在唐中宗李顯復位之時，她參與了宰相張柬之等人起兵誅殺張易之、張昌宗兄弟二

人的行動。勝利後，太平公主因功被封為「鎮國太平公主」，並於神龍二年（西元七〇六年）開府置官屬，建立自己的勢力集團，後來發展到與唐中宗的老婆韋后、女兒安樂公主「各樹朋黨，更相譖毀」的地步。

為了打擊政敵，太平公主和四哥相王（即後來的唐睿宗李旦）、相王之子李隆基站在了同一戰線。景龍四年（西元七一〇年），韋后和安樂公主合謀毒死了唐中宗，接著將毒手伸向了相王父子和太平公主。在這種情況下，李隆基起兵殺死了韋后和安樂公主，將自己的父親李旦扶上了皇位。太平公主對這次鬥爭態度積極，不僅參與了事先的謀議，還派兒子薛崇簡直接參加了行動。事成之後，她被晉封萬戶，三個兒子也被封王。

應該說，起初李隆基與姑母太平公主的關係是很好的，他們曾經是一根繩上的兩隻螞蚱，同命相憐。但是，當兩人共同的敵人消失後，姑姪間的爭鬥就不可避免了。

一開始，太平公主自恃功高，沒有把太子李隆基放在眼裡，以為他會依照自己的意圖辦事。但是，僅僅過了幾個月，她就覺得有威脅了。李隆基十分精明，自有一套政治主張，絕不會屈居於姑母之下。

太平公主見狀，開始散佈「太子非長，不當立」的流言蜚語，並且在大造輿論聲勢的同時，不斷擴充勢力，權勢一度達到了「在外只聞有太平公主，不聞有太子」的程度。

夾在兒子李隆基和妹妹太平公主之間的唐睿宗厭倦了這種無休止的政治內鬥，將皇位傳給了李隆基，自己當了太上皇。

李隆基雖然當上了皇帝，但主要權力仍然掌握在父親李旦手中，而

李旦對妹妹太平公主總是言聽計從。

控制了太上皇，讓太平公主的慾望更加膨脹，她和黨羽們密謀，指使宮女元氏在李隆基吃的天麻粉中下毒，企圖取而代之。由於李隆基處處提防，沒能得手。太平公主見毒不成李隆基，就召集死黨另想辦法。

崔湜獻計說：「羽林軍大將常元楷、李慈二人忠於公主，如果他們率兵直入武德殿，迫使皇上退位，重兵之下，他不能不答應，再由竇懷貞、蕭至忠號召南牙兵做為外援，不需半日，大事可成。」

太平公主認為此計可行，便決定在這年七月四日舉事。長子武崇簡極力勸阻母親不要這樣做，被打得滿臉是血。

這個陰謀被左散騎常侍魏知古知道，他立刻向皇帝李隆基告了密。李隆基立刻行動，帶領將士在北闕斬殺了常元楷和李慈，然後來到朝堂上抓了蕭至忠、岑羲，把這些人全部斬首。竇懷貞逃到山溝裡，走投無路，上吊自殺。崔湜在事後被流放嶺南，死在了路上。太平公主聽聞有變，知道一切都完了，逃到山上的寺廟中，三天後才出來。李隆基命她在家中自殺，並將她的兩個兒子和黨羽數十人全部處死，只有長子武崇簡倖免，被賜姓「李」。

太平公主覆滅後，李唐王朝在唐玄宗李隆基的治理下，進入了開元盛世。

小知識

《舊唐書·武承嗣傳》載，太平公主自殺後「籍其家，財貨山積，珍奇寶物，侔於御府，馬牧、羊牧、田園、質庫，數年徵斂不盡。」

脂粉堆裡出現的清秀女子

虢國夫人的素面之美

　　唐朝是一個開放的時代，女人們個個「粉胸半掩疑暗雪」，以露為美的「袒胸裝」妝點著上層社會的每一個角落，充分展現了東方女性的人體曲線之美。

　　在當時，女人們喜歡將厚厚的鉛粉敷在臉上，再將濃濃的胭脂塗在兩頰，但是在脂粉堆裡卻出現一個清秀女子，她就是美女楊玉環的大姐虢國夫人。

　　虢國夫人嫁給了河東望族裴家，可是偏偏老公是個短命鬼，她年紀輕輕便守了寡。本打算悲悲淒淒地過一生，沒成想自己那深藏閨閣的小妹會同時被皇帝父子看中。一番爭奪之後，唐玄宗李隆基搶走了自己的兒媳婦壽王妃楊玉環，從此，楊氏一族雞犬升天。

虢國夫人夜遊圖。

　　楊玉環得寵於唐玄宗以後，因懷念姐姐，請求唐玄宗將虢國夫人和自己另外兩個姐姐一起迎入京師。唐玄宗稱楊玉環的三個姐姐為姨，分封她們三人為虢國夫人、韓國

虢國夫人遊春圖。

夫人和秦國夫人。當時，三夫人並承恩澤，出入宮掖，一時間風頭無二。當時都城中有歌謠唱道：「生男勿喜女勿悲，生女也可妝門楣。」

　　有一天，虢國夫人去皇宮。她只是輕輕描了一下眉，就素面而來了，下人們都為她捏了把汗，可是夫人卻對自己的美貌充滿信心。果不其然，在宮中粉黛三千的「綠葉」映照下，這張素面的出現，尤如一股清新之風，瞬間就把唐玄宗迷倒了。

　　天寶五年（西元七四六年），唐玄宗帶著貴妃楊玉環和她三個姐姐巡幸曲江，酒宴期間，唐玄宗與虢國夫人眉目傳情，被楊玉環逮了個正著。楊玉環因吃醋撒野，被唐玄宗逐出皇宮，很快又被接回。虢國夫人是何等的心計，她立刻與唐玄宗斷了曖昧之情。

　　當然對虢國夫人來說，她身邊從來都不缺少男人。很快，她又和堂兄楊國忠勾搭在了一起。《資治通鑑·唐紀》記載：「楊國忠與虢國夫人居第相鄰，晝夜往來，無復期度，或並轡走馬入朝，不施障幕，道路為之掩目。」既然此事出自正史，自然不會是空穴來風。都說人言可畏，可是人家虢國夫人從不在乎，相反她還與楊國忠的老婆建立了同盟關係。

　　虢國夫人最愛蓋房子，而且最愛往大的蓋，皇帝批的宅基地不夠，她就自己搞拆遷，看中誰家的地皮，誰就得主動搬家，不然就整死對方。

雖說長了一副清秀女子的模樣，可是骨子裡卻十分霸道無理。有一次夜遊，虢國夫人姐妹一行人與廣寧公主儀仗隊爭著過西市門。虢國夫人的家奴竟然用馬鞭打中了公主的衣服，公主受驚墜馬，駙馬程昌裔前去攙扶，被打了數鞭。

廣寧公主向父皇唐玄宗哭訴，唐玄宗下令殺了楊家奴僕，但駙馬卻因此丟官。

水滿則溢，縱然你權勢再高，也有走下坡的時候。

安史之亂爆發後，虢國夫人得知楊國忠和楊玉環相繼遇難，與子女及楊國忠的妻子一起騎馬逃奔到陳倉。縣令薛景仙聞訊後，親自率人追趕。在走投無路之際，虢國夫人把劍自刎，未死，被押入獄中。後因血凝至喉，窒息而死，屍體被扔到郊外，虢國夫人終如一顆流星消失在茫茫的歷史長空。

小知識

集靈臺・其二　　張祜

虢國夫人承主恩，平明騎馬入宮門。

卻嫌脂粉污顏色，淡掃峨眉朝至尊。

眼裡只有錢

後唐劉皇后貪婪誤國

　　後唐莊宗李存勗的皇后劉氏，出生在一個普通的人家，母親早亡，父親靠行醫治病和占卜維生。

　　在劉氏五、六歲的時候，由於戰亂和父親走失，被士兵捉住獻給了晉王李克用的妃子曹夫人當了侍女。在宮中，聰明乖巧的她整日練習吹笙和歌舞彈唱，很快便技壓群芳，深得曹夫人的喜愛。到了十五歲時，劉皇后出落得很漂亮，在一次後宮的酒宴上被太后賞給了李存勗。

　　在和劉氏結婚之前，李存勗已經有了兩位夫人，韓氏為正妃，伊氏為次妃。後來，劉氏生了一個兒子，賜名繼岌，李存勗對她更加寵愛，領兵征戰時也讓她隨軍同往。

　　劉氏得寵顯貴之後，父親劉老漢喜孜孜地趕到晉王府來認女兒，原指望從此有享受不盡的榮華富貴，不料卻吃了閉門羹。當時劉氏正和李存勗的其他幾位夫人爭寵，對自己的出身百般隱瞞。當李存勗告訴她有個老人自稱是她父親時，劉氏大發脾氣：「我父親是被亂兵殺死的，當時我還守著屍體大哭了一場，現在從哪兒跑出來一個鄉巴佬，居然敢冒充我爹！」說罷，命人將劉老漢打了一頓，趕走了。

　　李存勗當皇帝後，劉氏母憑子貴成為了正宮娘娘。雖然母儀天下，

劉皇后對自己貧寒的出身還是念念不忘，她用拼命斂財的方式來慰藉內心的不自信。為了更多更直接地聚斂錢財，她派人經商販賣物品，從中漁利，還將乾鮮果品以自己的名字命名出售。

斂財除了經商，再就是受賄。這個來錢更快，連吃喝都省了，大臣們爭先恐後來孝敬皇后，讓劉皇后賺的盆滿缽滿。更令人啼笑皆非的是，為了斂財，劉皇后不惜放低身價認大臣張全義為乾爹。

張全義家財萬貫，經常拿出一些金銀玉器和奇巧珍寶呈獻給皇帝和皇后。劉皇后見錢眼開，對李存勗說：「我從小沒了父親，時常感到孤寂傷感，現在張公對我們這麼好，妾很想拜他做義父。」李存勗當場便同意了，劉皇后行過禮後，張全義又命人拿出大量珍寶做為給義女的見面禮。此後，劉皇后時常會收到張全義的貴重禮物，無形中多了一條生財之路。

一來二去，劉皇后成了全天下最富有的富婆，國庫錢都沒她多。到了最後，皇帝李存勗都不得不向她伸手借銀子。

同光三年（西元九二五年）的秋季，黃河氾濫，莊稼絕收，國家財政出現赤字，有人向李存勗建議，讓劉皇后拿出私房錢來賑災。劉皇后斷然拒絕，並大言不慚地說，「吾夫婦得天下，雖因武功，蓋亦有天命。命既在天，人如我何！」那意思是，別總惦記我這點錢，花錢也沒用，認命吧！後來實在拖不過去了，就拿出一個首飾盒遞給李存勗說：「我就這點家當，都拿出來了，你省著點花吧！」

這點錢還不夠塞牙縫的，李存勗沒辦法，就來了個寅吃卯糧，預收明年的賦稅，老百姓更沒活路了，國家變得混亂不堪，大將軍李嗣源趁

亂起兵。平亂需要軍餉，劉皇后一開始不准老公給大臣們軍費，把兒子推給大臣，說朝廷沒錢，要不你們把我兒子賣了當軍餉吧！後來見事態越來越嚴重，才拿出一部分錢分給士兵，讓他們堅守城池。士兵們的妻兒老小都餓死了，還要這些錢有什麼用，紛紛扔下兵器逃命去了。

李存勗在洛陽兵變中死後，劉皇后見大勢已去，趕忙收拾金銀細軟，拉了好幾大車，和李存勗的弟弟李存渥一起，在騎兵保護下逃出宮門，想到晉陽暫時躲避。

在路上，李存渥被部下殺死，劉皇后走投無路，只好取出一些錢財建了一座尼姑庵，削髮為尼了。

李嗣源並沒有放過這個誤國的昔日皇后，派人讓她自盡了。

小知識

李存勗對劉皇后不認生身父親這件事心存疑慮，為進一步探明虛實，他發揮自己演戲的特長，故意穿上破衣裳，背著褡褳和採藥的筐子，讓兒子李繼岌提著一頂破帽子，跟在後面。

父子二人一邊向後宮走，一邊學著劉山人的聲音大喊：「劉山人來看望女兒來了！」

劉皇后見狀大怒，把兒子打了一頓，把李存勗也給轟了出去。

第四篇

說不完的陰謀和陽謀

孫龐鬥智

看誰笑到最後

孫臏，戰國時代著名的軍事家和軍事理論家。

他是孫武的後人，如果你不知道孫武是誰，但你可能知道他寫的《孫子兵法》世界三大兵書之一（另外兩部是克勞塞維茨《戰爭論》和宮本武藏《五輪書》）。

繼承了老祖宗善用謀略的基因，加之後天的努力，孫臏成了使詐的高手。

孫臏。

談到孫臏，就不能離開龐涓。

二人是同學，又是死對頭，一開始，龐涓弄殘了孫臏，但笑到最後的還是孫臏，他用計玩死了龐涓。

同門師兄弟之所以水火不容，源自老師鬼谷子的偏心眼。鬼谷子將畢生的絕學傳給了孫臏，卻對龐涓有所保留，龐涓當然心存嫉妒。

當初，龐涓學成之後，受到魏王的賞識，做了大將軍。他擔心孫

臏取代自己的地位，就暗中命人捉住了前來拜訪的孫臏，砍斷他的雙腿，還在他的臉上刺字、塗墨。

孫臏受此酷刑生不如死，龐涓卻假意安慰，對他關心異常。原來，他是想騙孫臏將兵法寫下來送給他。直到有一天，好心人告訴了孫臏事情的真相，孫臏才如夢初醒。經過苦思冥想之後，孫臏終於想到了一個辦法裝瘋。

龐涓可不是那麼容易上當受騙的，他懷疑孫臏裝瘋，就讓人把他抬到豬圈裡去。誰知孫臏一進豬圈，就抓豬屎吃，並且披頭散髮，傻笑不止，一連好幾天都是如此。龐涓這才認為他是真瘋了，便放鬆了警惕。

就這樣，孫臏透過裝瘋保住了性命，在齊國使者的幫助下逃到了齊國。

西元前三五四年，龐涓指揮大軍包圍了趙國的都城邯鄲。第二年，趙國向齊國求援。齊王任命田忌為將，孫臏為軍師，率軍前往救援。田忌本來打算帶領軍隊直接去趙國與魏軍作戰，但孫臏認為，魏國的精兵都在攻打趙國，國內空虛，如果直接進攻魏國的話，魏國軍隊一定會立刻撤離趙國。田忌採納了孫臏的計謀，率軍進攻魏國。龐涓得知消息，非常著急，丟掉糧草輜重，星夜從趙國撤軍回國。

西元前三四〇年，龐涓舉兵攻韓，韓國岌岌可危，哀求齊國救援。齊威王任命田忌為主將，田嬰為副將率領齊軍直接進攻魏國首都大梁。孫臏在齊軍中的角色，和以前同魏國作戰一樣：充任軍師，居中調度。眼見勝利在望，齊國又來從中作梗，龐涓極為惱火。他決定好好教訓一下齊國，省得日後再同自己搗亂，就親自率雄兵十萬，氣勢洶洶撲向齊

軍，企圖一決勝負。

腹背受敵，齊軍只好撤退。

孫臏對田忌說：「魏軍一向英勇善戰，從不把齊軍看在眼裡，我們要不斷地示弱，引誘他們上當。」田忌依計而行，在撤退途中，他命人有意製造軍力不斷削弱的假象。第一天造了十萬人用的鍋灶，第二天減為五萬人用的鍋灶，第三天只剩下三萬人用的鍋灶了。龐涓看到齊軍鍋灶日減，以為齊軍膽怯，三天就逃亡了大半，便丟下輜重和步兵，輕車銳騎日夜兼程猛追，想一舉全殲齊軍，擒獲孫臏。

沒想到，孫臏在馬陵附近設下埋伏。當魏軍到達這裡時，齊軍萬箭齊發，龐涓身中六箭之後拔劍自刎。

沒有了龐涓，魏軍就成了無頭的蒼蠅，四散奔逃，最後就連魏國的太子申都被活捉了。

小知識

鬼谷子名王禪，又名王詡，戰國時代衛國人，善於持身養性和縱橫術、精通兵法、武術、奇門八卦，著有《鬼谷子》兵書十四篇傳世，世稱王禪老祖。

傳說中他的徒弟有：孫臏、龐涓、蘇秦、張儀、毛遂、樂毅、范雎、鄒忌、酈食其、李斯等，商鞅在李悝死後也曾師從鬼谷子。

有退路才有活路

孟嘗君「狡兔三窟」

齊國的孟嘗君，本名田文，「戰國四公子」之首。

有一天，一個奇怪的人找上了門來。孟嘗君見此人的衣衫落魄，腳穿一雙草鞋，腰間的劍更是連劍鞘都沒有，便知道這個人是前來當門客的，便問道：「不知道您找我有什麼見教？」

來人答道：「我叫馮諼，家裡遭了水災，實在窮的過不下去了，聽說您在招門客，就想到您這裡來找口飯吃。」

孟嘗君又問：「不知道您是會天文曆法，還是會拉弓射箭，或者是縱橫之術？」

馮諼答道：「我什麼都不會。」

孟嘗君心中有些不悅，但礙於面子還是說道：「好的，那就請您住下來吧！」命人安排他住了下等間。

過了幾天，孟嘗君想起了馮諼，問道：「那個新來的門客最近在做什麼？」

管事的人不屑地答道：「那個人整天抱著他那把破劍邊彈還邊唱：劍啊，我們回家吧！這裡吃飯沒葷腥。」

孟嘗君笑了笑說：「那就給他吃上好的飯食。」過不了幾天，管事

的又來回報，馮諼還在天天唱歌，內容變成了出門無車馬，孟嘗君揮了揮手說：「給他備好車馬便是。」

又過了幾天，管事的人怒氣沖沖來報：「馮諼依舊在唱歌，歌詞的內容變成了『劍啊，我們回去吧！沒錢不能養家』！」

孟嘗君挺生氣，心想，這個窮鬼怎麼這樣不知足呢？不過，為了籠絡更多的人，他還是派人經常給馮諼的老母親送錢用。這下，馮諼終於不彈不唱了。

就這樣過了一年，孟嘗君名氣越來越大，成為了齊國的相國。此時，他的門客多達三千人。如此多的人要養活僅靠他的俸祿是不夠的，所幸他還有封地薛城的稅收和放貸的利息足夠維持。

今年剛好到了收債的日子，孟嘗君把馮諼找來，對他說：「現在請您上薛城去一趟，替我收債，不知道您願不願意去？」馮諼很爽快地答應了。

到了薛城，那些手頭寬裕的人跑來還了利錢，可是那些還不了債的早就躲的無影無蹤了。馮諼將手頭有的錢，買了酒肉，辦了幾十桌酒席，邀請所有的債戶來喝酒，並且通知說，不管還得起、還不起的都要來，還不起不要緊，來核對一下債券就行了。

聚會那天，債戶們都來了，受到了熱情的招待，酒足飯飽後，馮諼和大家一一核對了債券，問明了情況。凡是當時能給利錢的，就收下他們的錢；一時沒錢的，就約好歸還的期限；窮得實在還不起的，就乾脆把他們手中的債券收回，當著大家的面，一把火燒掉了。

當孟嘗君看到馮諼兩手空空地回來，氣得險些吐血身亡。馮諼不慌

不忙辯解道：「您臨走的時候曾經告訴我，要我看家裡缺少什麼就帶回來，我看到您的家中金銀珠寶、玉器字畫什麼都不缺，只是缺少了對百姓的情義。因此我辦酒席將大家都找來，延長能付得起的期限，到期準能交上，付不起的再過三年五載也還不上，跑掉的話您的債券就是一張廢紙了，而且對你的仁義名聲不利。我現在把這些沒用的債券燒了，使薛城百姓對您感恩戴德，到處頌揚您的美名，這不是天大的好事情嗎？」

又過了一年，齊國國君覺得孟嘗君名氣太大，對自己是個威脅，就罷免了孟嘗君的相位。孟嘗君的三千門客一下子跑了一大半，他只好回到自己的封地去。薛地的百姓聽說孟嘗君回來的消息，扶老攜幼走出數十里路去夾道歡迎孟嘗君。

孟嘗君嘆息道：「先生為我買的仁義，我今日終於看到了啊！」

馮諼笑著說：「狡猾機靈的兔子有三個洞，才能保證自己的安全。現在您只有薛這一個洞，還不能放鬆戒備，請讓我再去為您挖兩個洞吧！」

孟嘗君應允了，給馮諼準備了五十輛車子、五百斤黃金。馮諼先向西去魏國活動，他對魏惠王說：「孟嘗君這樣的人物讓齊國放逐掉是對我們天大的好處啊！他這樣的人如果哪位諸侯招致麾下，必然能使國家強大。」

魏惠王覺得有道理，就空出了相位派使者帶著黃金千斤、百輛車子，去聘請孟嘗君。馮諼先趕車回去，告誡孟嘗君說：「千斤黃金，很重的聘禮了；百輛車子，這算是顯貴的使臣了。但是你一定不能接受，齊王會很快得知這個消息的。」魏國的使臣往返了三次，孟嘗君堅決推詞而

不去。

　　齊湣王聽說這一消息，君臣上下十分驚恐，立刻派遣太傅攜帶千斤黃金、繪有文采的車子兩輛、佩戴的劍一把，封好書信，向孟嘗君道歉。

　　馮諼告訴孟嘗君：「您現在可以向齊王請求賜予先王傳下來的祭祀祖先使用的禮器，在薛地建立宗廟。」

　　宗廟成就，馮諼回報孟嘗君：「兔子的三個洞現在都已經營造好，您可以高枕無憂了。」

小知識

　　戰國末期，各諸侯國貴族為了對付秦國的入侵和挽救本國的滅亡，竭力網羅人才，一時間，養「士」（包括學士、策士、方士或術士以及食客）之風大盛。

　　當時，以養「士」著稱的有齊國的孟嘗君、趙國的平原君、魏國的信陵君和楚國的春申君。後人稱他們為「戰國四公子」。

縱橫之術

戰國最厲害的兩張嘴

　　鬼谷子的第一批弟子火拼，被弄得死的死、殘的殘。過了幾十年，他的第二批弟子畢業了，戰國歷史上最大的一場戲開演了。

　　這批弟子，也是兩個人，一個叫蘇秦，一個叫張儀，和孫龐二人一樣，喜歡互鬥、同門相殘。

　　最先出場的是洛陽人蘇秦。他學成之後，直奔秦國，向秦王推銷統一中國的策略。蘇秦說得口乾舌燥，急得汗流滿面，也沒有成功，此時盤纏花完了，衣服也破了，只能回家。回到家後，妻子不理，向嫂子要口吃的，嫂子不給。蘇秦受辱，立志要做一番大事業，「錐刺股」的故事就是這麼來的。後來，他改變策略，遊說六國合縱抗秦，不但一舉成功，還身任六國丞相，一時間風光無比。

　　當蘇秦的馬車路過洛陽的時候，他的父母早就把房子打掃乾淨，備好豐盛的家宴，到距離洛陽三十里的地方來迎接他。他的妻子不敢看他，把頭低得低低的，他的嫂子更是跪在地上連連拜個不停。

　　蘇秦看見這番情景，想起當年的場景，不無感慨地對嫂子說：「嫂子快快請起吧！當年妳連飯都不給我吃，現在為什麼如此對待我了呢？」

　　嫂子是一個直爽的人，毫不掩飾地回答說：「如今的你和當年已經

大不相同，現在你是相國，身分顯貴，有的是金銀珠寶，這樣我們全家人都體面啊！」

這時候，蘇秦的師弟張儀也畢業了，他是個更難搞定的角色，師兄沒有完成的任務他偏要去完成。

事實證明，張儀的水準果然比蘇秦高許多，秦王聽了他的話，竟然很高興，任命他為秦國丞相。

當了秦國的官就得為秦國辦事。

為了打破六國結盟的局面，張儀最先找到了魏王，對他說：「就連親兄弟，也會因為財產分配不均而爭執，況且是六個國家。儘管現在六個國家合在一起，但各有各的想法，這種結盟不會長久。」在張儀的遊說下，魏王放棄了和其他五國的結盟，轉而和秦國結盟。

在各個諸侯國中，楚國的地域最廣，齊國的地理位置最優越，齊楚結盟對秦國威脅最大。張儀向秦王建議，要出使楚國，破壞齊楚之間的關係。

張儀到楚國後，首先用重金買通了楚懷王身邊的近臣，得以面見楚懷王。張儀說：「只要大王和齊國絕交，秦國就會出讓於、商六百里土地給楚國。」楚懷王原本是個昏庸之輩，一聽有利可圖，十分高興。他不顧屈原等大臣的反對，答應了張儀的條件。第二天，懷王派大將逢侯醜隨同張儀來到秦國，和秦王簽訂條約，接受於、商的土地。

一路上，張儀和逢侯醜交談飲酒，親如兄弟。兩人快到咸陽的時候，張儀假裝從凳子上摔了下來，叫苦連天，他讓左右領著逢侯醜暫且住在驛館內，自己匆匆忙忙去看醫生了。

　　張儀這個因醉酒摔成的傷病，一病就是三個月。逢侯醜多次求見張儀，都遭到了拒絕。一天又一天，逢侯醜心急如焚，只好上書秦王，讓他出讓於、商之地。秦王很快給逢侯醜回了話，說道：「既然張儀和貴國有約，寡人必定遵守諾言。可是我聽說楚國和齊國還沒有絕交，我害怕受到你們的愚弄。還得等張儀親自奏明，我才能決斷。」

　　逢侯醜再去找張儀，還是見不著人，於是向楚王奏明了這裡的情況。楚懷王明白了秦王的意思，是嫌棄自己沒有和齊國絕交。於是派出勇士，到齊國邊境，高聲辱罵齊王，來向秦王表明自己的決心。受到辱罵的齊王大怒，派人到了秦國，要和秦國結盟攻打楚國。

　　張儀見齊國的使臣前來拜見秦王，知道自己的目的達到了，傷病自然也就好了。他入朝覲見秦王，在朝門外恰好遇見了逢侯醜，張儀故作驚訝地問：「你怎麼還沒有回去？那片土地領受了嗎？」

　　逢侯醜無奈地說：「秦王專等相國病好，請您說明情況後，才出讓土地。」

　　張儀說：「這件事難道還要經過秦王同意嗎？我自己的封地六里，獻給楚王，我自己就可以決定了。」

　　逢侯醜當時的表情，可想而知，他結結巴巴地對張儀說道：「當時……當時相國說的是六……六百里土地，怎麼現在成了相國自己的封地六里了呢？」

　　張儀冷笑道：「楚王一定是老糊塗了。我們大秦的國土，都是將士們艱苦奮戰、流血拼殺爭取過來的，怎麼能夠輕易送人呢？」

　　逢侯醜知道中了張儀的計謀，回去稟告楚王。楚王大怒，派兵攻打

秦國，結果大敗而歸。

蘇秦苦心經營的六國聯盟就這樣被張儀瓦解了。

小知識

縱橫術即合縱與連橫，合縱是幾個國家聯合起來共同對付一個強國，以蘇秦和東方六國為代表；連橫是一個強國與敵對集團的一個或幾個結成聯盟，達到瓦解對方、各個擊破的目的，以張儀和秦國為代表。

最高明的溝通術

觸龍說服趙太后

西元前二二六年，趙惠文王卒，年少的孝成王繼位，朝政由趙太后說了算。

秦國看到趙國內政、外交都比較弱，便發兵攻打趙國，接連佔領了三座城池，形勢危急。

趙國向齊國求救。

齊國答覆說：「想讓齊國出兵，趙國必須用長安君做為人質。」

趙太后疼愛小兒子，說什麼都不肯。眼看秦國大軍一天天逼近，大臣們如熱鍋上的螞蟻，紛紛勸諫。趙太后非常生氣，對大臣們說：「以後誰再勸我讓長安君去做人質，我就往他臉上吐口水！」

左師觸龍聽到這件事後，就來勸說趙太后。

趙太后聽說觸龍來了，就知道肯定又是來勸說長安君做人質的事，便生了一肚子火，等著他來。

觸龍小跑步著進來坐下，自我檢討說：「老臣年紀大了，行動不方便，很久沒來探望太后，請太后見諒，不知太后最近身體如何？」

趙太后說：「我經常乘輦，很少活動，身體還行。」

觸龍問：「飯量沒減吧？」

趙太后說：「靠喝粥活著了。」

在聊家常的過程中，趙太后逐漸消了火氣。

這時，觸龍藉機說：「我的小兒子舒祺，很不成器，而我私底下又心疼他，希望能讓他做個侍衛來守衛王宮。老臣我冒昧請求太后允許。」

趙太后說：「那就隨你的意吧！他多大了？」

觸龍說：「犬子十五歲，老臣想臨死前將他託付給太后，這樣老臣就安心了。」

趙太后說：「男人也心疼小兒子呀？」

觸龍說：「比婦人厲害！」

趙太后說：「這可不見得吧！女人才更加愛自己的小兒子。」

看到趙太后的情緒好多了，觸龍接著說：「做父母的如果疼愛自己的孩子，應該為自己的孩子做長遠打算才好。」趙太后認同地點點頭。

觸龍話鋒一轉，說：「我私底下以為您心疼燕后勝過心疼長安君。」

趙太后說：「先生錯了，我最心疼的還是長安君。」

觸龍不緊不慢地娓娓道來：「燕后在出嫁的時候，您抓住她的後腳跟哭，一想到她嫁得那麼遠，就十分悲痛；她走後您又不停地想念，在祭祀的時候為她祈禱平安，希望她能生育子孫，不會被趕回來，這不就是為她做長遠考慮，想讓她的子孫在燕國世代相繼為王嗎？」

趙太后若有所思地點點頭：「是這樣的。」

觸龍接著說：「從現在上推三世以前，趙王被封侯的子孫，其繼承人還有在位的嗎？」

趙太后說：「沒有了。」

觸龍說：「難道是君王的那些兒子被封侯後就都變壞了嗎？不是的，是因為他們地位高而沒有功勞，俸祿豐厚而沒有苦勞，佔有的珍寶太多了啊！如果太后果真為長安君考慮，就應該讓長安君為國家社稷做貢獻，否則在太后百年之後，長安君靠什麼能在趙國立足呢？」

這時趙太后才猛然驚醒，當即答應讓長安君去做人質。

小知識

觸龍所用的策略，現代心理學稱之為「自己人效應」，也就是先讓對方覺得你和他是「同一夥」的，是「自己人」，這樣不僅可以縮短彼此的心理距離，而且會讓對方更喜歡你，也更容易接受你的意見。

奇貨可居

天字第一號的買賣

呂不韋是陽翟（河南省禹縣）巨賈，一個謎一樣的人。

這並不是說他本人有多麼神秘，而是自從他出現後，大秦帝國就接連爆發了千古謎團。其中以秦孝文王的死因和秦始皇嬴政的身世最為撲朔迷離。

想解開這些謎團，還得從嬴政名義上的父親異人說起。

當時的秦國，太子安國君有二十多個兒子，但正室華陽夫人卻沒有子嗣。異人是安國君的侍妾夏姬所生，夏姬不受寵，當趙國想要一個王族子弟做為人質時，安國君就把這個兒子給推了出來。

活該異人倒楣，自從他來到邯鄲後，秦國就一直找理由進攻趙國。趙王遷怒異人，連最起碼的禮儀也不顧了，對他愈發刻薄，不僅沒有人伺候，連衣物、食物方面都是一直怠慢，異人在趙國的日子過得很鬱悶。

冬日的一天，呂不韋正在街上閒逛，突然在人群中看到一個年輕公子，身著舊衣，卻顯示出了與眾不同的貴族氣質。

呂不韋拉住身邊的小販問：「那公子是誰？」

「他啊？異人，秦國留在趙國的人質。秦國昭襄王的孫子，太子安國君的兒子。」小販不以為然地說。

　　呂不韋聽完小販的話，立刻在心裡盤算起來：「這是一件難得的『商品』，可以囤積起來賣個大價錢！」

　　第二天，呂不韋找到了異人，看門見山地對他說：「我可以光大你的門戶！」

　　異人失笑道：「你還是光大自己的門戶吧！」

　　「只有你飛騰了，我才有機會光大自己的門戶。」

　　異人心中一動，請呂不韋坐下來密談。

　　呂不韋說：「你的父親安國君一直沒有立皇儲，歸根結蒂，是因為他的寵妻華陽夫人沒有子嗣。如果你能認華陽夫人為母親，你被立為皇儲的可能性就很大了。」

　　「立皇儲？」異人苦笑了一下，「我如今連人身自由都沒有，哪裡敢想那些。」

　　「我能幫你！」呂不韋說，「如果你相信我，不出兩個月，我就營救你回秦國。」

　　異人當即拜倒在呂不韋面前：「先生如果能幫我，日後我若為王，願意和先生共同治理國家！」

　　為了幫助異人，其實是為了幫助自己，呂不韋次日便啟程前往秦國的首都咸陽，去拜見華陽夫人的姐姐。

　　見到華陽夫人的姐姐，呂不韋將異人一番誇讚，說他如何思念故土，如何仰慕華陽夫人，想認她做母親，還講了若是異人能返回秦國，將如何孝順華陽夫人等等。

　　空頭支票開了一堆，華陽夫人的姐姐被感動了，在第一時間說服華

陽夫人答應異人的請求，收他為自己的兒子，並表示願意為他在安國君面前說好話。

說服華陽夫人只是呂不韋計畫的第一步，接下來將要搞定的是昭襄王。異人想回國，非得他同意不可，否則一切努力都白費。

可是，昭襄王不久前在澠池受了趙國藺相如的奚落，對趙國懷恨在心，根本不願意和趙國打交道。

上天還是有意成全呂不韋的，讓他結識了昭襄王王后的弟弟楊泉君。呂不韋對楊泉君說：「你之所以有今天的高官厚祿，是因為大王和王后在眷顧你。可是等到大王和王后百年之後，你的權勢又有誰能維持呢？我聽說華陽夫人有意收流落在趙國的王子異人為兒子，如果你能說服昭襄王把這個孫子接回來，華陽夫人和安國君必定對你感激，那麼你的榮華富貴才可以長久。」

楊泉君認為呂不韋說得有理，就將他的話原封不動地告訴王后，王后便勸說昭襄王，讓異人回秦國。

一切準備就緒，呂不韋回到了自己在邯鄲的家，但他的大計還沒結束，而是在琢磨如何讓自己的權勢能延續千秋萬代。

這時，他想到了趙姬，一個放在後宮之中也絕不遜色的貌美女子。

呂不韋很喜歡她，當時她已經有了身孕：「如果把趙姬獻給異人，那麼將來繼承大統的，就是自己的子孫！」

就這樣，一個天字第一號的買賣成交了。

異人得到趙姬，對呂不韋更是感激不盡，一年之後（《資治通鑑》就是這樣記載的），趙姬生下一個兒子，取名叫政。長大之後成為一代

霸主，他就是秦始皇嬴政。

邯鄲圍城時，趙國要殺異人，在呂不韋的賄賂和營救下，異人和趙姬平安返回秦國。

不久，昭襄王去世，安國君當政，史稱孝文王，立異人為太子。可是孝文王在位僅僅只有三天，屁股還沒坐熱就死掉了。孝文王的死蘊含著一個巨大的政治陰謀，其中呂不韋的嫌疑最大。

異人繼承王位後，履行之前的諾言，封呂不韋為丞相。就這樣，呂不韋棄商從政，登上了自己事業的最高峰。

再後來，異人也去世了，嬴政繼承王位，在趙姬的暗示下，尊稱呂不韋為「仲父」。

嬴政長大後，知道了自己的身世，就想了個法子把自己的親生父親呂不韋送上了西天。

小知識

呂不韋命手下食客編著《呂氏春秋》，又名《呂覽》，有八覽、六論、十二紀共二十餘萬言，匯合了先秦各派學說，「兼儒墨，合名法」，故史稱「雜家」。書成之日，懸於國門，聲稱能改動一字者賞千金。

佈告貼出許久，人們畏懼呂不韋的權勢，無人來自討沒趣。於是「一字千金」的佳話便流傳至今。

放下武器的後果

白起長平殺降

西元前二六二年，秦國大軍攻克韓國的野王，韓國上黨郡與韓國本土的聯繫被切斷，韓國只好獻上黨向秦國求和。

上黨郡的軍民視秦為「虎狼之國」，紛紛投靠同為「三晉」的趙國。

對趙國而言，上黨郡絕非是一口到嘴的肥肉，而是一塊「燙手的山芋」：接收上黨，就等於向秦國宣戰；不接收上黨，就會將自己的側翼暴露在了秦國面前。

趙孝成王召開會議，與群臣商議後，最終決定接受上黨郡。

為此，趙國派出四十五萬大軍進駐上黨，軍隊的統帥是久經沙場、能攻善守的大將廉頗。廉頗奉行堅守政策，閉門不戰，一晃就是三年。

秦軍遠離國土，糧草輜重的補給都很困難；趙軍卻能夠以逸待勞，隨時補充所需的給養。這樣拖延下去，勢必對秦軍越來越不利。秦國宰相范雎決定施以反間計，除掉趙國大將廉頗。他派間諜悄悄潛入邯鄲，用重金收買了趙王身邊的幾個大臣，讓他們散佈流言說，秦軍最怕的不是廉頗，而是趙括。

趙括是何許人也？他是趙國名將趙奢的兒子。他從小就學習兵法，談論軍事，長大後與父親趙奢談論用兵之道時，趙奢也難不倒他。

謠言達到了預期的效果，秦王實現了他的目的。

趙王召來趙括，問：「你能擊退秦兵嗎？」

趙括說：「如果武安君白起為將，我或許要思量一下，可是眼前這個王齕不足道也！」

趙王聽了趙括的一番高談闊論後，決定拜趙括為將，替換廉頗。

趙國易將，對秦國而言是一個天大的好消息。為了確保此次戰鬥的勝利，秦朝也做出了相應的調整，讓名將白起擔任主帥，原來的統帥王齕成了副手。

趙括一上任，就改變了廉頗的固守戰術，貿然出擊。秦軍假裝不敵，且戰且退。趙括見狀大喜，命令大軍全力追殲，卻遭到了秦軍兩翼伏兵的攔截，被分割包圍。白起命兩萬五千名騎兵繞到趙軍的背後，將趙軍的退路切斷。趙軍無奈，只好堅守，等待援兵。而秦軍則不斷出動機動靈活的輕騎兵，騷擾趙軍。

雄才大略的秦王，也在國內積極配合秦軍的作戰部隊。他下令秦國境內十五歲以上的男丁全部從軍，源源不斷向前線補充兵源。

當白起完成對趙軍的合圍之後，趙括連續不斷地向秦軍陣地發動突圍，然而秦軍佔據有利地形奮力抵擋住了趙軍的衝擊，在被圍四十六日後，趙括戰死。四十萬大軍在主帥陣亡、突圍無望、糧盡援絕

秦武安君白起。

的情況不得已向秦軍投降。

　　登上勝利巔峰的白起此時面臨著兩難選擇：放趙兵回國無疑是前功盡棄、養虎遺患；留下來，四十萬俘虜的日用開支是天文數字，養不起他們。在權衡了很久之後，白起命人將趙軍俘虜年幼者兩百四十人放回，用以震懾趙國人心，將其餘四十萬降卒設詐一舉全部坑殺。

小知識

　　長平殺降是古今中外戰爭史上，規模最大、手段最殘暴的一次殺降。此次殺降堅定了趙國殊死反抗的決心，更為嚴重的是，白起協助秦王開創了一個以暴制暴、以毒攻毒，乃至以狡詐毒辣對殘忍無信的歷史進程。

歡迎罵我

王翦和蕭何自污免禍

　　王翦，秦國著名軍事家，與白起、廉頗、李牧並稱「戰國四大名將」。

　　在他的指揮下，秦軍相繼滅掉了韓、趙、魏、燕四國，接下來，兵鋒指向楚國。

　　楚國是南方的大國，地大物博、兵源豐富，是個強勁的對手。因此，這次伐楚秦王嬴政格外謹慎。

　　經過反覆篩選，秦王認為只有兩個人可以勝任：一個是年輕的李信，一個是年老的王翦。

　　秦王問李信：「攻打楚國需要多少人馬？」

　　李信說：「二十萬足矣！」

　　秦王又回頭問王翦。

　　王翦沉思片刻回答說：「非六十萬人馬不可。」

　　秦王聽完沉思了一下，笑著對王翦說：「王將軍到底是老了，變得有些膽怯。」最後決定讓李信率領二十萬大軍南下攻打楚國。

　　王翦見自己的意見不被採納，就推託有病，回到家鄉頻陽養老。

　　李信年少壯勇，曾經帶領數千士兵將燕軍打敗，活捉了太子丹。但

這次，他完全低估了楚人的力量，讓「虎狼之師」的秦軍吃到了苦頭。雖然李信起初取得了一系列的勝利，但是隨著戰線的深入和拉長，出現了種種困難，楚軍在大將項燕的指揮下趁機反擊，大破秦軍。

秦王聽到秦軍大敗的消息，十分震怒。冷靜下來之後，他想起了當初提出正確意見的王翦，便親自前去請他出山。

見到王翦後，秦王道歉說：「我沒採用將軍的計策，使秦軍蒙受了恥辱。現在楚軍一天天向西逼進，請將軍不計前嫌，為國分憂。」

王翦推託說：「老臣病弱體衰，昏聵無用，希望大王另選良將。」

秦王再次致歉說：「我取笑將軍膽小，希望將軍多多包涵，此次伐楚，非將軍不可！」

最後，王翦答應率兵出征，但提出了條件除了六十萬兵馬外，還要求秦王賞賜大片良田、屋宅。

秦王說：「將軍只管上前線就是了，何必擔憂家裡日子不好過？」

王翦答道：「做為大王的部下，我雖立過赫赫戰功，卻沒有資格封侯，所以要趁大王用得著我的時候，多為子孫討取賞賜置些家業。」

秦王聽後哈哈大笑起來，笑過之後，滿口答應。

王翦率軍抵達函谷關，又接連五次派使者回朝廷請求賜予良田。

秦王一一答應下來，心想：「王翦還真貪，不過只要他能打勝仗，就滿足他吧！」王翦領到了賞賜，這才全力出戰，歷經兩年終於消滅了楚國。

事後，有人問王翦：「您都這把年紀了，還討要那麼多東西做什麼？這樣只能損壞您的名聲！」

王翦解釋說：「大王把全部的軍隊都交給了我，很容易被朝廷裡面的人說有造反之心。即使一開始大王不以為然，但說得多了，也難免起疑。要是勢如破竹，凱旋而歸，功高震主，大王就更不放心了。我只有多討些賞賜，給大王留下一個沒什麼野心、只是貪圖享受的印象，才能消除大王的疑慮。」

原來，王翦「自污」是有意增加秦王控制自己的砝碼，以消除對他擁兵自重的懷疑。

蕭何。

無獨有偶。

漢朝的第一任相國蕭何為了消除漢高祖劉邦對他的懷疑，也同樣使用過「自污」的辦法。

西元前一九五年的秋天，黥布反叛，劉邦親自率軍征討。其間，他多次派人來詢問蕭相國在做什麼。蕭何的一個門客很有見識，他分析說：「相國位極人臣，當初進入關中就深得民心，至今已十年有餘，如果依然勤勉做事，皇上就會擔心您的威望震撼關中，所以多次派人詢問。相國應該多買田地，採取低價、賒借等手段來敗壞自己的聲譽，這樣一來，皇上見相國僅僅是貪財，並沒有政治野心，也就放心了。」

為了解除劉邦對自己的猜忌，蕭何最後不得不採納這位門客的計謀，

「自污」以免禍。

小知識

　　王翦和蕭何不居功、不自傲，對主子忠心耿耿，也不免遭到猜忌，竟然以自污免其禍，臣下侍奉君主之險惡由此可見一斑。

逃不掉的內訌

陳平用計除范增

西元前二〇三年，楚漢戰爭到了最激烈的時刻。

劉邦被項羽圍困在滎陽城內達一年之久，不僅沒有了外援，連糧草通道也被截斷了。

被人圍困，可以堅守等人來救；沒有了糧草，卻會被餓死。

滎陽城中的劉邦果然坐不住了，立刻派出使臣前往楚軍的大營談判，並開出了自己談判的價碼：以滎陽為界，以西的歸我，以東歸你。

當時，在東線戰場上，劉邦的大將韓信已經滅了魏王，一路攻城掠地勢如破竹，亟待項羽前去滅火。基於此，項羽準備接受劉邦的建議，就此罷兵。

亞父范增提出了反對的意見，他一針見血地指出，這是對方的緩兵之計，大王應該痛打落水狗，將劉邦置於死地。

一席話點醒了項羽，也讓劉邦再一次陷入了困境。

只可惜，項羽是殺不死劉邦的。就在此時，一位天才的人物出現了，不僅讓劉邦成功脫逃，還用借刀殺人之計害死了項羽最重要的謀臣范增。

這位天才人物就是陳平，他的才華不亞於「運籌帷幄，決勝千里」的張良。

陳平，陽武縣（今河南原陽）人，雖然家境貧寒卻生得身材魁梧、

容貌不俗。父母死後，他與哥嫂住在一起，平日裡不做農活，只知道讀書。到了該娶媳婦的年紀，問題來了，富裕的人家不肯把女兒嫁給他，窮人家的女兒陳平又看不上。

富戶張負認為陳平日後必有出息，就把孫女嫁給了他。這個女人嫁了五次，五個丈夫先後都死了，「剋夫」的名聲傳出來，很多人都不敢娶。別人不娶，陳平娶，在張家的資助下，擺脫了貧寒的日子。

陳平的第一任老闆是魏咎，可是魏咎不識貨，陳平只好投靠項羽。到了項羽那裡，陳平一去就立了軍功，先是被賜爵，後又被封為信武君，當了都尉。只是項羽不能容人犯錯，陳平害怕受牽連，只好投靠了劉邦。

這次滎陽被圍，陳平給劉邦獻計說：「項羽最倚重的就是范增、鍾離昧、龍且、周殷這幾個人，如果用重金去離間他們君臣的關係，一定會引發他們的內鬥，到時候楚軍不戰自敗。」

事實證明，離間計百試不爽。因為世上猜忌能臣的領導佔了大多數，就連雄才大略的秦始皇嬴政，也不敢把軍權全部交給大將王翦，何況是生性愛懷疑的西楚霸王。

劉邦答應了，很大方地給了陳平四萬金。

陳平用這些錢買通了楚軍的一些將領，讓他們散佈謠言說：「在項王的手下，范增和鍾離昧的功勞最大，卻不能裂土稱王。現在，他們已經和劉邦約定好了一起攻打項王，分割他的國土。」這些話傳到項羽的耳朵裡，使他起了疑心，果然遠離了鍾離昧，甚至開始懷疑范增。

如果想徹底孤立項羽，必須除掉范增。為此，陳平不惜設計來嫁禍范增。

一天，項羽派使者來到劉邦營中。

陳平陪同使者在上等客房坐下，桌上擺滿了美味佳餚。他再三問起范增的起居近況，還附耳低聲問：「亞父有什麼吩咐？」

使者不解地說道：「我是項王派來的，不是亞父派來的。」

陳平一聽那人說是項羽的使者，眉頭明顯地皺了起來，不高興地說：「我還以為你是亞父派來的呢！」說完，命人撤去上等酒席，隨後把使者領至另一間簡陋客房，改用粗茶淡飯來招待。

使者受到羞辱，大為惱火，回到楚營後，就把所見到的情形添油加醋地告訴了項羽。本來就多疑的項羽更加確信范增私通劉邦了。

范增並不知情，又來催項羽攻滎陽。可是項羽已經對他失去了信任，對他的話一律不聽。

過了幾天，范增也聽到了關於他私通劉邦的謠言，便對項羽的不信任感到心灰意冷。他對項羽說：「天下大事已基本定了，希望大王好自為之。我年歲大了，身體又不好，請大王准我回家養老吧！」

范增說的只是氣話，沒想到項羽竟然毫無挽留之意，當即同意了他的請求。被迫離開，自然是滿腹感傷，范增一路走，一路嘆氣，年紀大了，加上鬱悶和生氣，還沒回到彭城，就在半路上病死了。

項羽手下最厲害的一個謀臣，就這樣被陳平略施小計除掉了。

小知識

反間計，就是巧妙地利用敵人的間諜為我所用。採用此計的關鍵是「以假亂真」，造假要造得巧妙，造得逼真，才能使敵人信以為真，做出錯誤的判斷，採取錯誤的行動。

置於死地而後生

韓信背水一戰

西元前二〇四年，大將韓信在張耳的協助下，前來攻打趙國。

趙王命令大將陳餘帶領大軍二十萬，在井陘口駐紮迎敵。

井陘口是一道極其狹窄的山口，易守難攻，旁邊一條大河流過。

趙國謀士李左車向陳餘獻計說：「井陘的山路很窄，車馬很難通過，我們不如派少量精兵從小路截獲漢軍的糧車，然後將溝挖得深些，牆壘得高高的，固守營寨，不與他們交戰。這樣一來，漢軍就會糧草不濟，用不了十天，一定不戰自敗。」

陳餘是個書呆子，他對李左車說：「兵法上說，兵力比敵人大十倍，就可以包圍敵人；兵力比敵人大一倍，就可以和敵人對陣。現在漢軍號稱數萬人，其實不過幾千人，況且遠道而來，疲憊不堪。我們的兵力超過漢軍許多倍，難道還不能把他們消滅掉嗎？如果今天避而不戰，別人會譏笑我膽小的。」

既然陳餘主戰，韓信當然求之不得，他下令士兵在距離井陘三十里處休息。半夜時分，韓信親自挑選輕騎兵兩千人，命令每人帶一面紅旗，趁著夜色到井陘口隱蔽起來。韓信告誡這些士兵說：「明天我將親自帶兵和趙軍對陣，交戰不久就會假裝敗退。趙軍見我大軍後退，必然傾巢

出動來追，你們要立即衝入趙軍營壘，拔去趙旗，換上漢旗。」

接著，他對諸將說：「明天破趙以後一起設宴慶祝！」諸將不信，但不好反對，只是表面迎合。韓信又說：「趙軍佔據有利地形，易守難攻，必須將他們引出來。」於是，又派出一萬漢軍做先頭部隊，沿著河岸擺開陣勢。

陳餘得知韓信兵馬沿河佈陣，哈哈大笑說：「這個鑽人家褲襠的小子實在是浪得虛名！背水作戰，不留後路，簡直是自己找死！」

第二天，韓信帶領一部分漢軍，高舉大將軍儀仗，大張旗鼓地向井陘口殺來，趙軍立刻出城迎戰。

交戰不久，漢軍就假裝敗退，拋掉旗鼓，向河岸陣地退去。陳餘不知是計，指揮趙軍拼命追擊。這時，埋伏在井陘口的漢軍兩千騎兵，闖入趙軍大營，拔掉了趙軍的旗幟，插上了漢軍的紅旗。而在水邊背水一戰的漢軍，則拼死抵抗。

明朝典籍裡的韓信畫像。

　　趙軍見無法取勝，急忙返回營地，卻發現軍營裡面全是漢軍的紅旗，以為軍營被漢軍佔領了，軍心頓時渙散，士卒四散奔逃。漢軍兩面夾擊，趙軍主將陳餘被殺，趙王被活捉。

小知識

　　所謂置之死地而後生，從字面意思來理解，就是當軍隊處於四面受敵的險境中就會拼死力戰，力敗敵人，其思想核心是：用逼迫激發潛能。

賞一安百

張良計封雍齒

漢高祖劉邦不僅知人善用，還十分大度，用人不計前嫌。

在奪取天下後，劉邦封了一批功臣，但是還有很多功臣沒有封賞，因為這件事很費周章。

一日，劉邦步出大殿，見到很多沒有被封賞的將領圍坐在一起，低聲議論著什麼，他們神色緊張而詭秘。

劉邦不知道這是怎麼回事，就詢問謀臣張良。

張良說：「陛下，很明顯，他們這是在商量著謀反啊！」

劉邦大吃一驚。

張良解釋說：「陛下想一想，您從平民走到今天這一步，多虧了這些人的鼎力相助。可是，如今您得了天下，冊封功臣，封的大部分是您的親信，沒有被封的將領大多數您都不太親近。如果真的按照軍功封賞，恐怕分盡了天下也不夠用。所以，這些沒有被封的人開始擔心了，他們害怕您因為無地可分而追究其先前過失，然後找藉口將他們殺掉。為此，這些人才不得已聚集在

張良納履。

一起想謀反。」

劉邦說：「那該如何是好啊？」

張良問：「陛下平時最為嫉恨的人是誰？」

劉邦立刻想到了雍齒，此人曾是當地的豪強，與劉邦也是同鄉。一開始追隨劉邦造反，被委以重任，據守後方基地豐鄉。當時，六國貴族紛紛復國，四處擴張。雍齒居然被魏國策反，劉邦只得回師豐鄉，雍齒兵敗後逃至魏國。可巧，魏國隨即被秦軍擊敗，魏王自殺，雍齒只好又跑到趙國，投奔張耳。此後，趙國被秦軍圍攻，多虧項羽帶領楚軍援救才得以苟延殘喘，雍齒見楚軍勢大，隨即投靠了項羽。楚漢相爭時，項羽被打敗，雍齒再次歸順劉邦。劉邦早就對他懷恨在心，因用人之際，當時並沒有殺他。

想到這裡，劉邦說：「是雍齒，此人實為反覆無常的敗類，我早就想殺掉他了。」

張良說：「那就先封雍齒為候吧！」劉邦雖然一身無賴氣，但大事不糊塗，他覺得張良的建議很有道理，當即封雍齒為什邡肅侯，食邑兩千五百戶。封雍齒為侯後，其餘的將領們才鬆了一口氣，在一起商量謀反的現象也銷聲匿跡了，天下又太平了起來。

小知識

張良的小小一計，安定了漢初的局面。什邡，雖區區一小縣，卻因為有了雍齒，被稱為「國中之國」長達六十三年，縣城也被稱為雍城，沿用至今。

吹起「枕邊風」

漢高祖白登解圍

漢朝開國之初，匈奴多次侵犯漢朝邊界。

西元前二〇〇年，冒頓單于領兵包圍了晉陽。剛剛平定天下、心懷豐功偉業的漢高祖劉邦，豈容匈奴如此囂張，他親率兵馬，趕到晉陽和匈奴決戰。

漢軍到達晉陽時，已經是寒冬了。天寒地凍，還下起了大雪。士兵們大多自幼生長在中原地區，從來沒有經歷過如此嚴寒，加之衣服鞋襪準備不足，一時間凍死、凍傷了不少人，有的人連鼻子和手指都凍掉了。

如此慘狀並沒有動搖漢高祖進擊匈奴的信心，他決定發動一次大規模攻勢，一舉將匈奴殲滅。他事先派出特使去匈奴偵察虛實，冒頓單于識破了劉邦的用意，他事先將精銳部隊和肥壯的牛馬全部藏匿，只把老弱殘兵與羸弱的牲畜展示給漢朝的特使看。劉邦派出十次特使，所見到的情況都一樣。漢高祖還是心懷疑惑，又派親信婁敬前去打探。可是還沒等婁敬回來，他就迫不及待地下令全軍出擊，三十二萬人的龐大軍團，向北推進。

前鋒剛越過句注，婁敬回來了，他急忙勸阻劉邦說：「陛下，我們絕對不能採取軍事行動！按照常理，兩國交戰，雙方一定會顯示自己強

大，可是我在匈奴那裡看到的卻全是老弱殘兵。冒頓的用意十分明顯，要引誘我們攻擊，然後伏兵四起。」

這時漢軍已經完成了戰略部署，箭在弦上不得不發。劉邦兩眼冒火，咆哮道：「他媽的，你這個齊國死囚，靠著兩片嘴皮，當上高官，今天又站在這裡胡說八道，擾亂軍心，還不給我住嘴！」他下令把婁敬囚禁廣武監獄，親自率領大軍，出城追趕匈奴。

漢軍剛到平城，突然間，四下裡出現了無數匈奴兵。他們一個個體格彪悍，精神抖擻，戰馬更是嘶鳴有力，奔跑如飛，原來那些弱兵瘦馬全都不見了！匈奴兵將漢軍攔腰切斷，劉邦見狀，心下大驚，急忙殺出一條血路，跑到平城東面的白登山，所帶人馬死傷無數。

漢高祖劉邦。

冒頓單于調集三十萬匈奴兵馬，將白登山團團圍住，揚言要生擒劉邦，南下掃平漢朝。劉邦站在白登山上四下觀望，但見匈奴的戰馬分成四色，極其雄壯齊整。西方盡白馬，東方盡青駹馬，北方盡烏驪馬，南方盡騂馬。漢軍整整被圍困了七天七夜，人馬缺水缺糧，衣被單薄，情形之慘，難以言狀。

　　最後，劉邦之所以能化險為夷，全身而退，是沾了「枕邊風」的光。他身邊的謀士陳平，派使者給匈奴王后閼氏送去了大量黃金珠寶，請她幫忙說服單于。至於閼氏是如何說服單于的，成了歷史之謎。

　　在閼氏的斡旋下，冒頓單于答應放劉邦一條生路，命令匈奴兵馬給劉邦讓開一條通道。藉著漫天濃霧，劉邦在弓箭手的護送下，撤離白登山。

小知識

　　「白登之圍」後，冒頓單于屢次違背漢朝與匈奴所訂立盟約，對邊界進行侵擾劫掠。劉邦為了休養生息，採納婁敬的建議，與匈奴和親。自此，漢與匈奴約定結為兄弟，各自以長城為界，兩國的關係得到暫時的緩和。

老實人不好欺負

公孫弘「寬厚」的背後

　　公孫弘，西漢淄川國薛縣人，年輕時做過獄吏，後來因為犯罪被免官。為了維持生計，他曾經在海邊放豬，直到四十歲時，才開始學習《春秋》，研究儒學。

　　建元元年（西元前一四〇年），漢武帝劉徹向天下發佈了徵舉賢良方正的詔令，已經花甲之年公孫弘終於有了出頭之日。不過，命運似乎有意跟他過不去，出使匈奴回來，被漢武帝罵得灰頭土臉，一怒之下詞官不做了。

　　元光五年（西元前一三〇年），漢武帝再一次下旨徵舉賢良方正，淄川國又推薦了公孫弘。這一次，他的策論被漢武帝欽定為頭名，被授予博士職位。

　　公孫弘是個老滑頭，每次朝議都只提出觀點，由皇帝定奪，自己從不表態，即便諫言不被採納，他也不辯駁，更不會跟同僚在朝堂上爭論。有時候，他與同僚們私底下約好了共同奏議，但是一到朝堂之上，都會以皇帝的喜好為準。

　　如此「忠厚」和善解人意，公孫弘很快獲得了漢武帝的賞識，官職一升再升。

由於自幼家貧，公孫弘從小就養成了儉樸的生活習慣，發達之後，這種習慣依然保持，吃飯時只有一個葷菜，睡覺時只蓋普通棉被。

被譽為「愣頭青」的汲黯見不得公孫弘的「矯情」，上書說公孫弘表面上簡樸，實則沽名釣譽，其心險惡。

公孫弘知道這種事情有口難辯，就採取了以退為進的策略，大誇汲黯的清廉、正直。這一招果然奏效，漢武帝更加認為公孫弘寬厚，對他越發敬重。

元朔五年（西元前一二四年），公孫弘七十六歲，走到了人臣的頂點，成了丞相，封平津侯。

公孫弘以寬厚大量示人，但面對政敵時，從來都不手軟，很多人都倒在了他的面前，這其中就包括頗有計謀的主父偃。

主父偃不但嘴皮子厲害，筆桿子也厲害，若是不小心被他盯上，一封檢舉信上去，你不死也得扒層皮。

元朔二年（西元前一二七年），主父偃和公孫弘大吵了一架。主父偃提出設立朔方郡並經營的構想，遭到了公孫弘的強烈反對。沒想到善於揣摩聖意的公孫弘這次犯了糊塗，漢武帝雖然沒有當場批駁他，但最終還是同意了設立朔方郡。

顏面盡失的公孫弘把帳算在了主父偃頭上，伺機報復。

主父偃也是一個睚眥必報的人，他想把女兒嫁給齊王劉次昌，遭到拒絕後就藉口齊王亂倫，將他逼死。

當齊王被逼死的消息傳到了趙王的耳朵裡，趙王很畏懼。因為當年主父偃來趙國謀碗飯吃，趙王把他趕出了趙國，他擔心主父偃記起陳年

舊事，把自己也給告發了。

與其坐以待斃，倒不如先下手為強。

趙王急忙寫了封奏摺，揭發主父偃貪污受賄，派人快馬加鞭送往京城。

一封檢舉信不足以致主父偃於死地，但是躲在暗處的公孫弘向漢武帝說了這麼一番話，「齊王自殺無後國除，齊國成為郡縣，主父偃是首惡，不殺無以謝天下！」

漢武帝對公孫弘太信任了，他絲毫沒有懷疑這位「忠厚」的長者同樣懷有不良動機。

公孫弘一句話，主父偃的案子就定了，族誅。

拔掉了眼中的一根釘子，公孫弘的仕途更加平穩。

元狩二年（西元前一二一年），寸功未建，以平民百姓登上相位的公孫弘走完了一生。

小知識

做為平民出身的宰相，公孫弘行走官場能夠左右逢源，應當有著不同凡響的本事。其實，我們閱讀相關史料，基本上能夠得出公孫弘官場藝術的經驗，概括起來就是：學習，奉上，位卑，變通。

千萬別得罪小人

兩個太子之死

西漢江充，是小人中最有「魄力」的一個。

他是趙國邯鄲人，屬於「布衣之人，閭閻之隸」，也就是當時的中小商人階層。由於姻親關係，他得以步入宮廷，成為趙王宮的上賓。為報復私怨，他誣告趙太子穢亂後宮，導致趙太子險些被漢武帝判了死刑。後來，他又蠱惑漢武帝，挑唆其父子關係，製造大量冤假錯案，最後逼得戾太子劉據造反被殺。

這場大亂，史稱「巫蠱之禍」，不僅白白死了好幾萬人，就連漢武帝自己也弄得骨肉相殘，國家險些覆亡。

南北朝人鮑邈之，是小人中最陰險的一個。

愛好古典文學的人都知道《昭明文選》，

《昭明文選》清刻本。

這部收集了南北朝以前優秀詩文的作品，因選編極精而流傳甚廣。

這部書的編者就是梁朝太子蕭統。

蕭統，史稱「昭明太子」，因才華出眾，生性仁厚而知名。

這樣一個才德兼具的人，卻因為宮廷鬥爭死在了小人鮑邈之的手裡，實在令人惋惜。

事情的起因是這樣的：

有一天，太子蕭統為了告慰生母丁貴妃的亡靈，看中了一塊土地，決定購買下來做為母親的萬年吉地。

這時，一個地產仲介獲知此事，想將自己手上的一塊地買給皇室。他找到梁武帝的親信宦官俞三副，說：「聽說太子想選一塊寶地做為丁貴妃的萬年吉地。我這正好有一塊寶地，打算以三百萬錢賣給他，如果賣出，其中的一百萬錢做為回扣孝敬您，您看如何？」

見錢眼開的俞三副自然不會錯過這樣一個好機會，就極力向梁武帝推薦，說太子選中的不如這塊地對皇室有利。

迷信風水的梁武帝一聽這話，便買下了俞三副推薦的土地，安葬了貴妃。

事後不久，來了一個道士，對蕭統說皇帝買的地不利於長子，只有作法才能免災，否則將大禍臨頭。蕭統聽後，就讓道士在丁貴妃的墳墓上施法，在墓側埋下了臘鵝等物來解咒。

鮑邈之在蕭統身邊頗受信任，丁貴妃病故不久要做「生忌」，蕭統便讓他去值夜班。不料鮑邈之竟擅離職守，跑去和宮女鬼混。蕭統發現後，雖然沒有治他的罪，卻不如從前那麼親近了。哪知鮑邈之不識好歹，

不思圖報，反而懷恨在心，得知皇上身體不適，便跑去告密，說太子請道士作法，埋蠟鵝咒皇上早死，密謀奪權篡位。

聽到這話，梁武帝大發雷霆，立即派人去調查，果然在墳墓的兩側發掘出蠟鵝等物。

蕭統受此不白之冤，又無法辯解，氣急交加，一病不起，不久竟駕鶴西去，時年三十一歲。

明槍易躲，暗箭難防。

戾太子和昭明太子的悲劇告訴我們：小人是千萬不能得罪的！

昭明太子蕭統。

小知識

在中國歷史上，君子與小人鬥法，結果多是小人贏而君子敗。

那些庸庸碌碌的小人，雖無一技之長，卻能憑著八面玲瓏、搖唇鼓舌而飛黃騰達、左右逢源。你一旦得罪了小人，他往往會處處設局、步步下套，使出致人於死地的陰招。

只說你愛聽的

正直的龔遂拍馬屁

西漢的龔遂，因為通曉儒學，做了昌邑王劉賀的郎中令。

他為人忠厚，雖然不善於逢迎和阿諛，但在下屬的提醒下，偶爾也會拍拍上司的馬屁，效果居然也不錯。

漢宣帝劉詢即位，過了很長一段時間，渤海及其鄰郡年成不好，盜賊紛紛出現，當地郡守無法平定。皇上想選拔善於治理的人，就任命龔遂做渤海郡太守。

當時龔遂已經七十多歲了，被召見時，由於個子矮小，宣帝遠遠望見，覺得跟傳聞中的龔遂不相合，心裡有點輕視，對他說：「渤海郡政事荒廢，秩序紊亂，我很擔憂。先生準備怎樣平息那裡的盜賊，使我稱心滿意呢？」

龔遂回答說：「渤海郡地處海濱，距京城很遠，沒有受到陛下聖明的教化，那裡的百姓被飢寒所困，官吏們卻不體貼，所以使本來善良的百姓偷來您的兵器，在您的土地上玩玩罷了。您現在是想要我用武力戰勝他們，還是安撫他們呢？」

宣帝聽了龔遂的應對，很高興，回答說：「既然選用賢良的人，本來就是想要安撫百姓。」

龔遂說：「我聽說治理秩序混亂的百姓就如同解紊亂的繩子，不能急躁，只能慢慢地來，然後才能治理。我希望丞相御史暫時不要用法令條文來約束我，讓我能夠根據實際情況，不呈報上級而按照最有效的辦法處理事情。」宣帝答應了他的要求，格外賞賜他黃金物品派遣他上任。

龔遂乘坐驛車來到渤海郡邊界。郡中官員聽說新太守來了，派出軍隊迎接，龔遂把他們都打發回去了。然後下達文件命令所屬各縣：全部撤銷捕捉盜賊的官吏；那些拿著鋤頭、鐮刀等種田器具的都是良民，官吏們不得查問；拿著兵器的才是盜賊。龔遂獨自乘車來到郡府，郡中一片和順的氣氛，盜賊們也都收斂了。渤海郡又有許多合夥搶劫的，聽到龔遂的訓誡和命令，當即散夥了，丟掉他們手中的兵器、弓箭，而拿起了鋤頭、鐮刀，盜賊這時都平息了，百姓安居樂業。

龔遂於是就打開地方的糧倉，賑濟貧苦百姓，選用賢良的地方官吏，安撫養育百姓。

龔遂看見渤海一帶風俗很奢侈，不愛從事農業生產，就鼓勵百姓從事耕作和養蠶種桑。他下令：郡中每個人種一株榆樹、一百棵薤菜、五十叢蔥、一畦韭菜；每家養兩頭母豬、五隻雞。百姓有佩戴刀劍的，讓他們賣掉刀劍買牛犢。春夏季節都要到田裡勞動生產，秋冬時督促人們收穫莊稼，又種植和儲藏瓜果、菱角、雞頭米等多種經濟作物，勸勉人們照規定辦事，遵守法令。

官吏和百姓富足了，犯罪和打官司的都沒有了。

經過幾年治理，渤海一帶社會安定，百姓安居樂業，溫飽有餘，龔遂名聲大振。

於是，漢宣帝召他還朝。

龔遂有一個手下王先生，請求隨他一同去長安，說：「我對您會有好處的！」

其他的下屬卻不同意，說：「這個人，一天到晚喝得醉醺醺的，又好說大話，還是別帶他去為好！」

龔遂說：「他想去就讓他去吧！」

到了長安後，這位王先生終日還是沉溺在醉鄉之中，也不見龔遂。

可是有一天，當他聽說皇帝要召見龔遂時，便對看門的人說：「去將我的主人叫到我的住處來，我有話要對他說！」

龔遂也不計較王先生這副醉漢狂徒的嘴臉，還真來了。

王先生問：「天子如果問大人如何治理渤海，大人當如何回答？」

龔遂說：「我就說任用賢才，使人各盡其能，嚴格執法，賞罰分明。」

王先生連連擺頭道：「不好！不好！這麼說，豈不是自誇其功嗎？請大人這麼回答：『這不是小臣的功勞，而是天子感化的結果』。」

龔遂接受了他的建議，照他的話回答了漢宣帝，宣帝果然十分高興，便將龔遂留在身邊，任以顯要而又輕閒的官職。

小知識

當初，龔遂為昌邑王劉賀的郎中令，因為劉賀多有不正，龔遂屢屢勸諫，劉賀不但不聽，反而「掩耳起走」，並對人說：「郎中令最善於羞辱人了。」

裝傻是一門藝術

司馬懿智鬥曹爽

司馬懿，字仲達，擅長裝瘋賣傻，堪稱中國歷史上最能忍的政治家。

在他四十四年的仕途中，絕大部分時間都在不如意中度過。面對如此不公甚至殘酷的命運，司馬懿數十年如一日地蟄伏隱忍著，藏匿自己的鋒芒，等待時機的來臨。

西元二三四年，諸葛亮屯兵在五丈原，準備與司馬懿決一死戰。

司馬懿對諸葛亮十分瞭解，正如他給胞弟司馬孚信中所說：「諸葛亮志向很高遠，卻認不清形勢，抓不住機會；謀略很多，卻總處在猶豫之中，不能當機立斷；雖然窮兵黷武，卻不懂兵行詭道，沒有奇謀……」

既已掌握了對手的心理和性格弱點，司馬懿命令手下將士以逸待勞，無論蜀軍如何叫罵，就是不出戰。

老鼠不出洞，神仙也無法。

諸葛亮最怕打消耗戰，對峙了一段時間，沉不住氣了，取出女人的頭巾和衣服，裝在一個大盒子裡，附上一封信，讓人給司馬懿送去。

諸葛亮在信中寫道，你司馬懿好歹也是統領一國軍隊的大將軍，將軍就應該披堅執銳，馳騁沙場，你總是龜縮在「老鼠洞」裡，簡直和女人一樣沒出息。今天我給你送去女人的頭巾和衣服，你要是還有點羞恥

心，就出來決一死戰，否則，你就甘當一個女人吧！

司馬懿心裡很生氣，表面卻裝作根本不在乎，大笑著說：「諸葛先生既然把我當成一個婦人，那我就把禮物收下。」他的意思很明顯，你這是激將法，老子才不上你的當！

接著，司馬懿向來使詢問諸葛亮的身體如何，休息的怎樣，每天能吃多少飯等等。使者一一如實回答，說諸葛亮日夜操勞，夜不能寐，寢食難安，每天只能吃很少飯。使者走後，司馬懿便對部下說：「諸葛亮食少事煩，活不了幾天了。」他當然不是在詛咒諸葛亮，而是根據諸葛亮急於決戰的心態和飲食狀況判斷出來的。

諸葛亮雖然老謀深算，但使出了吃奶的力氣，也無法誘使司馬懿出戰，最後活活讓司馬懿給耗死了。

不過，耗死諸葛亮並不算是司馬懿隱忍道路上最閃亮的路標，真正讓他揚名的，是在十多年後，與魏國頭號權臣曹爽的較量。

在人才凋零的三國後期，老天幫司馬懿帶走了所有強悍的對手，給他剩下的不過是一個可以玩弄於股掌之上的七歲小皇帝，一個金玉其外、敗絮其中的草包政敵。

魏景初三年（西元二三九年）春，魏國皇帝曹睿在彌留之際，將幼帝曹芳託付給司馬懿。

司馬懿。

　　司馬懿成了顧命大臣，卻很難施展手腳，因為另一個顧命大臣曹爽總是處處制肘。曹爽一開始還裝作很尊重老前輩的樣子，後來乾脆打著小皇帝旗號，公開奪走了司馬懿的軍權。

　　沒有了來自司馬懿的威脅，曹爽的膽子越來越大，最後竟然想廢掉曹芳，另起爐灶。

　　既然想換一塊政治招牌，司馬懿這塊絆腳石是必須搬掉的，正巧這時，傳來了司馬懿患風癱的消息。於是，曹爽派李勝去司馬懿家裡探虛實。

　　在李勝即將進府之前，司馬懿已經將「劇本」寫好了，各部門配合滴水不露。

　　當李勝滿懷鬼胎的進內宅後，立刻瞪圓了眼睛：聽說來了客人，司馬懿讓兩個婢女扶著出來，有氣無力地倚坐在床上接見李勝；婢女服侍司馬懿喝粥，只見他難以下嚥，粥都從他嘴邊流了下來，撒滿了前胸……

　　李勝說：「前不久聽說太傅偶有小恙，沒想到會這麼嚴重。如今我承蒙皇恩，回本州（李勝是荊州人，所以稱荊州為本州）任刺史，特來向您告詞。」

　　司馬懿故作氣喘吁吁狀，很「艱難」地說：「我年老病重，怕是沒有幾天活頭了。李公這次去并州，一定要小心，北方胡人可要好好防範。」

　　李勝等司馬懿說完，立刻糾正：「太傅聽錯了，我是去荊州，不是去并州。」

　　司馬懿繼續裝聾：「哦，我真老糊塗了，原來李公剛從并州回來啊！

一路辛苦。」

李勝繼續解釋：「太傅，我是去荊州。」

司馬懿這回「聽」清楚了，乾咳幾聲，滿面慚色的向李勝道歉：「讓李公見笑了，我這耳朵不聽使喚了。」

最後，司馬懿表示推心置腹地拜託李勝，請他好好照顧自己的兒子司馬師和司馬昭。

李勝回去告訴曹爽，說司馬懿形神已離，神不附體，不足為慮。

司馬懿「表演」完畢，積極進行政變的準備，最終誅殺了曹爽，贏得了勝利。

小知識

嘉平三年（西元二五一年），有司奏請將各位已故功臣的靈位置於太祖廟中，以配享祭祀，排位以生前擔任的官職大小為序。太傅司馬懿因位高爵顯，列為第一。

功再高也不能「蓋主」

王濬低調止讒言

　　三國末期，西晉名將王濬於西元二八〇年巧用火燒鐵索之計，滅掉了東吳。三國分裂的局面至此方告結束，國家又重新歸於統一。王濬的歷史功勳是不可埋沒的。

　　誰都沒有想到，王濬克敵致勝之日，竟是受讒遭誣之時。安東將軍王渾以不服從指揮為由，要求將他交司法部門論罪，又誣告王濬攻入建康之後，大量搶劫吳宮的珍寶。

　　這不能不令功勳卓著的王濬感到畏懼。

　　當年，消滅蜀國，收降後主劉禪的大功臣鄧艾，就是在獲勝之日被讒言誣陷而死。王濬害怕重蹈鄧艾的覆轍，便一再上書，陳述戰場的實際狀況，辯白自己的無辜，晉武帝司馬炎倒是沒有治他的罪，而且力排眾議，對他論功行賞。

　　可是王濬每當想到自己立了大功，反而被豪強大臣所壓制，一再被彈劾，便忿忿不平。每次觀見皇帝，都一再陳述自己伐吳之戰中的種種辛苦，以及被人冤枉的悲憤，有時感情激動，也不向皇帝詞別，便忿忿離開朝廷。

　　他的一個親戚范通對他說：「足下的功勞可謂大了，可惜足下居功

自傲，沒能做到盡善盡美。」

王濬忙問：「你說這話是什麼意思？」范通說：「當足下凱旋歸來之日，應當退居家中，再也不要提伐吳之事。如果有人問起來，你就說：『是皇上的聖明，諸位將帥的努力，我有什麼功勞可誇的。』假如這樣，王渾能不慚愧嗎？」

隨後，王濬按照他的話去做了，讒言果然不止自息。

小知識

王濬性格「恢廓，素有大志」，曾修造宅院，把門前的路開得有幾十步寬，人們問其故，王濬說：「吾欲使容長戟幡旗。」眾人都笑他自不量力，王濬回答：「陳勝有言，燕雀安知鴻鵠之志。」

用貪官反貪官

蘇綽談權術的精髓

　　宇文泰是北周王朝的奠基者。他在擔任北魏的丞相時，遇到了後來輔佐自己成就大業的蘇綽。

　　有一次，宇文泰向蘇綽討教治國之道，蘇綽指出，要想建立強大的國家，就要牢牢地掌控手下的官員。

　　宇文泰問：「怎樣才能牢牢地掌控手下的官員呢？」

　　蘇綽說：「用貪官來反貪官。」

　　宇文泰大驚，問蘇綽：「難道天下還有這樣的道理？」

　　蘇綽解釋說：「你要想叫別人為你賣命，就必須給人家好處。而你又沒有那麼多錢給他們，怎麼辦呢？那就給他權，叫他用手中的權去搜刮民脂民膏，他不就得到好處了嗎？他能得到好處，是因為你給的權。所以，他為了保住自己的好處，就必須維護你的權。那麼，你的統治不就牢固了嗎？你要知道，皇帝人人想做，如果沒有貪官維護你的政權，那麼，你還怎麼鞏固統治？」

　　宇文泰似乎恍然大悟，他想了想，又不解地問道：「既然用了貪官，為什麼還要反呢？」

　　蘇綽答：「這就是權術的精髓所在。要用貪官，就必須反貪官。只

有這樣，才能欺騙民眾，才能鞏固政權。」

宇文泰顯得非常感興趣，迫不及待地說：「你快給我說說其中的奧秘。」

蘇綽答：「這有兩個好處：其一、天下哪有不貪的官？官不怕貪，怕的是不聽你的話。以反貪官為名，消除不聽你話的貪官，保留聽你話的貪官。這樣，既可以消除異己，鞏固你的權力，又可以得到人民對你的擁戴；其二、官吏只要貪污，他的把柄就在你的手中。他敢不聽話，你就以貪污為藉口滅了他。貪官怕你滅了他，就只有乖乖聽你的話。」

宇文泰沉思了一會兒，又問：「如果用了貪官而招惹民怨怎麼辦？有什麼妙計可消除這種弊端呢？」

蘇綽答道：「祭起反貪大旗，加大宣傳力度，證明你心繫黎民。讓民眾誤認為你是好的，而不好的是那些官吏，把責任都推到這些人的身上。千萬不要讓民眾看出你是任用貪官的元兇，你必須讓民眾認為你是好的。社會出現這麼多問題，不是你不想搞好，而是下面的官吏不好好執行你的政策。」

宇文泰接著問：「那有些民怨太大的官吏怎麼辦？」

蘇綽回答說：「嚴懲他，為民伸冤！把他搜刮的民財放進你的腰包。這樣，你可以不用承擔搜刮民財之名，而得搜刮民財之惠。總之，用貪官來培植死黨，除貪官來消除異己，殺貪官來收買人心，把貪官的財產收入自己的囊中，這就是治國和管理的藝術。」

小知識

故事中所謂的「蘇綽定律」，並沒有明確的歷史記載，應該是後世的杜撰。這種「以貪反貪」導致了中國歷朝歷代貪污橫行，吏治進入了一個惡性循環的，正是中國吏治腐敗的真正歷史根源和政治根源，也是中國歷史政治的真正痛處所在，使中國社會難逃歷史設定的輪迴災難。

假裝的藝術

楊廣的奪嫡表演

　　隋煬帝楊廣是一個典型的紈絝子弟，聲色犬馬，納妾狎妓，無所不為。被封晉王後，他更是金屋藏嬌，姬妾滿堂，常常歌舞淫樂，徹夜通宵。

隋煬帝楊廣。

但他深知，這些事都是父親和獨孤皇后所不能容忍的。

　　為了取得父母的信任，楊廣像變色龍似的把自己偽裝得完美無缺。每逢文帝、皇后到揚州來看他，他都事先做了認真的準備和偽裝，把所有的美妾、嬌姬都深藏於密室，留下幾個又老又醜的在自己身邊侍候；撤去華麗的幃帳，換上廉價的素縑；弄斷琴瑟，砸爛樂器，使它們的上面落滿厚厚的灰塵。更卑劣和狠毒的是，他還親手掐死庶出的子女，以示自己只和正妻生兒育女。

楊廣處處假戲真做，顯示自己以父母為榜樣，節儉持家，不近聲色。這一招還真管用，獨孤皇后被他蒙在了鼓裡，一個勁地誇讚楊廣是「仁孝」之子。

與楊廣不同，太子楊勇，為人耿直忠誠，但他有個致命的弱點，生活不檢點，而且毫不掩飾。

楊勇的行為逐漸引起獨孤皇后的反感，特別是元妃的死，更令她氣憤。元妃是獨孤皇后親自為楊勇選娶的妻子，但楊勇寵愛美姬嬌妾，唯獨不愛這位元妃。元妃不久病死，獨孤皇后懷疑是被毒死，從此便十分憎惡楊勇，還暗中派人打探，尋找楊勇的過錯。

西元五九〇年，楊廣奉命到江南任揚州總管，臨走前，入朝覲見皇后，說了一番「掏心」的話後，伏地痛哭，獨孤皇后見狀，也不免潸然淚下。楊廣說：「臣鎮守江都，將要告別母后，臣心中時刻思戀母后，今日一別，不知何時相見，心中甚感淒涼。」

說到這裡後，楊廣哽咽流涕，獨孤皇后的心被他說得軟了，不禁動了情，說：「我的兒，你到遠方，我又年老，今日告別，真是不知何時相見。」母子相對抽泣，楊廣見火候已到，禁不住在母后面前燒了一把楊勇的火，說：「臣雖然愚笨，但還會常念手足之情。不知什麼原因，招致了東宮的怨恨，以致對我常懷盛怒，欲加害於我，想置臣於死地。因此，我整天提心吊膽，不知死於何時。」

獨孤皇后聽了楊廣的話之後，非常氣憤。楊廣只是在一旁哭，一句話都不說，但是心裡卻是樂開了懷。

從此以後，獨孤皇后打定主意，要廢楊勇，立楊廣當太子。楊廣的

陰謀終於得逞了。

小知識

《劍橋中國隋唐史》：「對這個歷史上稱為隋煬帝的人的性格刻劃是非常困難的，除了一些模糊的感覺外，人們不能期望在集中把他說成是古典『末代昏君』的大量被竄改的歷史和傳奇後面，對此人的實際情況有更多的瞭解。」

我知道你想什麼

封德彝官場左右逢源

　　封德彝本來是隋朝的大臣，隋朝開國不久，隋文帝命令宰相楊素負責修建宮殿，楊素任命封德彝為土木監，將整個工程全交給他負責。

　　封德彝不惜民力，窮奢極侈，將宮殿修得豪華無比。

　　一向以節儉自我標榜的隋文帝一見不由得大怒，罵道：「楊素這老東西存心不良，耗費了大量人力和物力，將宮殿修得這麼華麗，這不是讓老百姓罵我嗎？」

　　楊素害怕因這件事丟了烏紗帽，忙找封德彝商量對策。封德彝卻胸有成竹地安慰楊素說道：「宰相別著急，等皇后一來，必定會對你大加褒獎。」

　　第二天，楊素被召入新宮殿，皇后獨孤氏果然誇讚他道：「宰相知道我們夫妻年紀大了，也沒什麼開心的事了，就花力氣將這所宮殿裝飾了一番，這種孝心真令我感動！」

　　封德彝的話果然應驗了。

　　楊素對他料事如神很覺驚訝，從宮裡回來後便問他：「你怎麼會猜想到這一點？」

　　封德彝不慌不忙地說：「皇上自然是天性節儉，一見這宮殿便會發

脾氣。可是他事事聽皇后的，皇后是個婦道人家，什麼事都貪圖個華貴漂亮。只要皇后一喜歡，皇帝的意見也必然會改變。所以，我猜想不會出問題。」

　　楊素也算得上是個老謀深算的人物了，對此也不能不嘆服道：「揣摩之才，不是我所能比得上的！」從此對封德彝另眼看待，並多次指著宰相的交椅說：「封郎必定會佔據我這個位置！」

唐高祖李淵。

　　可是還沒等封德彝爬上宰相的位，隋朝便滅亡了，他歸順了唐朝，又要揣摩新的主子了。

　　有一次，他隨唐高祖李淵出遊，途經秦始皇的墓地，這座連綿數十里、地上地下建築極為宏偉，墓中隨葬珍寶極為豐富的著名陵園，經過楚漢戰爭之後，破壞殆盡，只剩下了殘磚碎瓦。李淵不禁十分感慨，對封德彝說：「古代帝王，耗盡國家百姓的人力、財力，大肆營建陵園，有什麼益處！」

　　封德彝一聽這話，明白了李淵是不贊同厚葬的，立刻換了一副面孔，迎合他說：「上行下效，影響了一代又一代的風氣。自秦漢兩朝帝王實行厚葬，朝中百官、黎民百

姓競相仿效，古代墳墓，凡是裡面埋藏有眾多珍寶的，都很快被人盜掘。若是人死而無知，厚葬全都是白白地浪費；若人死而有知，被人挖掘，難道不痛心嗎？」

李淵稱讚他說得太好了，對他說：「從今以後，自上至下，全都實行薄葬！」

小知識

跨越兩個朝代的封德彝不愧為善於逢迎的高手，難怪有人這麼評價他：左右逢源，首鼠兩端，深藏不露。

大棒加胡蘿蔔

唐太宗馭人之術

　　唐太宗李世民就是一個懂得運用剛柔並濟、恩威並施的明君。他雙管齊下，將君臣關係處理得十分到位。

　　官宦世家之後李靖曾在隋朝大業末年擔任過馬邑丞。唐高祖攻下長安時，擒獲了李靖。唐高祖本想殺他，但由於李世民為其求情，李靖得以保全性命，從此為大唐效力。

唐衛國公李靖。

　　貞觀四年間，李靖破突厥頡利可汗牙帳，無奈率領的部隊一時放鬆了警惕，最終吃了敗仗。後來御史大夫蕭彈劾李靖，要將他送到當時的法律部門進行審理，被唐太宗釋放，李靖沒有遭到彈劾。但在他主動覲見唐太宗時，受到了嚴厲的責備，李靖只得磕頭謝罪。

　　過了許久，唐太宗才說：「隋朝時史萬歲打敗達頭可汗，而隋文帝卻有功不賞，反而因其他小罪將其斬

首。朕卻不想這樣處理，只想記錄下你的功勞，赦免你的過錯，給你一個將功贖罪的機會。」於是，唐太宗封李靖為左光祿大夫，賜給絹一千匹，所封食邑連同以前的共五百戶。

後來，太宗又對李靖說：「朕以前聽信了小人的讒言，而今已經醒悟，你不必掛在心上。」又賜給絹兩千匹。

唐太宗李世民以恩威並用的手段駕馭了君臣之間的關係，他深知應該如何拿捏卓爾不群的李靖，沒有直接將李靖殺死，而是透過派人彈劾他做為警告。所以李靖才會心甘情願地俯首稱臣，竭盡全力輔佐唐太宗。

唐太宗去世之前曾故意貶官李靖，並告訴太子，李靖是一個能力超群的大將，曾為大唐立下汗馬功勞。但由於太子對李靖不曾有過什麼恩惠，所以李靖難免會自視高傲，對太子擺出一副桀驁不馴的樣子，使太子難以掌握他。而今貶了他的官職，待太子即位之後再恢復其官職，李靖一定會因為對太子感恩而忠實地效命於太子。

果不其然，太子李治繼位當天就恢復了李靖的官職，由此得到了李靖的忠心耿耿、不復二心。

小知識

唐太宗為了表彰功臣，命閻立本繪《二十四功臣圖》於凌煙閣。這二十四位功臣包括房玄齡、杜如晦、長孫無忌、魏徵、尉遲敬德、李孝恭、高士廉、李靖、蕭瑀、段志玄、劉弘基、屈突通、殷開山、柴紹、長孫順德、張亮、侯君集、張公謹、程知節、虞世南、劉政會、唐儉、李勣和秦叔寶。

惡人還需惡人磨

酷吏的整人與被整

說起中國古代的酷吏，就不能不提到來俊臣，在某種意義上來說，來俊臣甚至已經成了酷吏的代名詞。

此人不但擅長酷法刑訊，還結合自己數十年的「整人」經驗，寫了一本《羅織經》，專講如何羅織罪名、角謀鬥智。

來俊臣之所以能被武則天重用，主要在於他有告密的本事。

當時，武則天為了鎮壓反對者，在各州縣設立「告密箱」，鼓勵人們以「無記名投票」的方式進行告密，並透過國家法律規定：凡有進京告密者，所在州縣必須提供驛馬和相當於五品官的俸祿，助其火速來京。如果舉報屬實，將得到封賞；不屬實，也不怪罪。這個命令頒佈後，告密者從四面八方蜂擁而至。可是，隨著告密者的氾濫，很多情報日漸「垃圾化」。

這個時候，武則天就需要一批「精英」來代替那些烏合之眾，而來俊臣善於「揣摩上意」，自然成為了武則天最得力的鷹犬。

來俊臣像瘋狗一樣四處咬人，誰落到了他的手裡，如同下了地獄。被他定罪冤殺的有一千多家，按當時一人治罪牽連幾十人或上百人的情況來推算，被他冤殺的有幾萬到十幾萬人。

除了擅長羅織罪名，他還是個「虐待狂」，發明了很多千奇百怪的酷刑，例如，他用椽子把人的手腳串聯起來，然後向同一個方向旋轉，這叫做「鳳凰曬翅」；他固定住犯人的腰部，然後把犯人脖子上的枷鎖向前拉，這叫做「驢駒拔撅」；他讓人直立在一個高木臺子上，然後從後面猛拉犯人脖子上的枷鎖，這叫做「玉女登梯」。

來俊臣還擅長使用「心理戰術」，有時他不對囚犯用刑，而是讓囚犯參觀陳列室中的刑具，看著那些陰森恐怖的「殺人武器」，大多數犯人都會精神崩潰，乖乖地交代自己的罪行。

來俊臣的「職業」是誣陷別人，為了不讓自己「失業」，他整天琢磨誰可能對武則天有威脅，或者是自己的對頭。後來，他懶得挖空心思琢磨「客戶」了，就用小石塊從遠處砸靶子上面寫著的名字，砸中了誰，就拿誰開刀。這件事傳出後，朝廷上下人人自危，害怕自己「有幸」被選中。

有一次，武則天收到一封告密信，說周興有謀反的意圖。周興也是一名殺人不眨眼的酷吏，還是來俊臣的好朋友。本著以毒攻毒的原則，武則天讓來俊臣處理這件事。

來俊臣在家中備下豐盛的酒席，請周興過來喝酒。酒過三巡，來俊臣故意嘆了口氣，周興問：「大哥因何事嘆氣？」

來俊臣說：「不瞞兄弟，我在審訊犯人的時候，總會遇到一些又臭又硬的傢伙，不知道用什麼樣的方法能使他們低頭認罪？」

周興得意地說：「這有何難，你找一個大甕，四周用炭火烤熱，然後讓犯人進到甕裡，還愁他不招供嗎？」

來俊臣聽後，連連點頭，隨即命人抬來一口大甕，按周興說的那樣，在四周點上炭火，對周興說：「有人揭發你謀反，朝廷命我嚴查此事。對不起，現在就請你鑽進甕裡吧！」周興聽後，嚇得魂飛魄散，立刻磕頭認罪。

來俊臣殺人成癮，卻不知道自己也成了別人的靶子。諷刺的是，讓來俊臣遭到滅頂之災的，還是一個酷吏，名叫衛遂忠。

有一天，來俊臣正在家中宴請妻子的「娘家人」，衛遂忠突然不請而至。來俊臣覺得他身分太低，上不了檯面，就吩咐管家說：「告訴衛遂忠，說我家老爺不在！」

衛遂忠是個無比精明的人，一眼就看出了其中的原委，他徑直闖了進去，對著來俊臣的妻子王氏一頓大罵。來俊臣非常氣憤，把衛遂忠捆綁起來，一陣毒打。就這樣，兩個人結下了樑子。

衛遂忠找到武則天的姪子武承嗣，對他說：「我告訴您一個重要的消息，上次來俊臣投靶子砸中的人就是魏王您啊！」

武承嗣一聽，氣得火冒三丈：「來俊臣這條狗是不是瘋了，敢在太歲頭上動土！」於是，他找來兩個更有來頭的「幫手」：太平公主和皇子李旦，聯名控告來俊臣，說來俊臣曾經把自己比作後趙皇帝石勒，謀反之心昭然若揭。

這種「誅心式」的誣陷正是來俊臣自己擅長的，現在報應來了。

據說來俊臣被斬首時，人頭剛一落地，圍在四周的老百姓就蜂擁而上，將他挖眼剝皮，甚至連五臟六腑都掏了出來，足見這個酷吏的「人緣」之差。

　　學者柏楊注疏《資治通鑑》，對來俊臣寫的《羅織經》做過這樣的評價：「武周王朝，在歷史上出現短短十六年，對人類文化最大的貢獻，就是一部《羅織經》。」

豆腐嘴刀子心

「整人大師」李林甫口蜜腹劍

李林甫，中國歷史上有名的奸臣。

雖然家道中落，但他還是憑藉自己和皇帝的親戚關係進入宮廷充當禁衛軍。剛開始他只是一個從七品上的千牛直長，到了唐玄宗時，因為討主子喜歡做了太子中允。

當時，武惠妃得寵，她的兩個兒子壽王和盛王也子因母貴，受到皇上的喜愛，原太子李瑛卻逐漸被皇上疏遠。李林甫是太子的屬官，他怕太子地位動搖後會影響到自己的前途，就暗中向武惠妃表示願意幫助壽王成為皇帝。武惠妃當然是求之不得，為了讓李林甫擁有更高的地位來為兒子出力，她經常給皇帝吹「枕邊風」。

李林甫相貌英俊，有「面柔令」之說，加上他伺候人的功夫實在了得，侍中裴光庭的夫人，就被他迷住了。裴夫人曾經是高力士的小主子，在她的請求下，權傾朝野的高力士答應幫忙，就這樣，李林甫升為禮部尚書、同中書門下三品，又兼任兵部尚書，成為了宰相之一。

朝中還有兩個非常有名望的宰相：張九齡和裴耀卿。張九齡是大詩人、大學者，裴耀卿則是張九齡的朋友兼支持者，在政事上皇帝經常聽從兩人的意見。但是張九齡十分鄙視李林甫的為人和「才華」，在皇帝

準備任命李林甫為宰相時，當面勸說皇帝，若李林甫為相會讓國家永無寧日。李林甫心中大怒，但是考慮到張九齡的特殊身分，也只能暫時忍下這口氣，等待機會復仇。

這年，皇帝準備給朔方節度使牛仙客賞賜封地做為獎賞。但是按照唐朝的制度，是不應該有實封的。張九齡和李林甫事先約定，上朝的時候兩個人一起據理力爭。沒成想，李林甫在張九齡言詞激烈地反對時，竟然一言不發，回去之後還暗地把張九齡說的話告訴了牛仙客。

牛仙客大怒，第二天就「泣且詞」。皇帝覺得沒面子，堅持要封賞牛仙客，張九齡依然不同意。李林甫趁機說：「皇上想任用人才，莫非要張九齡同意才行？」皇帝聽聞此言，認為李林甫不專權，更加疏遠張九齡了。

後來，在李林甫的讒言下，皇帝以張九齡、裴耀卿互為朋黨的罪名罷了他們二人的相職，重用牛仙客。

當初三宰相在位的時候，張、裴兩人居左右而李林甫在中，旁觀者偷偷地評價說：「一鵰挾兩兔。」張九齡和裴耀卿罷相後，李林甫得意地說：「現在還有左、右丞相嗎？」。

李林甫一向善於體察皇帝意思，他掌握大權後，經常來奏請皇帝表達忠心，但是他每次來奏請，都會收買皇帝左右，仔細體察皇帝的喜怒哀樂，以便鞏固自己受到的恩寵。皇帝身邊的人，從高貴到低賤，甚至到饔夫和御婢，李林甫都待他們很寬厚，因此也極清楚天子的喜好動靜。

李林甫給人的印象是平易近人、和顏悅色，暗中卻加以中傷竟然一點也不露聲色，世人謂之：口有蜜，腹有劍。

有一次，他裝作誠懇的樣子對同僚李適之說：「華山出產大量黃金，如果能夠開採出來，就可大大增加國家的財富。可惜皇上還不知道。」

李適之聽到後，連忙跑去建議皇帝快點開採，皇帝一聽很高興，立刻把李林甫找來商議，李林甫卻說：「這件事我早知道了，但華山是帝王『風水』集中的地方，怎麼可以隨便開採呢？勸您開採的人，恐怕是不懷好意。」

李林甫就是用這種人前一套、人後一套的手法，來玩弄權術。在與他同時代的政治家中，張九齡、李適之都遭到排擠流放；楊慎矜、張瑄、盧幼臨、柳升等數百人被殺。

「無學術，發言陋鄙，聞者竊笑」的李林甫在大唐的相位上待了十九年。也正是這十九年，把一個偉大的帝國帶入了深淵。

小知識

為了打擊政敵，李林甫在家中特設了一個專用廳堂，形如彎月，號稱月堂。每當想要排斥陷害某位大臣，就住進月堂，絞盡腦汁，想著害人的法子，如果他欣喜若狂地從堂中出來，肯定會有一個政敵人頭落地。羅希奭和王吉溫是李林甫最得力的爪牙，凡是落入他們之手的，沒有一個能逃脫厄運，時人稱之為「羅鉗吉網」。

「禮」多人不怪

安祿山行賄升官

唐開元二十九年（西元七四一年），御史中丞張利貞視察河北，平盧也是一站。安祿山感到這是向朝廷表現自己的好機會，就吩咐部下百般討好張利貞，迎來送出，殷勤周到。不僅如此，他還讓手下人悄悄地給張利貞及其左右隨員口袋裡塞滿金銀、玉器等貴重東西。

張利貞受了賄賂以後，自然在皇帝面前大大誇讚安祿山一番。其他隨員也是這個口徑，都說安祿山有才幹，是朝廷應該重用和可以信任的戰將。

時隔不久，安祿山一身兼營州都督、平盧軍使、順化州刺史三要職，可謂位尊身榮。

唐玄宗時期，濫設「使」職，其名目之多，是空前絕後的。既然如此，也就不免常常有各種名號的「使者」從長安、從皇帝身邊來地方督察一番。安祿山透過仔細觀察和研究，充分認識到了「來使」對自己的用處。

一次，他對一位受了賄的使臣說：「卑職遠離朝廷，皇上對我等不能瞭解。大人常接近聖上，萬望在聖上面前多多美言。」

使者回朝，又是一番吹捧舉薦。唐玄宗聽得多了，心中自然有了安祿山的一個位置。

天寶元年（西元七四二年），朝廷將平盧軍使「升格」為節度使，安祿山隨之升任平盧節度使，兼柳城太守等職。這是一個非常重要的職位，非皇帝親信之人是不得委任的。安祿山榮升平盧節度使，執掌一地的軍、政、財大權，春風得意，彷彿眼前展現出一條金光燦燦的前程。

次年正月，唐玄宗第一次召見安祿山。

安祿山首先想到的是如何討得皇上、朝臣們的歡心，他讓部下從當地搜刮稀奇、珍貴之物，如貂裘、虎骨、鹿茸、麝香、人參、寶石，良馬、珍禽之類，精選一部分做為進京「孝敬」皇上的禮品。

人到禮也到，玄宗看了安祿山送的這形形色色的稀奇東西，面帶笑容，不由得產生幾分好感，初次交談也很投機。

胡舞。

玄宗感到自己與這位出生營州的安祿山有些投緣，因此對他「寵待甚厚」，常常召見他。特別是玄宗覺得無聊時，讓人將他召進宮中，彼此不拘禮節地交談。玄宗總是問這問那，海闊天空，漫無邊際。安祿山反應靈活，對答如流，顯得無所不知，有時言語中夾雜一兩句詼諧的語言，逗得玄宗開心至極。玄宗對邊疆少數民族的風土民情頗感興趣，安祿山也很熟悉這方面的知識，講者津

津樂道，聽者滋滋有味。

　　這次上朝，安祿山給玄宗留下了難忘的印象，也為自己撈到了真正的本錢。

小知識

　　安祿山晚年十分肥胖，重三百多斤，唐玄宗問他肚子怎麼這麼大，答曰：「唯赤心耳！」他曾經在唐玄宗面前做胡旋舞，竟然能「疾如風焉」。

別把好惡寫在臉上

誰都惹不起的「青面獸」盧杞

　　唐朝的盧杞面貌奇醜，別人的胎記一般長在屁股上，他的胎記卻長在了臉上，給人的直接觀感就是，他的臉色藍得發青。

　　由於長相難看，別人都把盧杞當成青面鬼來看待。還好，他還有一技之長，那就是出眾的口才，能把黑的說成白的，能把稻草說成金條，能把話說到皇帝的心坎裡。

　　得到了唐德宗的賞識，盧杞一路高升，很快就做到了門下侍郎、同中書門下平章事。

　　當時，和盧杞同任宰相的是楊炎。楊炎善於理財，還是個美髯公，他不願和「醜鬼」盧杞同桌而食，經常找個藉口在別處單獨吃飯。

　　盧杞受到了輕視，自然懷恨在心，但他不動聲色，暗中派人四處搜集楊炎的「黑材料」。最後，他從中發掘出來兩件對楊炎極具殺傷力的事件：一是楊炎置皇上命令於不顧，偷偷把自己的家廟建在了曲江池邊；二是楊炎曾經將自己的房產抬高價格賣給官府。

　　盧杞向德宗打「小報告」說：「曲江池邊有帝王之氣，早年，宰相蕭嵩在那裡建家廟，玄宗皇帝就令他遷走；現在楊炎又建，恐怕其志不小啊！另外，他將自己的房產高價賣給官府，這是以權牟私利。」

唐德宗此時正在生楊炎的氣。他原本想命令李希烈去討伐發動叛亂的梁崇義，楊炎擔心起用李希烈會尾大不掉，養虎為患，一而再地反對，讓德宗心裡很不爽。這下又聽到了楊炎的兩大「惡行」，就將楊炎貶至崖州，隨後又殺了他。

楊炎把對盧杞的蔑視表現在明處，最終被害，相較之下，郭子儀則高明得多。

郭子儀在平定安史之亂的過程中有大功於朝廷，威望如日中天。

他每次會見客人的時候，常有很多侍女陪伴在他的左右。但是，只要一聽說盧杞來到，郭子儀就會命令侍女全部下去迴避。他的兒子們不明白這是什麼

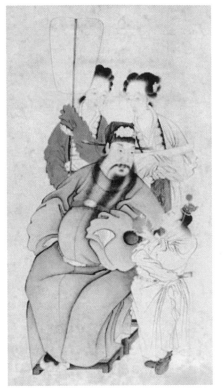

郭子儀戎馬一生，屢建奇功，大唐因有他而獲得安寧達二十多年，史稱「權傾天下而朝不忌，功蓋一代而主不疑」。

原因，郭子儀解釋說：「盧杞的容貌醜陋，婦人見了沒有不笑的。我要是不叫侍女迴避，她們肯定不可避免地會笑出聲來的。盧杞心胸狹窄，會懷恨在心的。將來如果他得志，我們全家人就都活不成了。」

正是因為郭子儀謹小慎微，才最終沒有為小人所害。

小知識

盧杞曾經主動向唐德宗推薦了時任吏部侍郎的關播為宰相。

有一次，德宗召集宰相議事，盧杞侃侃而談，關播忍不住也想暢所欲言，剛剛要站起來，就看到了盧杞那令人不寒而慄的目光，只好硬生生把話吞進了肚子裡。會後盧杞立刻向他提出嚴重警告，說：「正因為你這個人恭謹少言，我才引薦你當宰相，剛才你怎麼可以想發言呢！」

從此，關播再也不敢多說一句。

出其不意的奔襲戰

李愬雪夜入蔡州

李愬，唐朝名將李晟之子，有謀略，善於騎射。他是一個孝子，父親死後，在兄弟十五人中，只有他和哥哥李憲堅持為父親守墓三年，被皇帝勸回，隔天又跑回去守墓，真是孝感動天。

李愬生平最大的功績，就是雪夜攻克蔡州，生擒吳元濟。

在唐朝歷史上，有過一段很長的藩鎮割據時期。當時，各地的節度使獨攬一方軍政財權，即使死後，職位也由子弟或部將承襲，根本不受中央政令管轄。更有甚者，他們還聯合起來公開和朝廷對抗。

唐憲宗即位後，立志要削平藩鎮，並首先拿淮西節度使吳元濟開刀。可是四年過去了，唐軍始終沒有平定淮西。為了盡快結束戰事，唐憲宗派裴度赴前線督戰。負責西線作戰的李愬，決定偷襲淮西軍防備空虛的蔡州。他將計畫上報裴度，得到了全力的支持。

西元八一七年農曆十月十五日，風雪交加，淮西守軍放鬆了警惕。李愬命令李佑、李忠義率領突擊隊三千人作先鋒，自己率領三千人做為主力軍，李進誠率領三千人在中軍後面壓陣，兵分三路攻襲蔡州。

這次奇襲行動十分秘密，除了李愬等少數將領外，沒人知道具體的行軍路線和時間。大軍在夜裡到達張柴村，由於天氣寒冷，守軍都躲在

大帳中取暖，毫無防備。李愬派兵迅速攻入，將叛軍一網打盡，並留下
五百士兵，封鎖四周重要通道，切斷了吳元濟與其他叛軍之間的聯繫。
隨即，李愬傳下命令：向蔡州急速前進！

　　將士們聽到後臉都嚇白了，這樣惡劣的天氣如何急行軍？對方人多
勢眾，豈不是自投羅網？可是軍令難違，無奈只好加速前進。

　　當時天氣寒冷，朔風凜冽，旗幟都吹破了，人馬凍死的隨處可見。
從張柴村到蔡州的路，沒人知道怎麼走，幾乎所有人都認定此次偷襲必
定全軍覆沒，只是害怕李愬，都不敢違抗而已。到了半夜，雪越下越大。
部隊走了七十里，到達蔡州城。靠近城邊有個養鵝的池塘，李愬命令士
兵轟趕鵝群來隱蓋軍隊行動的聲響。

　　自從吳少誠割據以來，蔡州城有三十多年沒有唐軍來過了，守軍根
本沒做防備。四更天，先頭部隊到達城下，李佑、李忠義在城牆壁上鑿
出一個個坑，用腳踩著爬上了城牆，士兵們跟著也爬了上去。看守城門
的淮西士兵正在熟睡，全部被殺死，只留下打更的人，讓他照常打更。
接著打開城門，讓大隊人馬進入。

　　雞叫的時候，大雪停了，李愬帶兵進入吳元濟的外衙。淮西士兵急
忙向吳元濟稟報，說唐軍來了。此時，吳元濟還沒有起床，他笑著說：「這
是俘獲的囚徒在作亂吧！天亮以後殺死他們就是了。」

　　緊接著又有人來稟報：「蔡州已經被攻陷了！」吳元濟仍不以為然，
認為是附近的守軍來向他索取寒衣。等到他起床後，聽到外面傳達唐軍
的將令，才知道唐軍真的就在眼前了，急忙率兵到牙城抵抗，可是大勢
已去。

　　黃昏時，吳元濟被迫投降。

小知識

　　唐憲宗特命韓愈撰寫一篇《平淮西奉敕撰》，歌頌這次大捷，並在蔡州汝南城北門外刻石立碑。由於碑文甚少提到李愬的事蹟，李愬部下石孝忠將石碑砸毀，官兵來抓人時，石孝忠還把人打死。事情鬧到了憲宗那裡，他又命翰林大學士段文昌重新寫平淮西戰爭的經歷，李愬也因功被封涼國公。

國家圖書館出版品預行編目資料

關於資治通鑑的100個故事 / 歐陽文達著.
－－第一版－－臺北市：宇炯文化 出版；
紅螞蟻圖書發行，2014.2
面　公分－－（ELITE；37）
ISBN 978-957-659-958-3（平裝）

1.資治通鑑 2.通俗作品

610.23　　　　　　　　　　　102027833

ELITE 37

關於資治通鑑的100個故事

作　　　者／歐陽文達
發 行 人／賴秀珍
總 編 輯／何南輝
責任編輯／韓顯赫
校　　　對／楊安妮、周英嬌、賴依蓮
美術構成／Chris' office
出　　　版／宇炯文化出版有限公司
發　　　行／紅螞蟻圖書有限公司
地　　　址／台北市內湖區舊宗路二段121巷19號(紅螞蟻資訊大樓)
網　　　站／www.e-redant.com
郵撥帳號／1604621-1　紅螞蟻圖書有限公司
電　　　話／(02)2795-3656（代表號）
傳　　　真／(02)2795-4100
登 記 證／局版北市業字第1446號
法律顧問／許晏賓律師
印 刷 廠／卡樂彩色製版印刷有限公司
出版日期／2014年2月　第一版第一刷
　　　　　　2023年3月　　　　第三刷

定價 320 元　　港幣 107 元

ISBN 978-957-659-958-3　　　　　　Printed in Taiwan